연세대학교 이승만연구원 교양총서 ⑤

이승만 시간을 달린 지도자 2

미군정과의 대립과 UN 1945~1948

연세대학교 이승만연구원 교양총서⑤

이승만 시간을 달린 지도자 2

미군정과의 대립과 UN 1945~1948

류석춘 지음

북앤피플

이승만이라는 현대사의 최고봉

이승만은 대한민국 현대사의 최고 봉우리다. 이 봉우리는 너무 높아 평지에 있을 때는 보이지 않는다. 각자의 위치에 따라 주변의 야트막한 산들만이 보일 뿐이다. 날씨에 따라 그리고 각도에 따라 낮은 산 너머 높디높은 봉우리가 스쳐 보일 때도 있지만, 시선을 빼앗는 주변의 구조물 그리고 비바람과 안개, 구름 등과 같은 주변 환경 때문에 우리는 이 봉우리의 존재 자체를 심각하게 인식하지 못한다. 각자의 일상이 요구하는 관심과 주의로 인해 우리는 이 봉우리의 존재를 찬찬히 살필 기회를 살리지 못한다.

그러나 이런저런 이유로 일상을 벗어나 조금 높은 고지를 찾게 되면 이 봉우리는 어김없이 나타나 우리 시야를 장악한다. 아무리 멀리 있어도 이 봉우리는 돋보인다. 우뚝 선 이정표가 되어 모든 이에게 다가온다. 길을 잃고 방황하는 사람들에게 확실한 방향을 제시한다. 존재를 한번 인식하고 나면 이 봉우리는 비바람을 뚫고도 보인다. 아무리 많은 야트막한 산들이 시야를 가려도 이 봉우리가 존재하고 있음을 우리는 잊을 수 없다. 구조물은 생기고 없어지지만, 이 봉우리는 흔들리지 않고 항상 거기 그 자리에 우뚝 서 있다.

필자에게 다가온 이승만도 그랬다. 대한민국의 '발전'이 어떻게 이루어졌는지 그리고 그것이 다른 나라의 경우와 비교해 어떻게 같고 다른지 연구하는 과정에서 가장 먼저 돋보인 인물은 박정희였다. 물론 박정희 주변을 둘러싼 크고 작은 봉우리들도 많았다. 그 봉우리들을 뚫고 존재를 확인하게 된 박정희라는 크나큰 봉우리에 주의를 기울이면서 나는 이승만이라는 더 큰 봉우리가 존재하는 사실을 깨닫지 못하고 있었다. 그러나 어느 날 박정희 뒤에 우뚝 서 있는 이승만이라는 더 큰 봉우리가 시야에 들어왔다.

마침내 필자는 대한민국 '발전'의 최고봉인 이승만을 탐험하게 됐다. 2010년 출범한 연세대 이승만연구원 초대 원장을 맡으면서 필자는 이 높디높은 봉우리를 찬찬히 살피기 시작했다. 이 책을 내는 2024년으로부터 14년 전 일이었다. 봉우리가 높은 만큼 탐험은 힘들었다. 물살이 센 깊은 계곡을 넘기도 했고, 멀고도 긴 능선을 하염없이 걷기도 했다. 돌계단을 밟다 헛디뎌 엉덩방아를 찧기도 했고, 나무뿌리를 부여잡고 미끄러지지 않으려 발버둥 치기도 했다. 그리고 결국에는 봉우리를 찾아 만났다.

이승만이라는 봉우리는 보는 이의 위치에 따라 모습이 달리 보일 뿐만 아니라, 봉우리에 이르는 길도 여럿 존재한다. 이리 갈지 저리 갈지 논쟁 끝에 다투기도 했으며 때로는 혼자 가야만 할 경우도 없지 않았다. 여럿이 갈 땐 즐겁기도 했지만, 이 길이 맞나 하는 불안감을 떨칠 수 없었다. 혼자 갈 땐 물론 불안감이 더 커지기도 했다. 계곡 속에서 봉우리가 보이지 않을 땐 우왕좌왕 맴돌며 길을 헤쳐나가야만 했다. 그리하여 14년 동안 오르고 올랐다.

이 책은 이렇게 만난 이승만이라는 봉우리를 필자가 찾아간 기록이다. 앞서간 분들의 도움이 없었다면 불가능한 일이었다. 여러분들의 지도와 도움을 받았지만, 특별히 감사를 표해야 할 분들이 있다. 2023년 타계하신 유영익 교수는 연세대 현대한국학연구소 석좌교수를 오래 하시며 필자가 이승만을 탐험하는 길로 들어서도록 이끌어 주셨다. 유영익 교수의 선구적 업적이 없었다면 필자는 이승만이라는 현대사의 봉우리를 만나지 못했을지도 모른다. 더불어 손세일 선생의 역저 《이승만과 김구》 전집이 없었다면 필자의 이승만 현대사 최고봉 탐험 길은 더욱 험난했었을 터다.

탐험 기록을 정리할 계기를 마련해 준 자유일보 최영재 국장에게도 감사한다. 2021년 11월 신문의 창간과 함께 주 1회 원고지 20매 분량의 글을 2024년 4월 현재까지도 계속 연재하도록 배려한 최 국장이 없었다면 이 책은 세상에 나오지 못했을 가능성이 크다. 이번 주말에도 104번째 글 '인천상륙작전과 국군의 북진'에 관한 글을 써야 한다. 마쳐봐야 알겠지만 아마도 최소 30번은 더 써야 마무리가 될 듯싶다. 매주 기고한 글을 최종적으로 인터넷에 올려준 이낙진 부장께도 감사한다.

이번에 내는 두 권의 책은 앞으로 추가할 한 권의 책과 함께 《이승만, 시간을 달린 지도자》 3부작으로 완성될 예정이다. 1권은 "성장부터 해방까지"(1875~1945)라는 부제를 달았다. 2권은 "미군정과의 대립과 유엔"(1945~1948)이라는 부제를 달았다. 마지막 3권은 대략 1년 후 출간될 예정인데, "건국의 시간과 죽음"(1948~1965)이라는 부제를 달 예정이다. 3부작을 한꺼번에 낼 예정이었으나, 2024년 2월 1일 개봉해 120만 관객의 주목을 받으며 돌풍을 일으킨 김덕영 감독의 다큐 영화 '건국전쟁'이 성공하면서 책 출판을 서두르게 됐다.

책의 원고를 보고 흔쾌히 '연세대 이승만연구원 교양총서 시리즈'에 이름을 올리도록 허락해 준 양준모 원장께도 감사한다. 원고 정리부터 디자인까지 품위 있는 책이 되도록 마무리해 준 '북앤피플'의 김진술 대표와 박원섭 실장께도 감사한다. 마지막으로 그렇지만 가장 중요하게 감사를 드려야 할 분들이 있다. 강의실 발언으로 공권력에 시달리던 필자에게 용기와 희망을 잃지 않도록 격려해 준 전광훈 목사 그리고 사랑제일교회 관계자 여러분들이다. 이분들의 도움 없이는 이 책이 세상에 나온다는 보장이 없었다.

2024년 4월 5일
영종도 바다를 내다보는 서재에서
류석춘

차례

44
이승만 귀국 제1성
"조선 민족은 빨리 한 덩어리가 되자"

1945년 10월 16일 오후 4시 김포공항에 도착한 이승만은 다음 날 오전 10시 미군정청에서 하지 중장의 안내로 귀국 후 처음 보도진을 만났다. 그는 영어로 먼저 말하고 이어서 한글로 스스로 통역하는 순차적 발언 방식의 기자회견을 하면서 다음과 같은 요지의 발언을 했다(1945년 10월 17일 매일신보 1면 머리기사 "전 국민은 통일하자").

"세계 각국 사람들이 지금 우리에게서 알고자 하는 일은 40년 동안 남의 나라의 압박과 천대를 받아 오던 조선 민족이 과연 자기들끼리 능히 자주독립 국가를 세워나갈 수 있나 없나 하는 그것이다. 그런데 내가 조선에 와서 미국 사람들(군정청 간부들)을 대해보니 그들이 염원하는 바는 조선 민족이 어서 빨리 한 덩어리가 되어 주기를 바라고 있다. 왜 그러냐 하면 여기 와 있는 미국 사람들은 모두 하루라도 빨리 자기 나라로 돌아가고 싶어하기 때문이다"

귀국 후 딱 하룻밤을 지낸 이승만의 발언이지만, 이 발언에는 1945년 8월 15일 일본의 항복부터 당시까지 펼쳐진 그리고 이후 펼쳐질 정국의 흐름에 대처하는 이승만의 입장과 소신이 명확히 반영되어 있다. '전 국민은 통일하자' 즉 '한 덩어리가 되자' 다시 말해 '뭉치면 살고 흩어지면 죽는다'고 강조하는 이승만에게는 이미 새로운 나라를 세우는 과제를 둘러싸고 38선 이남의 분열은 물론 38선 이북과의 대결 또한 분명하게 그려지고 있었기 때문이다.

총독부의 은밀한 후원으로 건국준비위원회(건준)를 띄운 여운형은 미군이 들어오기 전에 자체적으로 정부를 조직하고자 했다. 박헌영의 손아귀에 들어간 건준은 9월 6일 전국인민대표자대회를 열어 55명의 상임위원(국회의원)을 선임했다. 9월 14일에는 이승만을 주석으로 한 내각을 발표하고 인민공화국(인공) 수립을 일방적으로 선포했다. 건준이 관리·감독하던 치안 및 행정기관을 인공이 인수한다고도 발표했다.

이 과정에서 건준은 입장을 바꿨다. 조선총독부 경찰을 인수하는 대신 건준은 YMCA 유도사범 등을 통해 지역별로 치안대를 조직하고 또한 체육 교사 등을 동원해 학도대를 조직했다. 한편 일제에 근무하던 조선인 경찰은 해방을 맞아 조선경찰대를 자체적으로 조직했다. 다른 한편 말단 경찰은 경찰보안대를 역시 자체적으로 조직했다. 따라서 경찰은 총독부 경찰, 건준 경위대, 조선경찰대, 순사들 모임인 경찰보안대 등으로 분열 및 난립해 혼란이 극에 달했다(이영석, 2018《건국전쟁》조갑제닷컴, pp. 29-30).

동시에 민간인 치안단체도 우후죽순으로 난립했다. 이들은 무장을 위해 경찰관서 습격은 물론 일본인 건물, 사무실, 공장, 신문사 등을 접수했고 심지어는 일본군 군수창고도 탈취했다. 대표적인 예가 김좌진의 아들 김두한이 화신백화점 맞은편의 해군 무관부 군수창고를 접수한 사건이다. 이를 본 조선총독부는 여운형에게 위촉했던 행정권 이양을 취소했다(이영석 2018: 31).

　마침내 9월 8일 인천에 상륙한 미군은 9일 새벽 4.30 서울의 총독부 건물에 일장기를 내리고 성조기를 올렸다. 이어서 미군은 9월 12일 하지의 포고령을 통해 '정당이나 단체가 치안이나 행정업무에 나서거나 간섭하는 것을 금한다'고 발표했다. 인공은 미군정에 저항하며 '인민공화국은 13개 도, 25개 시, 175개 군에 인민위원회 조직을 마쳤다'면서 이듬해 3월 총선거를 실시한다고 발표했다. 미군정은 인공의 정부 참칭을 문제 삼기는 했지만, 해산을 위한 적극적 조치는 취하지 않았다. 왜냐하면 아직 정책을 확정하지 못했기 때문이었다.

　미군이 한반도에 상륙할 무렵인 9월 초 미국은 소련과 협의해 단시일 내에 4대국 신탁통치 체제를 만들고 미군은 철수한다는 계획을 채택했다. 소련 간첩이 우글거리는 미 국무부가 소련과 합의하는 신탁통치를 원했기 때문이다. 그러나 현지에 부임한 하지는 신탁통치 계획을 수정해 남한에 자유민주주의 임시정부를 세워야 한다고 국무부에 건의했고, 이승만의 귀국을 주선했다.

　이승만의 귀국을 맞이한 조선공산당 박헌영은 '우리 인민공화국의 주석 이승만 박사가 귀국하셨다. 그는 민중이 존경하고 우러러보는 분, 전국은 환호에 넘치고 있다. 위대한 지도자에게 충심의 감사와 만강의 환영을 바친다'며 아부했다. 그러나 이승만은 10월 20일 오전 11시 군정청 앞마당에서 열린 서울시민 연합군 환영 행사에서 소련의 적화 야욕을 맹렬히 비난하여 소련과 협상하던 미국을 긴장시켰다.

이승만이 귀국하자 국내의 좌우 세력은 모두 이승만을 끌어당겼다. 한민당은 총재로, 인민공화국은 주석으로 추대했다. 우파인 한민당이 이승만을 추대한 것은 당연한 일이라 치부할 수 있지만, 이승만의 반공노선을 잘 알고 있음에도 공산당이 이승만을 민족의 영웅으로 추대한 이유는 무엇인가?

총독부의 협조로 밑바닥 조직을 선점한 중도좌파 여운형의 건준이 조선공산당 박헌영의 수중으로 넘어가면서 38선 이남은 공산당 천지가 되었다. 정당과 사회단체만이 아니라 관공서, 학원, 산업체 등 남한의 모든 분야를 공산당이 지배하거나 영향력을 행사했다. 라디오와 신문 등 매스컴도 좌파가 압도했고, 문화예술계도 좌파가 선점했다.

보안대, 치안대, 건국부녀동맹, 조선공산주의청년동맹, 국군준비대, 학병동맹, 건국학도대 등이 8월 한 달 동안 조직된 대표적 좌파 단체들이다. 이로부터 공산당은 11월까지 연대조직인 전국청년단체총동맹, 전국농민조합총연맹, 전국부녀총연맹, 조선문학가동맹 등도 만들었다. 이에 더해 1930년대부터 지하로 들어가 활동하던 조선청년총동맹, 조선노동총동맹을 기반으로 12월에는 조선노동조합전국평의회(전평), 전국농민조합총연맹(전농)도 건설했다.

민족진영이라 불리던 김성수. 장덕수, 송진우, 조병옥 등 우파 지도부는 좌파의 기세에 놀라 한국민주당으로 우파 세력을 통합하고 중경 임시정부 환국에 대비했다. 그러나 우파 조직은 대중이 없는 사랑방 유지들의 동아리 수준에 머무르고 있었다. 기선을 잡은 좌파는 이승만의 인민공화국 주석 수락에 초점을 맞추었다. 이승만이 주석에 취임하면 미군정에도 불구하고 인공이 사실상 정부 기능을 수행할 수 있다고 판단했기 때문이다.

그러나 이승만은 우파가 마련한 한국민주당 총재 자리도, 좌파가 마련한 인민공화국 주석 자리도 받지 않았다. 이승만은 귀국 제1성으로 '뭉치면 살고 흩어지면 죽는다'며 난립한 단체들의 통합을 주문했다. 이승만은 새로운 국가를 세우기 위해서는 승전국인 연합군의 동의를 얻을 수 있어야 하며, 그러기 위해서는 한목소리를 내는 '민족통일전선'이 필요하다고 역설했다.

이를 위해 이승만은 10월 25일 한민당, 조선공산당 등 좌우익을 망라한 '독립촉성중앙협의회(독촉)'를 결성하고 막판까지 주저하는 박헌영의 참여를 촉구했다. 10월 29일 독촉 참여를 협의하기 위한 박헌영의 이승만 방문이 이루어졌다. 이 자리에서 박헌영은 민족적 통일을 위해서는 '민족반역자와 친일파 처단'이 필요하다고 주장했다. 이승만은 건국사업에 친일파를 제외하자는 원칙에 동의하지만 지금 당장 친일파가 누구인지 정할 수 없고 또한 처단할 방법도 없으니 건국 후로 미루자고 주장했다. 정국의 흐름을 미리 보여주는 예고편이었다.

1945년 9월 8일 인천에 상륙해 38선 이남을 해방한 미군이 1945년 9월 9일 오전 4:30 서울의 총독부 건물에서 일장기를 내리고 성조기를 올리며 경례하고 있다.

1945년 10월 20일 11시 미군정청(일제 총독부, 후에 중앙청) 건물 앞에서 열린 '서울시민 연합군 환영대회'에서 나흘 전 귀국한 이승만이 연설하고 있다. 왼쪽의 선글라스 쓴 이는 미군정사령관 하지 중장이다.

45

환국한 김구,
이승만 '독촉'과 박헌영 '인공' 가운데 갈등

1945년 10월 29일 이승만과 따로 독립촉성중앙협의회(독촉) 참여를 협의한 박헌영은 11월 2일 독촉 두 번째 전체 회의에 참여해서 '임시정부가 연합국 승인하에 환도하면 1년 이내에 국민선거를 단행한다'는 결의문 채택에 동의했다. 그는 또한 독촉 중앙집행위원 선출을 위한 전형위원 선정을 이승만에게 위임하는 데도 동의했다.

박헌영은 건국 후 친일파를 정리하자는 이승만의 입장이 성에 차지는 않았지만, 그렇다고 건국 과정에서 친일파를 제외하자는 자신의 주장에 동의한 이승만을 외면할 수도 없었다. 이승만의 전략적 노림수가 먹힌 셈이다. 협상을 지켜본 미군정사령관 하지는 '좌우 정파들이 연합해 대다수 한국인들이 만족할 수 있는 과도행정부를 구성할 수 있을 것'이라며 만족했다(오정환, 2022, 《세 번의 혁명과 이승만》 타임라인: 290).

1945년 11월 미군정의 한국 문제 처리구상은 하지의 정치고문대리 랭던(William Langdon)이 11월 20일 미 국무장관 번스(James F. Byrnes)에게 보낸 전문에 구체적으로 드러난다. 독자들이 기억하겠지만 랭던은 1942년 2월

'한국 독립문제의 몇 가지 측면'이란 국무부 문건을 작성하면서 '전후 상당 기간 한국 독립 유보와 신탁통치 실시' 및 '임정을 포함한 기존 독립운동 단체들에 대한 불승인 방침'을 제안했던 바로 그 인물이다.

랭던은 전문에서 "해방된 한국에서 한 달 동안 관찰하고 또 그 이전에 한국에서 근무한 경험에 비추어 신탁통치를 이곳의 현실적 조건에 적용하는 것은 불가능할 뿐만 아니라 도덕적으로나 현실적 관점에서 타당하다고 확신할 수 없으며, 따라서 우리는 그 안을 폐기해야 한다고 믿는다"라고 지적했다. 그러므로 랭던의 전문은 미군정이 본국 정부의 기본 정책인 신탁통치안을 폐기할 것을 처음으로 공식 건의한 것이었다(손세일, 2015,《이승만과 김구》제6권, 조선뉴스프레스, p. 242).

랭던은 또한 "김구 그룹은 해방된 한국 최초의 정부로서 경쟁 상대가 없고 모든 정파나 정당들이 준합법적(quasi-legitimate)으로 인정하고 있으므로 미군정이 중경 임시정부와 접촉을 삼가는 것은 부당하다"고 주장했다. 이어서 그는 "김구에 대한 높은 평가는 미국으로 하여금 한국인들의 비난이나 원망을 살 염려가 없는 건설적인 대한 정책을 시도할 기회를 제공한다"며 다음과 같은 과정의 정책을 건의했다(손세일, 2015, 제6권: 242).

1) 미군사령관은 김구에게 군정 안에 몇몇 정치 그룹을 대표하는 협의회(Council)를 구성하여 한국의 정부형태를 연구하고 준비하게 하며, 정무위원회(Governing Commission)를 조직하게 한다. 2) 정무위원회를 현재 전국적인 조직으로 급속히 확립되고 있는 군정과 통합시킨다. 3) 정무위원회는 과도정부로서 군정을 계승하며, 사령관은 거부권과 함께 필요하다고 생각되는 미국인 감독과 고문의 임명권을 갖는다. 4) 다른 관계 3국(영

국, 중국, 소련)에 대하여 정무위원회에 미국인을 대신할 약간의 감독과 고문을 파견하도록 요청한다. 5) 정무위원회는 국가수반을 선거한다, 6) 선출된 국가수반에 의하여 구성된 정부는 외국의 승인을 얻으며, 조약을 체결하고 외교사절을 파견한다. 그리고 한국은 국제연합에 가입한다(Langdon to Byrnes, Nov 20, 1945, FRUS 1945, vol. VI. pp. 1131-1132; 손세일, 2015, 제6권: 243, 재인용).

1945년 11월 미군정은 김구의 인기가 고조되고 있는 분위기를 이용해 신탁통치안을 포기하는 대신 지금까지의 구상보다 한결 구체적인 '정무위원회'라는 기구의 설치를 제안했다. 그리고 그것은 하지가 1945년 11월 5일 맥아더에게 보낸 전문과 같이 이승만이 추진하는 독촉 중앙협의회를 염두에 둔 것이기도 했다. 당시 미군정은 국무부와 달리 이승만과 김구의 연대를 통해 과도기적인 정부의 구성을 구상하고 있었던 셈이다(손세일, 2015, 제6권: 244).

마침내 1945년 11월 23일 오후 4시 김구가 이끄는 임시정부 1진 15명이 김포공항에 도착했다. 귀국을 환영하는 인파는 전혀 없었다. 미군정이 이승만의 경우와 마찬가지로 김구 일행의 귀국을 비밀에 부쳤기 때문이다. 김구 일행은 미군이 내준 차를 타고 숙소인 죽첨장(竹添莊, 후에 경교장)으로 향했다. 하지는 같은 날 오후 6시 라디오 방송을 통해 김구 일행이 개인 자격으로 서울에 도착했음을 알리는 성명을 발표했다.

미군정을 제외하고 김구 일행의 귀국을 가장 먼저 안 사람은 이승만이었다. 6시 방송에 앞서 미군정이 통보해주었기 때문이다. 이승만은 한걸음에 죽첨장으로 달려갔다. 1921년 5월 임시대통령 이승만이 상해를 떠날 때 김구는 경무국장으로 일하고 있었다. 그로부터 25년 만의 재회였다. 그러나 방송을 들은 기자들이 밀려오자 이승만은 30분 만에 자리를 뜨지 않을 수 없었다. 다음 날 아침 김구는 돈암장으로 이승만을 답방했고, 둘은 함께 하지 사령관을 예방하기 위해 반도호텔을 찾았다.

같은 날 오후 죽첨장으로 돌아온 김구는 공식 기자회견을 가졌다. 기자들은 초미의 관심사인 '민족통일전선'에 관한 김구의 입장을 물었다. 이승만은 무조건 뭉치자 하고, 박헌영은 친일파 처벌을 우선해야 한다고 주장하는데, 그에 대한 김구의 입장은 무엇인지를 궁금해했다. 그러나 김구의 대답은 어정쩡했다. 국내 사정을 몰라 아직은 판단을 못 하겠다는 애매한 대답뿐이었다. 박헌영의 인공 그리고 이승만의 독촉 어디에 힘을 실을지 그는 정하지 못하고 있었다.

김구의 귀국을 기다리며 독촉 중앙집행위원 선임을 미루던 이승만이었다. 독촉 참여를 설득하기 위해 이승만은 김구를 매일 만났다. 그러나 김구는 이승만이 주도하는 독촉에 들어가면 임시정부가 수많은 정치단체의 하나로 전락한다는 우려를 버리지 못했다. 결국 이승만은 임시정부 인사들을 뺀 중앙집행위원 39명을 선정했다. 당연히 우파 인사들이 더 많았다. 박헌영은 좌우가 5대 5가 되어야 한다고 주장했지만, 그에 넘어갈 이승만이 아니었다. 공산당을 다루는 문제에 있어서 이승만은 건준을 주도한 여운형보다 한 수 위였다(오정환, 2022: 349).

이승만은 마침내 1945년 12월 17일 방송연설에서 "공산주의를 선전하는 자들은 아름다운 이상이라는 양의 가죽을 쓰고, 세계 정복을 꿈꾸는 소련의 앞잡이 노릇을 하고 있습니다… 당신의 동생이라도 공산주의 훈련을 받았다면, 그 동생은 소련을 자신의 조국이라 부르며 정부를 뒤엎고 동포를 소련에 넘겨주려 할 것입니다. 그리되면 당신의 나라는 소련의 위성국이 되고 맙니다"고 하며 대공(對共) 협동이 불가능함을 선언했다(이영석, 2018, 《건국전쟁》 조갑제닷컴, p. 59).

이승만에 퇴짜를 맞은 박헌영은 김구에게 눈을 돌렸다. 인공과 임정이 각료를 5대5로 배분하는 방식을 역시 제안했다. 박헌영은 말단조직 인민위원회를 전국적으로 가진 인공에 비해 '임정은 내실 없는 유랑 정부로 정국을 이끌어 갈 능력이 없다'면서 5대5는 임정에 대한 인공의 최대 예우라 했다(이영석, 2018: 71). 임정 부주석 김규식, 국무위원 김원봉, 조소앙 등이 공산당과의 연립정권에 동의할 즈음 새로운 사태가 이 교섭을 날려버렸다. 1945년 12월 27일 미·영·소 외상이 모스크바에서 한국을 신탁통치한다고 발표했기 때문이다.

1945년 11월 9일 '중앙신문' 시사만평으로, 당시 임시정부 환국을 환영하는 국내 정치지형을 잘 요약하고 있다. '정당통일'이라는 올망졸망한 아이들을 데리고 있는 이승만이 '대연합국 우호관계' '민주정권' '인민선거' 등의 보따리를 들고 오는 김구에게 "어서 와서 좀 거들어 주시오" 하면서 손을 내밀고 있다.

중국에서 돌아온 이튿날인 1945년 11월 24일 김구(중앙)가 이승만(왼쪽)과 함께 반도호텔에서 하지를 예방하고 있다.

46
1945년 9월 20일 스탈린 38선 이북에
단독정부 수립 명령

1945년 12월 27일 모스크바 3상 회의가 발표한 신탁통치 결정은 38선 이남에서 '찬탁'과 '반탁'을 놓고 사생결단하는 엄청난 파장을 불러왔다. 이 파장을 정확히 이해하기 위해서는 일제가 항복한 1945년 8월 15일 이후 북한에서는 무슨 일이 벌어지고 있었는지를 남한과 비교하면서 상황을 객관적으로 파악할 수 있어야 한다.

1945년 8월 9일 새벽 일본을 상대로 선전포고를 한 소련군은 개전 당일 함경북도로 들어와 12일에는 청진에 다다랐다. 그로부터 3일 후인 8월 15일 일본이 항복하는 순간 이미 38선 이남인 개성까지 진출해 있던 소련군은 미군과의 합의에 따라 38선 이북으로 철수했다. 따라서 38선 이북은 일본의 항복과 동시에 소련군 천지가 되었다.

반면에 38선 이남은 9월 8일 미군이 인천에 상륙할 때까지 관할권을 가진 군대가 물리적으로 존재하지 않는 권력의 진공상태였다. 이 3주간의 권력 공백을 이용해 중도좌파 여운형은 패망한 총독부와 물밑 협상을 하며 '건국준비위원회'를 띄웠다. 권력의 공백은 또한 식민 시기 내내 공산주의 활동을 하며 숨어지내야 했던 박헌영이 지상으로 올라와 공개적인 활동을 다시 시작하는 기회를 제공했다.

'선수' 박헌영이 '초보' 여운형을 제압하는 건 시간문제였다. '건준'을 접수한 박헌영은 9월 8일 미군이 인천에 들어오기 이틀 전인 9월 6일 '조선인민공화국'을 수립을 선포하고 9월 14일에는 미군정을 상대로 환국도 하지 않은 이승만을 조선인민공화국 주석으로 추대했다. 미군정은 당황했지만 뚜렷한 대책을 내놓지 못했다. 엉거주춤한 미군정은 한 달 남짓 허송세월을 보내다 10월 중순에 접어들면서 겨우 두 가지 의미 있는 행보를 했다.

하나는 미군정이 10월 10일 인민공화국을 정면으로 부인하는 성명을 발표한 일이다. 아놀드(Archibald V. Arnold) 군정장관이 발표한 성명서는 "북위 38도선 이남의 한국에는 오직 한 정부가 있을 뿐이다"고 하면서 조선인민공화국을 정면으로 부인하고 미군정의 정통성을 확실히 천명했다(손세일, 2015,《이승만과 김구》제6권: 154).

다른 하나는 대중적 인기가 최고였던 이승만의 귀국을 미군정이 급히 주선해 10월 16일 실현시킨 일이다. 귀국한 이승만은 박헌영의 조선인민공화국 주석 추대에도 불구하고 4일 후인 10월 20일 서울시민 연합군 환영대회에서 소련의 적화야욕을 맹렬히 비난했다. 이승만은 자신을 추대한 박헌영 그리고 그 뒷심인 소련을 정면으로 부인하면서 미군정의 정통성을 인정했다.

그럼에도 불구하고 미군정은 10월 28일까지도 '조선인민공화국'을 상대로 '국'을 '당'으로 바꾸라는 권고를 했을 뿐 아무런 물리적 힘도 행사하지 않았다(손세일, 2015,《이승만과 김구》제6권: 257). 미군정은 남한의 유일한 합법 정부라는 권위를 내세우기는커녕 소심하고 결단력 없는 우유부단한 모습이었다. 태평양 방면에서 미군 군정이 실시된 나라 가운데 제대로 된 대책이 전혀 준비되지 않은 유일한 경우가 남한이었다.

그렇다면 같은 기간 북한에서는? 확실한 대책이 없는 미군과는 전혀 다른 소련군의 전광석화 같은 개입과 의도를 확인할 수 있다. 김일성을 내세운 소련 군정이 일사천리로 북한에 단독정부를 수립했기 때문이다. 이와 같은 판단의 근거는 1993년 한소 수교 이후 비로소 전문이 공개된 1945년 9월 20일 스탈린의 암호 지령문이다. 이 지령문의 내용은 물론 그것이 나오는 과정과 후속 조치를 간략히나마 살펴보도록 한다.

태평양전쟁이 끝난 1945년 9월 11일부터 10월 2일까지 런던에서는 미·소·영·중·프 연합국 5개국 외상 회의가 열렸다. 2차대전의 패전국 영토 처리를 위한 모임이었다. 이 회의에서 소련은 일본 통치에 참여하길 원했지만 미국의 거절로 좌절했다. 소련은 또한 유럽의 지중해로 진출하는 거점을 원했지만 영국의 반대로 역시 무산됐다(손세일, 2015, 제6권: 113-115).

런던 회의에 분노한 스탈린은 이 회의가 결렬로 최종 마무리되기 한참 전인 9월 20일 북한을 위성국가로 만들어 분단을 고착시키는 운명적인 지령을 극동군 총사령관 바실레프스키에게 보냈다. 7개 항으로 구성된 지령의 가장 중요한 내용은 "북한에 반일적인 민주주의 정당 및 조직의 광범한 블록을 기초로 부르주아 민주주의 정권을 수립하라"는 대목이었다(손세일, 2015, 제6권: 118-120).

이 지령에서 사용하는 스탈린의 용어 '민주주의'는 물론 '자유민주주의'가 아니다. '인민민주주의' 즉 '공산주의'다. 또한 이 지령은 우선 북한에 우파 부르주아 민족주의자들과 통일전선을 만들고 다음 단계에서 이들을 제거해 공산주의 국가를 건설하라는 명령이었다. 다시 말해 동구에서 했던 방식의 공산정권 수립을 북한에서도 하라는 스탈린의 지시였다. 1946년 6월 남한 단독정부 수립을 검토해야 한다는 이승만의 정읍발언 9개월 전이다.

스탈린의 명령에 따라 소군정이 밀어부친 북한의 단독정부 수립 과정은 '아시아투데이' 신문에 최영재 기자가 쓴 기사 "김일성, 남한보다 먼저 단독정부 세웠다"에 잘 정리되어 있다(2015년 9월 7일). 이 기사에 등장하는 '소련 문서를 통해 본 분단 고착화 과정'이란 제목의 도표는 1945년 9월부터 11월까지 소군정 지시하에 진행된 북한의 중앙권력 확립과정을 시각적으로 잘 보여준다. 1946년 2월 출범한 김일성의 '북조선임시인민위원회'는 바로 이러한 과정을 거쳐 확립된 북한 정권의 출발이다.

김일성은 스탈린의 면접을 통과하고 1945년 9월 19일 원산을 통해 북한에 들어왔다. 북한에 단독정부를 수립하려는 소련의 대리인으로 선택된 김일성은 민정을 담당하는 로마넨코 장군의 주선으로 공산주의 '1국 1당' 원칙을 주장하는 박헌영과 만나 북한에 '조선공산당 북조선분국' 설치를 성사시켰다(손세일, 2015, 제6권: 139-140). 원산으로 들어온 지 한 달여 만인 10월 14일 김일성은 마침내 '붉은 군대 환영 평양 시민대회'에 처음으로 모습을 드러냈다. 그러나 33세의 새파란 젊은이를 평양 시민들은 부정했다. 항의하는 고함을 지르는 군중을 소련군은 공포탄으로 진압해야만 했다(손세일, 2015, 제6권: 148).

소련 군정은 민중의 뜻에 전혀 개의치 않았다. 스탈린의 지령을 충실히 수행할 뿐이었다. 반면에 미군정은 아무런 계획이 없었다. 심지어는 정부를 참칭하는 '조선인민공화국'을 향해 '국'자를 '당'자로 바꾸어 달라 애원

하고 있었다. 사정이 이리힘에도 불구하고 일각에서는 소련군과 미군의
포고문을 비교하며 '소련군은 해방군, 미군은 점령군'이란 구호를 외치고
있다. 사진마저도 조작하는 북한의 선전에 놀아나는 한심한 모습이다.

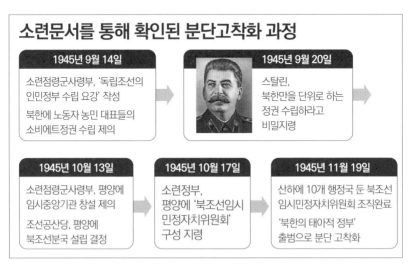

소련문서를 통해 확인된 분단고착화 과정

1945년 9월 14일	1945년 9월 20일
소련점령군사령부, '독립조선의 인민정부 수립 요강' 작성 북한에 노동자 농민 대표들의 소비에트정권 수립 제의	스탈린, 북한만을 단위로 하는 정권 수립하라고 비밀지령

1945년 10월 13일	1945년 10월 17일	1945년 11월 19일
소련점령군사령부, 평양에 임시중앙기관 창설 제의 조선공산당, 평양에 북조선분국 설립 결정	소련정부, 평양에 '북조선임시민정자치위원회' 구성 지령	산하에 10개 행정국 둔 북조선임시민정자치위원회 조직완료 '북한의 태아적 정부' 출범으로 분단 고착화

출처: 최영재, "김일성 남한보다 먼저 단독정부 세웠다" 아시아투데이(2015. 9. 7).

1945년 10월 14일 '붉은 군대 환영 평양 시민대회'에 나타난 김일성(왼쪽에서 두 번째).

김일성 우상화를 위해 사진도 조작하는 북한. 김일성 회고록《세기와 더불어》(계승본, 2005, 평양) 제8 권에 실린 이 사진은 "해방의 날 온 나라는 끝없는 감격과 기쁨으로 들끓었다"는 캡션을 달고 있으나 조작된 사진이다. 해방 직후 일반 군중이 김일성을 지지하는 현수막을 들고 거리에 등장하는 모습 자 체가 있을 수 없는 일이었다. 또한 이 사진은 '우리의 영명한 영도자 김일성 장군 만세' 현수막 깃대를 들고 있는 여자보다 뒤에 있는 남자가 들고 있는 한자로 된 '조선독립만세' 현수막이 앞쪽 여자가 들고 있는 현수막 깃대를 가리고 있다. 사진을 조작했다는 또 다른 증거다(조영환, "광명성 기념사진 등 북의 사 진 조작들" 2016. 2. 22, 올인코리아).

47

1945년 12월 28일 모스크바 3상회의
5년간 '신탁통치' 결정

1945년 12월 28일 모스크바에서 날아온 미·영·소 3국 외상회의(모스크바 3상회의) 소식은 충격적이었다. 한국과 관계된 발표의 주요 내용은 1) '임시한국민주정부'를 수립한다, 2) 임시한국민주정부 수립을 돕기 위해 남북한에 주둔하고 있는 미군과 소군 대표로 구성하는 '공동위원회'를 설치한다, 3) 공동위원회는 한국의 독립을 달성하기 위해 '4강국(미·영·소·중) 5년 신탁통치계획'을 작성한다, 4) 미·소 양군의 대표 회의를 2주일 내로 개최한다 등이었다(손세일 2015 제6권: 401-2).

발표 내용 중 가장 눈에 띄는 것은 2차대전의 승전국들이 한국을 5년간 '신탁통치' 한다는 항목이었다. 다음으로는 어떤 신탁통치를 할 것인가를 미소 '공동위원회'가 결정한다는 항목이었다. 그러나 드러나진 않았지만 가장 중요한 것은 만약 미소 양국 간 합의가 이루어지지 않으면 한국의 독립은 물 건너가고 대신 한반도 분단이 고착될 수 있음을 암시하는 함의였다.

모스크바 3상회의 소식이 전해지자 나라 전체가 발칵 뒤집혔다. 12월

28일 저녁부터 신탁통치에 반대하는 시위가 불붙기 시작했다. 좌우·지역· 학력·직업·남녀·노소를 불문하고 온 국민이 합세했다. 해방 공간에서 중도 노선을 표방하던 '자유신문'은 1945년 12월 30일 2면 머리기사로 '3천만, 시일야 또 방성대곡'이란 제목을 뽑을 정도였다. 1905년 을사조약에 대한 분노를 담은 장지연의 황성신문 논설 "시일야방성대곡(是日也放聲大哭, 오늘 목놓아 통곡하노라)"을 패러디한 제목이었다.

신탁통치 반대는 임시정부 특히 김구가 주도했다. 김구 주도로 한민당의 김성수, 공산당의 박헌영, 북한의 조만식 김두봉 김무정 등의 이름까지 들어간 '신탁통치반대국민총동원위원회 중앙위원회'는 30일 "임시정부에 즉시 주권행사를 간망(懇望. 간절히 바람) 한다"는 결의를 발표했다. '38선 이남의 유일한 정부, 미군정'에 정면으로 도전하는 결의였다(손세일 2015 6권: 406). 바로 전날 '신중한 대처'를 주문한 송진우가 '찬탁' 논자로 오인되어 30일 아침 총탄에 희생되기까지 했다.

이승만은 신중했다. 12월 31일 오후 3시 종로에서 예정된 반탁시위행진 직전에 그는 반탁운동의 정당성을 인정하는 담화를 발표했다. 그러나 그는 같은 담화에서 미군정에 대한 오해가 없도록 특별한 당부를 했다. "미군정은 우리를 해방한 은인이요. 군정 당국은 절대 독립을 찬성하는 고로 신탁문제 발생 이후 자기 정부 [하지의 정부 즉 미국]에 대하여 반박과 공격의 공문을 보낸 것이 한두 번이 아니었소. 그런데 우리가 독립의 친우를 모르고 원수로 대우하면 이는 도리어 독립을 저해하는 것이오"(손세일. 2015, 제6권: 410-12).

이승만의 입장은 반탁운동의 기세를 몰아 정권을 접수하려는 김구와 상상한 온도 차가 있는 것이었다. 이승만의 지적과 같이 하지는 모스크바

회의가 시작된 1945년 12월 16일 동경의 맥아더에게 "지금 또는 장차 어느 시기에 신탁통치가 강행된다면 한국 국민은 실제로 물리적인 폭동을 일으킬 가능성이 있어 보인다"는 보고서를 제출했다. 물론 이 보고서는 모스크바 회의에 미국 대표로 참가하고 있던 국무부장 번스에게도 전달되었다(손세일, 2015 제6권: 397-8).

12월 31일 임시정부 내무부장 신익희는 포고문 1호 및 2호[국자(國字) 제1호 및 제2회]를 발표해서 '진정한 우리 정부'인 임시정부의 존재를 시위군중이 실감토록 했다. 국자 제1호 제1항은 "현재 전국 행정청 소속의 경찰기구 및 한인 직원은 전부 본 임시정부 지휘하에 예속케 함"이라고 선언하고 있기 때문이다. 정권을 접수한다는 선언이었다. 이 선언으로 실제 서울의 8개 경찰서장이 사표를 내고 임시정부로 넘어왔다. 미군정은 즉각 이들을 파면했다(손세일, 2015, 제6권: 412-3).

하지는 격노했다. 다음 날인 1946년 1월 1일 김구를 호출해 과격한 행동을 중지하라고 강력히 요구했다. 하지는 '만약 나를 기만하면 죽여 버리겠다'고 협박했고, 김구는 '자살하겠다'고 응수했다. 그러나 이날 밤 엄항섭이 대독한 김구의 중앙방송국 라디오 방송은 결국 "군정청에 근무하는 직원들은 일제히 복업(復業)하고 지방에서도 파업을 중지하고 복업하기를 바란다"고 말하고 있었다. 하지의 승리였고, 김구는 쪽팔렸다(손세일, 2015, 제6권: 414-5).

박헌영의 인공도 민심을 따라 28일 긴급히 '신탁통치반대투쟁위원회'를 결성했다. 그러나 조선공산당은 확실한 당론을 정하지 못하고 있었다. 박헌영이 비밀리에 평양을 방문하기 위해 28일 38선을 넘고 있었기 때문이다. 10월 조선공산당 북조선분국 설치를 결정한 방북 이후 두 번째 방북이었다. 민정을 담당한 로마넨코와 만나고 돌아온 박헌영은 1946년 1월 2일 모스크바 3상 결정 가운데 "한국에 민주적 임시정부를 수립한다는 규정은 금일의 조선을 위하는 가장 정당한 것이라고 우리는 인정한다"고 선언했다(손세일, 2015, 제6권: 421).

지금까지 박헌영이 앞장서 온 조선인민공화국 즉 '인공'을 스스로 부정하는 발언이었다. 물론 '찬탁'으로 돌아서기 위한 설레발이었다. 공산당은 기관지 '해방일보' 호외를 뿌리며 1월 3일 '신탁통치반대 서울시민대회'를 '신탁통치 지지대회'로 급선회시켰다. 이들은 "신탁은 독립과 대립된 신탁이 아니요, 독립을 보장하고 독립을 촉성하는 신탁"이라고 말을 바꿨다(손세일, 2015, 제6권: 423).

조선공산당과 인공의 기만극은 일반 시민들의 분노를 유발했다. 공산당 내부에서도 반발이 엄청났다. 1946년 1월 8일 '당외 극비문서'는 "1월 2일에 이르러 '탁치반대' 운동의 잘못을 비로소 인식하게 된 좌익은 3일의 서울시 인민위원회 주최 데모에서 아무런 예고도 없이 '3상회의 절대지지'를 돌연히 내걸어서 급각도의 전술 전환을 단행하였는데, 이렇게 함으로써 좌익은 대중에 대한 무책임한 표변적 배신자로서 자기를 폭로하고 말았던 것이다. '탁치반대'의 예비선전을 통해서 소집된 3일의 시위군중은 의외에도 '탁치지지'를 보고서 극단의 불편과 불만을 표시하였으며 시민 측 동원은 대부분 탈락하고 말았다"고 지적했다(손세일, 2016, 제6권: 424-5).

이승만은 1월 7일 성명을 내어 3일 있었던 좌익의 찬탁대회를 '파괴분자들의 최후 발악'이라고 말하고 이들과 결별해야 한다고 단호히 선언했다. "여러분! 병든 가지는 꺾어 버려야 합니다. 성의껏 충고해도 반성치 못하는 극렬분자와는 동포로서 교제를 끊고 통일전선에서 제외해야 합니

디"(손세일, 2015, 제6권: 430).

　송진우의 뒤를 이어 1월 7일 한민당 수석총무가 된 김성수는 같은 날 다음과 같은 담화를 발표했다. "하지 장군도 임시정부 수립은 조선인의 의사로 하겠다고 언명한 바 있으며… 임시정부의 법통 이외에 무슨 신통한 다리가 있겠는가?"(손세일, 2015, 제6권: 433).

　임시정부에 여전한 기대를 보인 김성수의 발언은 이승만의 입장과는 상당한 거리가 있는 것이었다. 안 그래도 김구의 과격한 모습에 불편해하던 이승만이었다. 이승만은 바로 독촉 중앙집행위원회를 소집했다. 정국은 격랑 속으로 빨려 들어가고 있었고, 이 격랑을 헤치며 주도권을 잡아가는 이승만의 논리와 방식이 빛을 발하기 시작하는 순간이었다.

신탁통치 반대집회는 1945년 12월 31일 오후 3시 종로에서 시작해 광화문 군정청 앞을 돌아 오후 4.30 동대문 서울운동장에 집결한 다음 "우리 3천만 민족은… 대한민국 임시정부를 진정한 우리 정부로서 절대지지"한다는 선언문을 읽었다.

"3천만(三千萬)·시일야(是日也) 또 방성대곡(放聲大哭)"이란 제목을 달고 있는 '자유신문' 1945년 12월 30일 2면 머리기사(출처: 한국사데이터베이스).

신탁통치 반대집회로 예정되었다가 신탁통지 찬성집회로 놀변한 1946년 1월 3일의 서울운동장 집회. '삼상결정 절대지지' 현수막이 보인다.

48
1946년 2월 14일
'남조선 대한국민대표 민주의원(議院)' 성립

1946년 1월 이승만은 한편으로 평범한 사람들의 신탁통치 반대 정서를 등에 업고 다른 한편으로는 미군정의 정당성을 품에 안으며 힘겹게 정국을 풀어나가고 있었다. 북한에서는 소련 군정 주도로 사실상의 단독정부인 '북조선임시인민위원회'가 출범하고 있었다. 분단의 고착화가 북한에서 먼저 진행되고 있음을 알면서도 미 국무부는 모스크바 3상회의 결정을 존중한다며 남북한을 아우르는 '임시한국민주정부' 즉 '과도정부'를 수립하기 위한 '미소공동위원회' 설치를 서두르고 있었다.

당시 하지 미군정 사령관은 '미소공동위원회' 가동에 대비해 남한에서 좌익도 참여하는 자문위원회 구성에 몰두하고 있었다. 하지의 기대에 부응하는 역할은 1월 초 하지의 정치고문으로 부임한 굿펠로우 대령이 맡게 되었다. 이승만과 각별한 인연을 가진 굿펠로우는 물밑작업을 통해 '김구의 임시정부를 해체하고 좌우가 동거하는 통합집단을 만드는 노력'을 기울였다(손세일, 2015, 제6권: 442; Benninghoff to Byrnes, Jan. 28, 1946, FRUS 1946, Vol, VIII, p. 627).

당시 김구와 밀월 관계를 유지하던 이승만은 1월 중순 연일 자신이 이끄는 독촉 중앙협의회 회의를 이어가며 김구의 임시정부가 반탁을 위해 만든 '비상정치회의'를 하지가 원하는 좌우 동거 통합집단으로 개편하자고 주장했다. 동시에 그는 임시정부를 해체하고 독촉과 합쳐서 자치능력이 있는 단체를 만들어 미군정의 자문에 응해야 한다고도 주장했다. 김구는 이에 대해 '이 박사를 영수로 추대하고 나는 둘째, 셋째 아무렇게 해도 좋다'고 화답했다(손세일, 2015, 제6권: 448).

　그러나 굿펠로우가 물밑에서 추진한 통합자치단체를 만드는 과정에서 초기에 긍정적 반응을 보여 참여가 당연시됐던 인물들이 하나, 둘 이탈하기 시작했다. '조선민족혁명당'의 김원봉과 성주식 그리고 '조선민족해방운동'의 김성숙 등 임시정부 좌파가 앞장서 탈퇴를 선언했다. 이어지는 좌익의 이탈은 김규식, 여운형 등 중도좌파 일부만을 남겨두었다. 자치단체의 우편향이 불가피한 상황이었다.

　마침내 하지가 원하던 자치단체가 좌익의 비토 하에 '비상국민회의'라는 이름을 달고 1946년 2월 1일 명동성당에서 출범했다. 이날 비상국민회의는 '최고정무위원회' 설치를 의결했고 인선을 이승만과 김구에게 위임했다. 2월 13일 발표된 최고정무위원 명단은 임시정부, 한국민주당, 신한민족당, 국민당, 인민당, 기독교, 천주교, 불교, 유림, 3·1운동민족대표, 국학, 여성계 등 당시 주요 정당과 종교·사회단체 대표를 두루 망라한 28명이었다(손세일, 2015, 제 6권: 463).

　이 명단과 함께 11개 상임위원회 위원장도 발표되었다. 정무위원장 안재홍, 외무위원장 조소앙, 산업경제위원장 김성수, 국방위원장 유동열, 법제위원장 김병로, 교통위원장 백관수, 노동위원장 유림 등이 포함되어 있었나. 최고정무위원회가 자치단체의 국회에 해당한다면 상임위원회 위원장은 자치단체의 내각에 해당하는 격이었다.

명단 발표 이튿날인 1946년 2월 14일 '임시한국민주정부' 즉 과도정부 수립의 산파역을 임무로 탄생한 '비상국민회의 최고정무위원회'는 하지 사령관의 자문기관인 '남조선 대한국민대표 민주의원'으로 간판을 바꿔 달았다. 이날 오전 9시 미군정청(훗날 중앙청) 제1회의실에서 성대한 '성립식' 행사가 있었다. 이승만이 의장, 김규식이 부의장, 김구가 총리였다. '민주의원'이라 불렸지만 미군정을 도와주는 '자치정부'와 '자치의회'가 합쳐진 모습이었다.

보수우파가 '민주의원'으로 결집하자 좌익의 반작용도 나타났다. 미군정과 이승만이 주도한 '민주의원'에서 이탈한 좌익들은 자신들끼리 통합하는 모임을 주선해 1946년 2월 19일 민주주의민족전선(민전)을 출범시켰다. 결국 정국 현실은 하지의 기대와는 반대로 좌우로 양분되고 말았다. 좌익의 행태에 대한 이승만의 혜안이 돋보이는 지점이다.

이승만은 좌익과의 합작이 결코 성과를 낼 수 없다고 내다보고 있었다. 그러나 미군정과의 관계를 생각해 하지가 의지하는 굿펠로우의 물밑작업을 도와주지 않을 수 없었다. '좌우합작 민주의원'의 성립을 어쩔 수 없이 추진하던 이승만은 내심 1946년 2월 8일 출범한 '북조선임시인민위원회'에 대항하는 우파의 자율적인 정부가 남한에 수립되어야 한다고 생각하고 있었다(손세일, 2015, 제6권: 449). 우편향된 '민주의원'의 성립은 결과적으로 이승만의 혜안과 내심이 결국 현실에서 실현되었음을 확인해 준다.

1946년 2월 22일 조선일보가 보도한 민주의원 외무위원장 조소앙의 기자회견 역시 마찬가지 맥락에서 문제를 보고 있음을 확인해 준다. "당면의 남북정세는 유감"이란 제목이 붙은 기사에서 조소앙은 "남북을 점령한 각각의 군정하에서 남북을 통일한 자주독립을 하는 방법은 그 군정과 합작하는 과정이 있어야 한다"면서 군정과의 협력을 강조했다. 동시에 그는 "김일성 장군이 소련 점령지역 내의 그 형태 속에서 정권을 수립한 것도 그 군정과의 합작임을 알아야 한다"고 지적했다(손세일, 2015, 제6권: 471).

일반에게 널리 퍼져 있듯이 분단의 원흉은 결코 이승만이 아니었다. 스탈린과 김일성이었다. 북한에서 먼저 시작된 분단의 고착화가 그에 상응하는 남한의 대응을 불러왔을 뿐이었다.

이승만이 민주의원 의장으로서 한 일 중 가장 중요한 것은 1946년 3·1절을 맞아 '과도정부 당면정책 33항'을 서울중앙방송국 라디오를 통해 발표한 일이었다. 이승만의 국가경영 비전이 종합적으로 정리되어 마치 헌법의 초안과 같은 내용을 담고 있었다. 18세 이상의 선거권과 피선거권, 언론·출판·종교·집회의 자유와 같은 국민 기본권, 중요산업의 국유화, 토지개혁, 의무교육, 친일파 처리, 고리대금, 축첩금지 등과 같은 여러 현안에 대한 이승만의 기본적인 입장이 천명됐다. 이 33항은 조금 다듬어져 1946년 3월 19일 민주의원에서 '임시정책대강'으로 의결되었다. 임시정책대강은 말할 것도 없이 1948년 헌법 제정의 기초가 되었다.

THE DONG-A ILBO THE Oriental Daily News

南朝鮮 大韓民國 代表民主議院 成立

歷史的結成式 昨日 十四日 午前十時 第一回 政廳 會議室에서 擧行

새 天地에 새 光明의날

民族的 榮譽에 感泣의 瞬間

國民代表議員 (卅八名)

民主議院에보내

渴望 獨立 코에의 前

1946년 2월 14일 오전 9시 미군정청(중앙청) 제1회의실에서 열린 '남조선 대한국민대표 민주의원 성립식'을 보도한 동아일보 2월 15일 1면 머리기사. '새 천지에 새 광명의 날, 민족적 영예에 감읍의 순간'이란 제목이 붙어있다. 기사의 사진에는 사각형 넓은 탁자를 두고 정면에 보이는 태극기 아래에 의장 이승만이 서 있고 왼쪽에는 부의장 김규식, 오른쪽에는 총리 김구가 앉아 있다. 또한 기사 오른쪽 아래로는 28명의 '국민대표의원 명단'도 박스로 보도했다(이 기사의 사진 속 흰 박스 부분만을 부각한 아래 별도 사진 참조).

'민주의원 성립식'에서 의장 이승만이 인사말 하는 모습. 이승만 왼쪽에는 부의장 김규식 오른쪽에는 총리 김구가 각각 앉아 있다. 출처: 영상자료원 '공보부 제작시보 제2호'에서 캡처.
https://www.kmdb.or.kr/vod/plan/915

49
1946년 3월~5월 미소공동위원회 결렬하자
단독정부 대안 부상

이승만을 의장, 김구를 총리, 김규식을 부의장으로 선출한 '남조선대한민국대표 민주의원'이 1946년 2월 14일 출범한 이유는 그로부터 대략 한 달 후로 예정된 '미소공동위원회'가 한반도 전체를 관할하는 임시정부를 만들 수 있도록 미군정 당국에 자문을 제공하기 위해서였다. 그러나 3월 20일 시작된 미소공동위원회는 처음부터 난항의 연속이었다.

임시정부를 구성할 단체의 협의 대상으로 포함시킬 정당 및 사회단체의 경계를 두고 논란이 시작됐다. 미국은 남한의 대표를 '민주의원'으로 일원화할 것을 제안했다. 소련은 반대했다. 민주의원의 대표성을 인정할 수 없으니, 모든 정당과 사회단체를 개별적으로 협의 대상으로 삼자며 맞섰다.

소련은 한 발 더 나갔다. 정당과 사회단체 중 '모스크바 3상회의' 신탁통치 결정을 지지하지 않는 세력은 임시정부 구성에 참여시킬 수 없다고 주장했다. 이 주장이 받아들여지면 신탁통치를 반대한 세력 즉 이승만과 김구 등 민주의원으로 대표되는 우익의 참여가 원천적으로 봉쇄될 판이었다. 미국은 언론과 표현의 자유를 근거로 모스크바 결정에 반대하더라도 협의 대상에 포함시켜야 한다고 주장했다.

4월 5일 소련이 절충안을 제시했다. 지금까지 모스크바 결정을 반대했더라도, 앞으로 모스크바 결정을 지지한다면 즉 신탁통치에 찬성한다면 협의 대상에 포함시킬 수 있다는 제안이었다. 4월 18일 이 제안에 기초한 '미소공동위원회 5호 성명'이 발표되었다. 이후 미군정은 민주의원을 포함한 우익단체들의 지지 서명을 적극 권장했다.

그럼에도 주저하는 분위기가 계속되자 미군정 사령관 하지는 4월 27일 '5호 성명에 서명한다고 해서 그것이 곧 신탁통치에 찬성하는 표시가 아니다'라는 특별담화를 발표했다. 어찌하는 게 좋은 건지 헷갈리던 민주의원들은 '남선순회(南鮮巡廻, 지방순회)' 중인 이승만에게 의견을 구했다. 4월 28일 해운대로 찾아온 민주의원 백남훈과 윤치영 비서에게 이승만은 하지의 담화를 지원하는 선언서를 5월 초 언론에 공개토록 했다(손세일, 2015, 《이승만과 김구》 제6권: 513-514).

이승만의 선언서는 결정적이었다. 민주의원으로 대표되는 우익 정당 및 단체들이 대거 서명에 참여했다. 그러자 소련이 발끈했다. 반탁을 주장했던 단체와 세력이 대거 참여한 것도 불만인데, 이에 더해 미군정이 이들의 참여 의사를 찬탁으로 인정하지 않는다고 소련과 협의도 없이 일방적으로 밝혔기 때문이었다. 결국 소련은 1946년 5월 6일 미소공위를 결렬시켰다.

그러나, 가동 두 달도 채 되지 않아 미소공위가 좌초한 까닭에는 당시 불거져 나온 '남한만의 단독정부' 수립에 관한 논란 또한 배경으로 자리 잡고 있다. 이 문제와 관련된 사실을 핵심만 간략히 살펴보자.

우선, 이승만은 미소공위 시작 이틀 전인 3월 18일 건강상의 이유로 민주의원 의장직 사표를 던졌다. 민주의원은 사표를 수리하지 않고 건강이 회복될 때까지 휴가를 주기로 하고 부의장 김규식이 의장직을 대행하기로 결의했다. 이승만이 의장직을 회피한 진짜 이유가 무엇인지 확인할 방법은 없다. 그러나 많은 학자들이 다음과 같은 해석을 한다.

"철저한 반소주의자였던 이승만이 미소공위의 앞날에 걸림돌로 작용할 우려가 있었기 때문에 미군정은 민주의원 의장으로 있던 이승만 대신 김규식이 의장대리 직을 맡도록 하였다"는 해석이다(이철순, 2011, "우사 김규식의 삶과 정치활동"《한국인물사연구》16호, p. 236).

이와 같은 해석은 미소공위를 앞둔 미국 정부가 국무-육군-해군으로 구성된 3부 조정위원회(State-War-Navy Coordinating Committee: SWNCC)를 열어 1946년 1월 28일 작성해 맥아더를 통해 하지에게 2월 중순 전달한 '한국에 대한 정치정책(Political Policy for Korea, SWNCC 176/18)' 문건에 등장하는 내용을 배경으로 한다(손세일, 2015, 6권: 494-495: FRUS 1946, vol. VIII, p. 625).

이 문건은 한국의 지도자 그룹이 "좌우익 극단주의가 아닌… 지도자들이 확실한 다수가 되도록 각별한 노력을 경주해야 할 것"이라고 강조하고 있다. 그러나 하지가 이 훈령을 전달받은 시점인 1946년 2월 중순 미군정은 이미 이승만과 김구를 중심으로 한 강경한 우익의 결집을 '민주의원'이라는 모습으로 마무리할 때였다. 그러므로 하지는 본국의 훈령을 실천할 방법이 없었다(손세일, 2015, 6권: 495).

현지의 군정 사령관 하지는 난감하지 않을 수 없었다. 국무부의 입장이 어느 정도나 확실한 지침인지 확인할 필요가 있었다. '신탁통치' 대신 '단독정부'에 대한 반응을 살펴보는 방법을 모색했다. 북한에서는 이미 소련

군정 주도로 단독정부인 '북조선임시인민위원회'가 1946년 2월 8일 출범한 사실을 고려하면 더욱 그럴 수 있었다.

우연인지 필연인지 1946년 4월 7일 동아일보는 샌프란시스코발 AP통신을 인용하며 "미군정 당국이 이승만을 주석으로 하는 남한 단독정부 수립을 본국 정부에 제의했다"고 1면에 크게 보도했다. 기사는 이 정보에 대해 미 국무 당국이 미소공동위원회 미국 대표위원이 제의한 바가 아니고, 미 군정당국이 제의한 것이라는 추측도 함께 보도했다(큰 사진 캡션 참조).

사실, 단독정부 구상에 관한 최초의 언급은 이보다 2주를 더 거슬러 올라간다. 2003년 국사편찬위원회가 펴낸 《해외자료총서 6집》에 수록된 소련 측 문서 '남한정세보고서'에는 1946년 3월 22일 남한 공산당 지도부가 소련 군정 지도부에 제출한 보고서를 담고 있다. 여기에는 "한국민주당 지도자 김성수는 당 중앙위원회 회의에서 남조선에서 단독정부를 수립해야 한다고 주장했다. 그러나 중앙위원 다수는 이 주장에 반대했다"는 기록이 등장한다(러시아연방국방성 중앙문서보관서 문서군 172, 목록 614831, 문서철 12).

단독정부 구상을 하지와 이승만이 미리 교감하면서 김성수와 언론에 흘렸는지 확인하기는 어렵다. 그러나 확실한 것은 동아일보의 보도 2주 전 이미 한민당 당수 김성수의 입을 통해 단독정부에 관한 아이디어가 흘러나왔고, 남한 공산당은 이 사실을 소련 군정에 보고까지 했다는 사실이다. 다시 말해 단정 문제는 이미 좌우익 모두에서 상당한 수준의 인식과 공론화가 진행되던 문제였다('임영태의 다시 보는 해방 전후사 이야기'(49), 2021. 4. 19, 통일뉴스).

동아일보 보도 1주일 후인 4월 15일 이승만은 '남선순회'에 나섰다. 하지의 요청에 따른 결정이었다(손세일, 2015, 6권: 507). 하지는 이승만이 지방을 돌며 우익의 입장을 활성화시켜주길 바랬다. 이승만은 가는 곳마다 구름같이 모여드는 인파 앞에서 미소공위가 성공해 신탁통치가 실시되면 한반도는 공산화된다는 요지의 연설을 이어갔다. 대성공이었다.

이승만의 '남선순회' 도중인 5월 6일 미소공위는 마침내 결렬되었다. 신탁통치를 통한 통일정부보다는 남한만의 단독정부 구상이 가시적으로 떠오를 수밖에 없는 상황이 되었다. 그리고 이승만은 이로부터 한 달 후인 6월 3일 정읍에서 '남한 단독정부' 수립을 직접 언급했다. '북조선임시인민위원회'에 대항하는 우파의 자율적 정부가 남한에 수립되어야 한다는 이승만의 생각이 공식화된 순간이었다(손세일, 2015, 제6권: 449).

1946년 4월 7일 동아일보 1면에 보도된 "남부조선에 단독정부수립설" 제목의 기사. 이 기사는 다음과 같은 4개의 부제를 달고 있다. "미군정 당국의 제의로 조선인에게 계획을 일임" "미국 측 정보에 의하면 이렇게 관측하고 있다" "주석엔 이승만 박사" "미국은 자문격으로 참여." 기사 중간에는 "이 안은 미소공동위원회 미 대표위원이 제의한 바가 아니오, 미 군정당국이 제의한 것이라고 추측"한다는 내용이 담겨있다.

50

1946년 5월 미소공위 결렬 후
미국 국무부 주도 좌우합작 시동

1946년 5월 6일 미소공위 결렬은 '남북한 통일정부 수립'이라는 대중적 당위에 대한 희망이 무너져 내리는 상징적 사건이었다. 그러나 이승만은 1946년 3월 20일 미소공위가 시작할 때부터 이미 상황의 전개를 우울하게 예측하고 있었다. 소련의 야욕에 미국이 적절히 대처하지 못하면 협상의 결과로 한반도 전체가 공산화될 수 있다는 우려 때문이었다. 이승만의 걱정은 두 가지 사실로부터 비롯된다.

하나는, 소련이 이미 북한에 김일성 정권을 세웠기 때문이다. 1946년 2월 출범한 '북조선임시인민위원회' 위원장 김일성은 3월 공산혁명의 첫 과제인 토지개혁을 이미 해치운 상황이었다. 북한이라는 '(인민)민주주의 기지로부터 국토를 완정해 한반도 전체를 공산화'하는 과업만이 남아 있을 뿐이었다. 쉽게 말해 남한의 적화만을 남겨둔 상황을 이승만은 우려했다.

다른 하나는, 미국의 한반도 정책이 현지의 미군정 판단과 본국 국무부 판단 사이에서 일관성을 잃고 있기 때문이었다. 하지로 대표되는 미군정은 신탁통치 반대를 표명한 우익 '민주의원'을 지원하면서 소련의 적화 야욕을 경계하고 있었다. 그러나 미 국무부 입장은 모스크바 삼상회의 결정에 따른 신탁통치를 강조하며 '좌우합작'을 추진하고 있었다.

이승만은 오락가락하는 미국의 이중적 태도 중간에서 줄타기를 해야 했다. 순수한 군인이었던 하지를 자신과 같은 정무적 판단을 하도록 돌려 세우는데 성공한 이승만이었지만, 1946년 미소공위가 진행되던 당시 트루먼 정부의 미 국무부는 2차대전의 동맹국 소련과의 협조를 강조하며 이 승만을 따돌리고자 했다. 국무부는 이승만과 김구 등 신탁통치 반대 세력을 과격하다며 정치 현실에서 퇴장시키려 했다.

소련과의 협조를 위한 미국의 정책을 생산하는 기구는 국무부-육군-해군으로 구성된 '3부 조정위원회(State-War-Navy Coordinating Committee: SWNCC)'였다. 이승만은 이 기구에서 만들어져 현지 책임자인 하지에게 내려오는 본국의 훈령 때문에 딜레마에 빠지곤 했다. 국무부의 좌우합작 훈령을 받아들이자니 소련이 남한을 적화시키는 일이 걱정이었고, 반대하자니 소련의 기피인물로 낙인찍혀 정치에서 밀려나는 현실을 피할 수 없었기 때문이었다.

이 딜레마를 해결하는 방법으로 떠오른 대안이 '남한만의 단독정부 수립'이었다. 하지와 이승만은 이에 대한 여론의 흐름을 떠볼 필요가 있었다. 사전에 두 사람과 교감한 결과였는지 알 수는 없지만, 김성수가 3월 22일 단독정부 문제를 최초로 공론화했다. 그러나 이승만을 절대적으로 지지하던 한민당 수뇌부마저도 반대했다. 이어서 동아일보가 4월 7일 외신을 인용하는 방식으로 단독정부 가능성을 대중에 퍼뜨렸다. 그러나 역시 여론은 싸늘했다.

5월 8일 미소공위 결렬은 단독정부 대안을 부상시킬 수 있는 좋은 기회였다. 결렬 1주일 후인 5월 12일 단독정부 문제는 다시 시험대에 올랐다. 서울운동장에서 열린 '대한독립촉성국민회'의 '독립전취국민대회' 행사에서 김규식은 폭탄선언을 했다. 민주의원 의장대리 자격으로 그는 "38선을 그대로 두고 38선 이남에서 한인만으로 정부를 만들면 그 정부는 대구에 있든지 제주도에 있든지 통일정부"고 발언했다(손세일, 2015, 이승만과 김구, 제6권: 528, 조선뉴스프레스). 좌익은 남한 단정 계획이라며 격렬히 반발했다.

한편, 미국 정부는 미소공위가 무기휴회에 들어가면서 새로운 대한정책을 준비했다. 미소협상에서 현지의 군정이 임의로 행사하던 재량권을 없애고 본국 정부가 주도하는 협상방식을 채택했다. 그러나 이승만은 좌우합작을 통한 통일정부는 적화로 가는 길목이 될 뿐이란 소신을 굽히지 않았다. 자신의 소신을 대중에 확산시키는 지방순회를 이어갔다.

단독정부 구상을 수면 위로 띄우는 이승만의 노력이 이어지는 가운데 뜻밖의 사건이 불거지면서 결정적 반전의 기회가 만들어졌다. 미소공위 결렬 대략 열흘 후인 1946년 5월 15일 미군정 공보부는 박헌영이 이끄는 남한 공산당이 '조선정판사'라는 인쇄소 직원들과 짜고 위조지폐를 찍어 엄청난 액수의 활동자금을 사용한 사실을 공표했다. 공산당에 대한 여론이 악화되면서 좌우합작에 대한 기대가 무너지기 시작했다. 이승만은 이 사건을 계기로 공산당을 코너로 몰 수 있었다.

대략 열흘 뒤인 5월 24일 '민주의원' 조직을 도와주던 이승만의 측근 굿펠로우 대령이 본국으로 복귀하는 기자회견을 하면서 단독정부 가능성은 다시 한번 도마 위에 올랐다. 뉴욕타임즈 기사는 굿펠로우가 "만일 미소공동위원회 소련 대표단이 빨리 이곳에 돌아오지 않는다면 미국은 남한만의 단독정부 수립을 추진해야 할 것"이라 언급했다고 보도했다(손세일,

2015. 《이승만과 김구》 6권: 535). 단독정부라는 지렛대를 활용해 소련을 압박하는 고단수 발언이었다.

1946년 6월 3일의 정읍발언은 바로 이러한 일련의 상황을 거치며 이승만이 던진 회심의 한 수였다. "이제 우리는 무기휴회된 미소공위가 재개될 기색도 보이지 않으며 통일정부를 고대하나 여의케 되지 않으니, 우리는 남방만이라도 임시정부 혹은 위원회 같은 것을 조직하여 삼팔 이북에서 소련이 철퇴하도록 세계공론에 호소하여야 할 것이니, 여러분도 결심하여야 될 것이다(손세일 6권 540)."

나라는 벌집을 쑤신 듯 시끄러워졌다. 민주주의민족전선(민전)과 공산당, 조선인민당, 신민당 등 좌익정파와 조선노동전국평의회(전평), 전국농민조합총연맹(전농), 부녀총연맹(부총) 등 좌익단체들이 이승만을 공격했다. 심지어 김구의 자장 하에 있는 한독당 선전부장 엄항섭도 반대입장을 발표했다. 그러나 한민당 선전부장 함상훈은 이승만을 옹호하는 성명을 발표했다.

열광적인 반응의 지방순회를 이어간 이승만은 여세를 몰아 1946년 6월 10일과 11일 이틀 동안 서울 정동예배당에서 '대한독립촉성 국민회 2차 전국대표회의'를 열었다. 회의는 이승만을 총재 그리고 김구와 김규식을 부총재로 추대하고, 정읍에서 밝힌 이승만의 새로운 건국운동을 실천할 '민족통일총본부' 결성에 관한 모든 권한을 이승만에게 위임했다. 이승만은 6월 29일 '민통총본부' 책임자를 발표했다. 이승만이 총재, 김구가 부총재였다. 김규식이 빠졌다.

한독당의 반대에도 불구하고 이승만과 김구의 신뢰는 두터웠다. 그러나 본국의 훈령에 따라 좌우합작에 시동을 건 미군정은 중도우익 김규식과 중도좌익 여운형을 파트너로 삼았다. 김규식이 빠진 이유였다. 좌우합작이 본격적으로 시작되자 미군정은 이승만과 김구를 퇴출시켜야 할 고집쟁이로 만들어갔다. 미국의 좌우합작 노력은 이때부터 1947년 3월 트루먼 대통령이 공산주의와의 전면적 대결을 선언하기까지 1년 가까이 이어졌다.

'조선정판사 위조지폐 사건'을 보도한 동아일보 1946년 5월 16일 기사. '지폐위조 사건 진상 전모' '위조 일당은 16명' '전부가 공산당원' '이관술, 권오직은 피신' 제목을 달고 있다.

1946년 3월 20일 덕수궁 석조전 회의실에서 열린 첫 회의를 마치고 나온 미소공동위원회 대표단 모습. 앞줄 왼쪽부터 주한미군사령관 하지 중장, 소련 측 수석대표 스티코프 중장, 코르쿨렌코 소련 대표. 둘째 줄 왼쪽부터 발라사노프(Gherasim M. Balasanov) 소련 대표, 소련 실무 간부, 미소공위 미국 수석대표 아놀드(Archibald V. Arnold) 소장, 레베데프(Nicolai G. Lebedev) 소련 대표 등이다(사진: 미디어 한국학, 출처: 뉴시스 2020. 3. 8).
https://mobile.newsis.com/view.html?ar_id=NISX20200305_0000943604#_enliple

51
1946년 여름 박헌영, 김일성과
스탈린 면접 후 폭력투쟁 시사

미 국무부 지침에 따라 중도파 중심의 좌우합작이 1946년 여름부터 본격적으로 가동되었다. 아놀드(Archibald Arnold) 소장이 이끄는 미소공위 대표단은 정치고문 버치(Leonard M. Bertsch) 중위를 매개로 중도 우익 김규식과 중도 좌익 여운형을 묶는 합작을 추진했다. 몇 차례의 공식 및 비공식 모임 끝에 분위기가 무르익자 7월 1일 미군정사령관 하지는 좌우합작을 지지하는 선언을 공식적으로 발표했다.

이어서 7월 9일 하지는 군정장관 러치(Arecher L. Lerch)가 제안한 임시 입법기관 설치도 받아들였다. 한국인을 대표하는 입법기관을 설치해 미국의 국회와 같은 기능을 수행하되, 최종결재권은 군정사령관 하지가 갖는다는 요지의 발표가 있었다. 1946년 2월 출범한 미군정 자문기구 '민주의원'이 업그레이드되는 모양새였고, 같은 해 8월 24일 '남조선과도입법의원' 창설로 가는 디딤돌이었다.

좌우익이 각각 5명의 대표를 선정하는 절차도 거쳤다. 우익은 7월 7일 '민주의원'과 '비상국민회의'가 연석회의를 열어 논란 끝에 합작을 지지하기로 결정하고, 민주의원의 김규식, 원세훈, 김붕준, 안재홍, 그리고 비상 국민회의 최동오 5인을 대표로 선정했다.

좌익은 민전(민주주의민족전선)이 대표 선정권을 요구하여 논란 끝에 성사 되었다. 7월 12일 민전은 여운형(인민당), 허헌(중앙인민위원회), 김원봉(민족혁명당), 정노식(신민당), 이강국(공산당) 5인을 선정했다. 그러나 김원봉은 김규 식의 반대로 성주식으로 바뀌었고, 정노식은 백남운의 대리인 자격이라는 조건이 붙게 되었다(손세일, 2015,《이승만과 김구》제6권: 579-580).

마침내 7월 25일 덕수궁에서 좌우합작 회담이 처음 열렸다. 이 회의에 서 14개 항으로 구성된 '의사진행규정'이 채택되었다. 또한 다음 회의는 7 월 27일 개최한다고 결정했다. 그러나 이 결정 바로 다음 날 문제가 불거 졌다. 27일 회의에 제출한다던 좌익의 '합작 5원칙'을 전날인 26일 민전 이 기습적으로 발표했기 때문이다. 발표의 시간과 주체라는 절차도 문제 였지만, 발표의 내용 또한 엄청난 문제였다. 요지를 살펴보자(손세일, 2015, 6권: 601-602).

1) 모스크바 3상회의 결정을 지지하여 남북통일 임시정부 수립에 매진 하되, '북조선 민주주의민족전선'과도 직접 회의하여 전국적 행동통일을 기한다. 2) 토지개혁(무상몰수, 무상분여), 중요산업 국유화, 민주적 노동법령 및 민주주의 기본과업 수행에 매진한다. 3) 친일파·민족반역자·파쇼반동 거두를 배제하고, 테러를 박멸하고, 검거 투옥된 민주주의 애국지사를 즉 시 서방하여 민주주의 정치운동을 전개한다. 4) 남조선에서도 정권을 군 정으로부터 인민의 자치기관인 '인민위원회'로 즉시 이양하는 계획을 세 운다. 5) 군정 고문기관이나 입법기관 창설에 반대한다.

참고로 5원칙에 등장하는 '민주주의'라는 용어는 '인민민주주의' 즉 '공산화' 혹은 '소비베트화'를 의미하는 단어일 뿐이다. 따라서 5개 항 모두 우익과 미군정이 받아들이기 불가능한 것들이었다. 더구나 이 5개 항은 소련이나 북한 당국의 당시 방침을 반영한 것도 아니었다. 박헌영의 모험주의적 입장을 민전이 일방적으로 발표한 것이었다.

왜 이런 일이 벌어졌는가? 당시 북한을 거쳐 김일성과 함께 모스크바로 가서 스탈린의 면접을 비밀리에 받고 돌아온 박헌영의 위기감 때문이었다(김국후, 2008, 《비록 평양의 소련군정》 한울: 208-213). 박헌영은 6월 27일 전후 북한을 몰래 방문했다. 이때 북한 공산당 지도자들과 미소공위 결렬을 둘러싼 남한 정세를 논의한 박헌영은 김일성과 미묘한 입장의 차이를 확인할 수 있었다.

박헌영은 좌우합작에 참여한 여운형이 정판사 위폐사건을 배경으로 공산당을 탄압하면서 좌익을 분열시켜 남한에 단독정부를 수립하려는 미국에 이용당하는 인물이라 비난했다. 북한 김일성 또한 미국 버치 중위 주도의 좌우합작에 장단을 맞추는 여운형을 부정적으로 보고 있었다.

그러나 김일성의 심복으로 남한의 정세파악 및 박헌영과의 연락을 담당하던 성시백이 1946년 6월 서울을 다녀온 후 김일성의 여운형에 대한 평가는 바뀌고 있었다(중앙일보 특별취재반, 1992, 《비록 조선민주주의인민공화국》 중앙일보사: 231-232; 김기협, "해방일기, 1946년 7월 4일, 김일성과 박헌영, 어디서부터 틀어졌나?" 프레시안 2011. 7. 4).

성시백의 보고 후 김일성은 여운형이 "미군정의 생각을 따라가는 것만은 아닌 것 같다"며, 여운형의 좌우합작을 감쌌다. 그러나 김일성과 의견 차이를 보인 박헌영은 한 걸음 더 나갔다. 위폐사건, 좌우합작 등 미군정의 탄압에 맞서 강력한 '비합법투쟁'도 불사해야 할 때라며 '신전술'을 주장했다. 김일성은 '아직은 합법적인 투쟁을 할 때'라 응수했다. 박헌영의 '신전술'은 남한에서 9월 총파업과 10월 폭동으로 이어지는 폭력혁명 노선을 말하는 것이었다.

박헌영의 강공은 미소공위 휴회를 전후해 스탈린에게 보낸 장문의 비밀편지에서부터 비롯된다. 이 편지에서 박헌영은 김일성이 항일투쟁을 한 국내파 공산주의자들을 무시하면서 빨치산 활동을 한 사람들만 우대하는 독재가 심하고, 남한의 중앙당을 무시하고 북조선 분국이 독단적으로 행동하며, 남한 실정에 맞지 않는 정책을 주장하는 등 문제가 많다고 비판했다. 박헌영은 소련군사령부에 대해서도 당의 책임자인 자신을 따돌리고 김일성만 끼고돌아 당의 권위를 실추시키며 혁명사업에 차질을 만든다고도 비판했다(손세일, 2015, 제6권: 592).

편지를 받은 스탈린은 극비로 평양에 있는 박헌영과 김일성을 7월 모스크바로 불렀다. 스탈린은 두 사람에게 한반도와 남북한 정세에 관한 질문을 했다. 당시 배석한 소련 군정 정치사령관 레베데프의 회고에 의하면, 대답을 들은 스탈린은 김일성에게 '소련군정의 협력을 받아 북조선의 소비에트화 정책을 조기에 실현시키도록 투쟁하라'고 지시했고, 박헌영에게는 '어려운 여건 속에서 분투하는 그대의 혁명투쟁을 높이 평가한다'고 격려했다고 한다(김국후, 2008: 210).

이어서 레베데프는 두 사람에게 한 스탈린의 말을 다음과 같이 부연했다. "김일성에게 지시한 소비에트화 정책은 토지개혁, 노동법령, 산업국유화 등을 가리키며, 이를 조기 실현하라는 명령은 그를 북한 정권의 지도자로 지명한다는 뜻입니다. 이렇게 하여 소련 군정 지도부는 스탈린이 김일성을 북한의 지도자로 최종 지명한 이후부터 북한의 '(인민)민주주의 개혁'을 빠르게 진행시켜 나갔습니다(김국후, 2008: 210-211)."

북한정권 수립과 관련해 소련 측 문서를 집대성한 중앙일보 특별취재팀 출신 김국후는 레베데프의 이 대목에 관한 증언과 관련해 당시 소련공산당 국제부 부부장을 역임한 코바렌코에게 다음과 같은 의문을 던지기도 했다. 코바렌코 당신의 증언에 의하면 스탈린이 김일성을 북한 지도자로 선택한 것은 이미 1년 전 북한이 해방될 무렵 아닌가?

코바렌코는 "1946년 봄 정보기관을 통해 올라온 박헌영이 스탈린에게 보낸 투서와 당시 소련 정보기관이 김일성의 독단적 스타일을 문제 삼아 북한의 지도자를 박헌영으로 재고해야 한다는 건의 등이 작용했을 것"이라 대답했다(김국후 2008: 212). 눈치 빠른 박헌영이 스탈린의 의중을 눈치채지 못했을 리 없다. 서울로 돌아온 박헌영은 초조했다. 박헌영이 모험주의로 간 이유다.

김일성과 박헌영. 1946년 어름 비밀리에 북한을 방문한 박헌영은 좌우합작, 정판사위폐사건 등의 현안을 보는 시각과 대처 방법을 두고 김일성과 논쟁했다. 이 문제를 정리하기 위해 스탈린은 두 사람을 극비리에 모스크바로 불러 면접했다. 면접의 결과는 김일성의 승리였다.

레너드 버치(Leonard M. Bertsch) 중위.
미군정에서 정치동향을 분석하는 직책을
맡았으며, 좌우합작을 주도했다.

1946년 여름부터 시작된 미군정의 좌우합
작 중도좌파 파트너 여운형. 1947년 7월
암살당하면서 좌우합작은 실패로 끝났다.

1946년 여름, 좌익정당 통합과
이승만·김구 등 우파의 대응

미소공위 휴회, 정판사 위폐사건, 그리고 좌우합작 등의 쟁점이 복잡하게 얽혀 전개되던 1946년 여름 좌익 정파 사이에서 드러난 김일성과 박헌영의 노선 차이는 여운형을 매개로 증폭되고 있었다. 박헌영이 김일성과 함께 스탈린을 만나고 서울로 돌아온 7월 22일로부터 열흘도 채 안 된 7월 31일, 여운형은 비밀리에 북한의 연천을 방문해 김일성을 만났다(손세일, 《이승만과 김구》 6권: 608).

여운형은 김일성에게 박헌영이 좌우합작을 파괴하고 있으니 사신을 도와야 한다고 간곡히 설명했다. 김일성은 스탈린과의 면접에서 지시받은 남북한 좌익정당 통합 과제를 강조했다. 이는 물론 스탈린이 박헌영에게도 지시한 과제였으며, 2차대전 이후 동독 등 소련 군대가 주둔한 유럽 국가에서 모두 시행된 과제이기도 했다.

좌익정당들을 통합해 하나의 대중정당을 만들어야 소비에트화 즉 저화(赤化)로 가는 길을 쉽게 열 수 있다고 스탈린은 판단했다(손세일, 6권: 610-614). 스탈린의 요구에 따라 북한에서는 '조선공산당 북조선분국'을 '북조신 공산당'으로 개편힌 김일성과 중국 연안에서 '조선독립동맹'으로 활동하다 해방 후 평양에 돌아와 '조선신민당'을 만든 김두봉이 1946년 7월 '북조선 공산당'이라는 대중정당으로 통합됐다. 일사천리였다.

그러나 남한의 좌익정당 통합은 순조롭지 못했다. 박헌영의 '조선공산당', 여운형의 '조선인민당', 백남운의 '남조선신민당'을 합쳐 하나의 대중정당을 만드는 문제를 놓고 갈등이 계속됐다. 7월 31일 김일성은 합당에 따른 내부분열이 없도록 여운형이 지도력을 발휘해야 한다는 지침도 줬다. 김일성은 특히 박헌영이 다른 좌익정당에 심어 놓은 공산당 프락치를 중심으로 3당 합당을 추진하면 갈등이 증폭되니 조심하라는 당부도 잊지 않았다.

역시나 박헌영은 공산당 프락치들을 중심으로 합당을 추진했다. 그 결과 세 좌익정당 각각에서 극심한 내부분열이 발생했다. 좌익 3당의 합당이 난항을 거듭하자 여운형은 병을 핑계로 자신의 역할로부터 도망쳐 버렸다. 반면에 박헌영은 8월 20일 소련군 사령부 레베데프 장군과 로마넨코 장군에게 지원을 요청하는 간곡한 편지를 보냈다.

이 편지에서 박헌영은 북한의 '조선신민당' 지도부가 '남조선신민당의 공산당 반대파'와 관계를 끊을 것, '북조선 공산당' 명의로 '조선공산당 내부 반대파'를 비난하는 성명을 내줄 것, 소련군 사령부는 남한의 조선공산당에 활동자금을 보낼 것 등을 요구했다. 박헌영의 요구는 8월 28일부터 30일까지 평양에서 개최된 '북조선로동당' 창립대회를 통해 실현되었다 (손세일, 6권: 618).

창립대회 마지막 순서로 채택한 '남조선에서 삼당이 통일당으로 합동하는 사업진행에 대한 북조선로동당 창립대회 결정서'는 박헌영의 요청을 충실히 반영했다. 그러나 이 결정은 결국 박헌영 일파의 독단을 강화시켜 남한 좌익 3당의 내부분열을 더욱 촉진시켰을 뿐만 아니라, 박헌영을 고무해 9월 4일 합당을 일방적으로 관철시키도록 했다. 박헌영은 3당 합당을 강행해 '남조선로동당'을 만드는 선언문과 강령을 결국 통과시켰다.

이즈음 우익 정파들은 무엇을 하고 있었나? 7월 29일 '민주의원'과 '비상국민회의'는 창덕궁에서 합동회의를 열고 전날 공개된 좌익의 '좌우합작 5원칙'에 대항하는 우익의 '좌우합작 8원칙'을 만들었다. 같은 날 예정된 좌우합작위원회 2차 회의가 여운형의 칭병(稱病)으로 연기되자, 우익 역시 이를 언론에 공개했다. 요지는 다음과 같았다.

1) 민주주의임시정부 수립, 2) 미소공동위원회 재개, 3) 신탁문제는 임시정부 수립 후 해결, 4) 임시정부 수립 후 6개월 내 보통선거에 따라 국민대표회의 소집, 5) 국민대표회의 성립 후 3개월 내 정부 수립, 6) 선거를 위해 언론·집회·결사·출판·교통·투표의 자유 보장, 7) 모든 제도 법령은 균등사회 건설을 목표로 국민대표회의에서 의정, 8) 친일파·민족반역자 징치(懲治)는 임시정부 수립 후 특별법으로 처리.

민전은 7월 31일 우익의 합작 8원칙은 '이승만 박사의 반동정치 노선에서 일보도 전진하지 못한 것'이라는 비난을 담화로 발표했다. 민전은 특히 8원칙 가운데 7항과 8항을 문제 삼았다. '친일파·민족반역자 숙청을 방해하여 그 토대 위에서 반동정부를 수립하겠다는 것'이란 민전의 비판은 박헌영의 의도를 노골적으로 반영한 결과였다(손세일, 6권: 607). 칭병하던 여운형이 김일성을 만나던 바로 그 날이었다.

한편, 좌우합작에서 배제된 이승만과 김구는 별다른 움직임 없이 정국을 관망하고 있었다. 그러나 우익의 두 거두를 둘러싼 국지전은 끊임없이 계속되고 있었다. 특히 두 가지 사건에 주목할 필요가 있다. 하나는 김구가 사의를 표했다 철회한 사건이고, 다른 하나는 독촉위원장 이시영이 사임한 사건이다.

김구의 한독당은 1946년 4월 백남훈·김도연·윤보선·허정 중심의 '국민당' 그리고 이갑성·김여식 중심의 '신한민족당'과 통합을 결의했다. 통합 뒤처리를 위한 한독당 중앙집행위원회가 8월 중순부터 말까지 5차례 개최됐다. 그러나 이 회의에서 더욱 문제가 된 것은 '김구가 이승만에게 일방적으로 휘둘린다'는 지적이었다. 격노한 김구가 사의를 표하자 논란은 바로 물밑으로 가라앉았다. 당시까지 이승만과 김구의 연대는 확고했다.

다른 한편, 독촉국민회 위원장 이시영이 8월 17일 전격적으로 사임을 발표했다. 7월 17일의 여운형 피습사건을 두고 민전이 독촉국민회를 테러집단이라 규정하자, 독촉 부위원장 신익희가 위원장 이시영의 허락없이 민전의 장건상, 김원봉, 이강국 등을 경기도 검찰부에 고발했기 때문이었다(김혜수, 1996, "1946년 이승만의 사설정보조사기관 설치와 단독정부수립운동" 《한국근현대사연구》 5집, 한울: 231).

이 사건을 핑계로 이승만은 신익희를 비롯한 독촉국민회 간부 35명을 물러나도록 했다. 당시 신익희는 비밀리에 '환국(還國)정부옹립국민총본부'를 구성하고 서울공설운동장에서 8월 29일 국치(國恥)를 기념해 '대한민국임시정부옹립'을 선언하는 '국민대회'를 추진하고 있었다. 신익희는 미군정 청사를 접수하고 '독립정부'를 선언하는 계획도 만들었다.

그러나 신익희의 거사는 민전 간부인 김광수에 의해 미군 방첩대(CIC: Counter Intelligence Corps)에 제보됐다. 한민당의 장덕수는 물론 이승만도 조사를 받았다. 이승만은 소문만 들었을 뿐이고 더욱이 좌우합작을 지지하기 때문에 자신은 관여하지 않았다고 밝혔다. 이런 상황에서 불거진 이시영의 사임은 이승만으로 하여금 신익희를 내치는 좋은 핑계가 되었을 수도 있었다.

8월 27일에는 신익희도 조사를 받았다. 신익희는 이승만과 김구도 모든 계획을 알고 있으며 반대하지 않았다고 진술했다. 임시정부를 구성하는 인사들 명단이 있느냐는 질문에 신익희는 자신은 모르며, 아는 사람은 이승만뿐이고 명단도 이승만이 가지고 있다고 대답했다. 물론 이승만은 부인했다(손세일, 6권: 630). 그러나 이 대목과 관련해 주목할 만한 사실이 하나 있다.

이승만의 양아들인 이인수 박사가 '이화장'에 개인적으로 보관하던 '이승만문서' 일체를 1997년 연세대에 기증했는데, 이 문서 가운데 '임시정부옹립국민대회'와 관련된 온갖 자료가 발견됐기 때문이다. 연세대가 1998년 발간한 《우남이승만문서 동문(東文)편》 14권, 465-512쪽에는 국민대회 '선언서'를 비롯해 '대한민국임시정부 각료' 및 '대한민국 국무위원' 명단도 존재한다(사진 참조). 국민대회 대회장에서는 이 두 명단이 인쇄된 전단도 뿌려졌다.

이승만과 김구는 자신들을 추대한 이 대회를 일종의 '해프닝'으로 여기는 담화를 각각 발표했다. 그러나 관여하지 않았다는 이승만이 자료까지 보관한 사실은 무엇을 말하는가? 겉으로는 무관한 듯 행동했지만 결국 이승만과 김구 또한 좌우합작 정국의 흐름을 외면하지 못한 것은 아닐까? 좌익 인사들이 각료에 3명, 국무위원에 4명 포함되어 있기 때문이다.

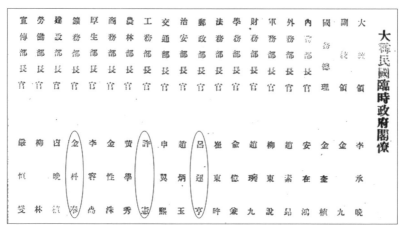

1946년 8월 29일 서울공설운동장에서 열린 '대한민국 국민대회'에서 '환국(還國) 임시정부 옹립'을 주장하며 뿌린 전단지에 등장하는 '대한민국 임시정부 각료' 20인 명단과 '대한민국 국무위원' [국회의원] 33인 명단. 각료: 대통령 이승만, 부통령 김구, 국무총리 김규식, 내무부장관 안재홍, 외무부장관 조소앙, 군무부장관 유동열, 재무부장관 조완구, 학무부장관 유억겸, 법무부장관 최동오, 우정부 장관 여운형, 치안부 장관 조병옥, 교통부장관 신익희, 공무부장관 허헌, 농림부장관 황학수, 상무부장관 김성수, 후생부장관 이용설, 광무부장관 김두봉, 건설부장관 조만식, 노동부장관 유림, 선전부장관 엄항섭. 국무위원: 이시영, 조경한, 함태영, 오세창, 박열, 김상덕, 권동진, 김봉준, 박찬익, 홍진, 박헌영, 박용희, 오하영, 원세훈, 김준연, 이종태, 김창숙, 조성환, 이청천, 김성숙, 김원봉, 홍명희, 김일성, 남상철, 이종욱, 장건상, 김관식, 김교준, 성주식, 임영신, 김홍량, 김법린, 황현숙. 두 명단에서 타원에 들어간(음영 처리된) 이름은 좌익 인사들(출처: 연세대 현대한국학연구소, 1998, 《우남이승만문서 동문편》 14: 511-512).

53

1946년 여름 이승만,
사설정보조사기관 K.D.R.K.(R.I.B.K.) 운영

1946년 여름 남한은 좌우합작을 통해 한반도 전체가 적화(赤化)의 길로 가느냐 아니면 남한만의 단독정부라도 세워 자유민주주의 체제를 지키느냐 하는 갈림길에 서 있었다. 이미 북한은 소련군의 보호(tutelage) 아래 공산정권 수립을 마친 상황이었다. 그럼에도 남한의 미군정은 국무부 지침을 따라 단독정부 수립을 주장한 이승만 그리고 그를 뒷받침한 김구를 따돌리고 김규식과 여운형을 내세워 좌우합작을 추진했다.

스탈린의 낙점을 받은 김일성은 북한을 '(인민)민주주의 기지로 삼아 국토를 완정'하는 즉 남한까지 적화하는 전략을 세우고 미군정의 좌우합작 대리인 여운형과 손발을 맞추고 있었다. 반면에 스탈린의 낙점이 비켜 간 박헌영은 초조한 마음에 미군정 주도 좌우합작은 물론 그에 올라탄 여운형을 비난하며 과격한 폭력투쟁 노선으로 치달았다.

이승만은 어정쩡한 입장이었다. 6월 3일의 정읍발언이 드러내듯 북한에 공산정권이 들어선 이상 남한만이라도 자유민주주의를 원칙으로 한 정부가 들어서야 한다고 생각했다. 그러나 남한 주민 대다수는 여전히 남북한 통일정부에 대한 기대를 저버리지 못하고 있있다. 미군정이 추진한 좌우합작을 통해 통일정부를 만들 수 있다는 기대를 이승만은 대놓고 무시할 수 없었다.

1946년 6월 초 정읍발언부터 신익희의 국민대회가 좌절하는 8월 말까지 미국과의 관계에서 이승만의 위상은 더운밥에서 찬밥으로 바뀌고 있었다. '이승만은 그의 시대가 필요로 하는 기간 이상으로 오래 살아, 이제는 한국 정치무대에서 조용히 사라져야 한다'는 미소공위 미국 측 대표단 세이어(Charles W Thayer)의 막말에 미군정 사령관 하지가 장단을 맞추고 있었다(손세일, 2015, 제6권: 597-599).

미군정이 이승만의 위상을 인정할 때 제공해 주던 각종 정보가 차단되기 시작했다. 주요 정치세력 동향, 북한 동향, 그리고 바닥 민심의 흐름 등에 관한 정보가 더이상 이승만 손에 넘어오지 않았다. 이뿐만이 아니었다. 미군정은 심지어 이승만에게 유리한 정보는 왜곡하거나 삭제하기까지 했다.

이승만의 미국인 참모 올리버 박사는 1946년 7월 18일 미군정청 수석공보장교 그린(Green) 대령과 거나한 저녁 술자리를 가졌다. 그 자리에서 올리버는 비공개를 전제로 그린으로부터 다음과 같은 이야기를 들었다고 자신의 책에 기록하고 있다(Robert T. Oliver, 1978, Syngman Rhee and American Involvement in Korea, 1942-1960, Seoul: Panmun Book, p. 38).

미군정은 "여러가지 설문을 놓고 정기적으로 여론조사를 실시하고 있다. 최근에는 한국 지도자 여러 사람에 대한 것을 하였다. 인구의 70%가 이 박사 지지로 나타났다. 그러나 이것이 군정청의 정책과 일치하지 않기 때문에 러치 장군이 그린에게 강제로 그 보고를 변조시켜 이 박사 지지표가 과반수도 못 되는 듯이 보이도록 했다(올리버의 1978년 영문 책을 박일영이

1982년 번역한《이승만 비록》한국문화출판사, p. 62)."

산전수전 다 겪은 이승만이 미군정의 따돌림 심지어 왜곡을 눈치채지 못했을 리 없다. 특단의 대책이 필요했다. 자신이 총재로 있는 민족통일총본부(민통) 조사부를 공개 조직으로 내세우는 한편, 다른 한편으로 독립촉성중앙협의회(독촉중협) 청년부에 비밀조직을 가동해 각종 여론 동향을 파악해 보고하는 시스템을 만들었다. 비밀조직의 잠정적 명칭은 K.D.R.K.(Keep Dr. Rhee Korea, 이승만지킴이) 혹은 R.I.B.K.(영문 약자 미상)로 정했다.

이 조직은 당시 미군정도 전혀 눈치채지 못한 극비조직이었다(손세일, 2015, 6권: 627). 그러나 연세대가 보관 중인 '이승만 문서'는 이 조직의 엄청난 활동을 생생히 보여준다. 연세대가 1998년 출판한《우남이승만문서 동문편》14권: 63-430 에 총 17건의 관련 문건이 영인되어 있다. 그 구성은 아래와 같다.

1) 'K.D.R.K.(사설정보조사기관) 설치안'(날짜 미상), 2) '민족통일총본부 조사부 설치 및 지방조직 요항안(要項案)'(날짜 미상), 3) 'K.D.R.K. 보고서 No. 3'(1946 7 16), 4) 'K.D.R.K. 보고서 No. 5'(1946 7 22), 5) 'R.I.B.K. 보고서 No. 6'(1946 7. 26), 6) … 17) 'R.I.B.K 보고시 No. 18'(1946 9 26).

첫 두 문건은 조직을 설치하는 구체적 구상을 담고 있다. 날짜가 명기되진 않았지만, 이 두 문건은 민통 출범일인 1946년 6월 29일 전후 연달아 작성된 것으로 추정된다. 문건을 기안해 작성한 사람은 (독촉) 중협 청년부 '유산·여훈·최준점' 셋이다. 가명을 사용한 것으로 추정되는 이들이 누군지는 아직 확인되지 않고 있다(사진 참조).

첫 문건 '설치안'은 총 24쪽 분량인데 비밀 조사정보기관의 필요성, 목적, 직무, 조직방침, 명칭, 부대사업, 재원과 예산, 직원과 예산 등에 관한 내용을 담고 있다(사진 두 장은 조사기관의 직무와 명칭을 정리한 부분).

No. 3 문건부터는 구체적인 정보를 수집 및 정리해 이승만에게 보고한 내용이 담겨있다. No. 3 문건의 작성 날짜는 1946년 7월 16일이고, 분량은 총 45쪽이다. No. 3 문건이 다룬 소주제는 총 17개인데, 아래에 제목만 제시한다.

'좌우합작은 탁치(託治)문제가 선결, 우익 측의 양보가 기대된다' '해방 기념일을 기하여 공산주의자 대청소 계획' '소련영사관 철폐는 우익의 모략' '석탄 배급권 획득코(자) 공산당 활약 맹렬' '미소공위는 민의의 반대로 지연(遲延)' '폐간당한 해방일보, 건국신문으로 재탄생' '좌익 (공산당원) 인물 잠행적 책동 선전술에 호묘(好妙, 절묘)' '여운형 피습사건', '통일촉성총본부 설치에 대한 여론의 통계', '국내정세에 실망하여 이청천 장군 환국 불응?' '좌우합작 문제로 공산당 분열대립, 재건파·장안파 논전 전개' '위폐(僞幣)에 관하여 공산당원, 장택상 씨 자녀를 협박' '안재홍 씨의 괴론(怪論), 민족분열의 책임은 우익 지도자들에 있다' '한독당 수원지부 결성식에 김구 선생 임석(臨席)은 불가' '북선(北鮮, 북조선) 사정 종합' '김(규식)·여(운형)의 임정수립 유언(流言), 전남 목포에 전파' '민족통일총본부에 대하여 청년연맹 이론(異論) 분분'.

제목만 살펴보아도 요즘 종합 시사 월간지 목차와 같은 느낌을 강하게 받는다. 정보에 목마른 이승만의 정치적 선택과 판단에 큰 도움이 되었을 내용이다. No. 4 문건은 '이승만 문서'에 존재하지 않는다. 망실 혹은 폐기했을 것으로 추정한다. 1946년 7월 22일 작성된 No. 5 문건의 분량은 36쪽이다. 이 문건이 K.D.R.K. 라는 이름이 붙은 마지막 문건이다. 문건을 구성한 주제는 앞에서 살펴본 바와 유사해 이하 모두 생략한다.

No. 6 문건은 1946년 7월 26일 작성되었고 분량은 31쪽이다. 이 문건부터 R.I.B.K. 이름을 사용했다. 이어서 엇비슷한 형식과 분량의 문건이 계속 이어진다. 마지막 No. 17 문건은 보고한 날짜가 1946년 9월 26일이고, 분량은 22쪽이다. 문건이 작성된 빈도를 월별로 보면 7월 4건, 8월 7건, 9월 4건이다.

K.D.R.K. 혹은 R.I.B.K. 문건은 이승만 연구에 큰 공백으로 남아있다. 1996년 김혜수가 "1946년 이승만의 사설정보조사기관 설치와 단독정부 수립운동"이라는 논문을《한국근현대사 연구》5집에 발표한 것이 유일하다. 그러나 이 논문은 이승만과 단정을 부정적으로 보는 시각 때문에 읽기 불편하다.

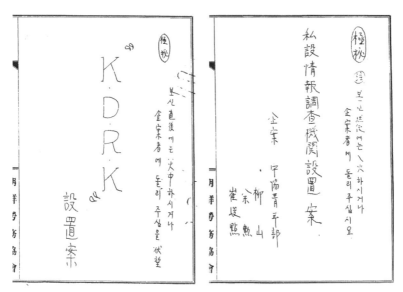

"K.D.R.K. 설치안, 표지 및 기안자." 극비. 보신 연후에는 화중(火中, 불에 넣음) 혹은 입화(入火, 불에 넣음) 하시거나 기안자에게 돌려주심을 복망(바람). 기안: 중협 청년부 유산·여훈·최준점 (출처:《우남 이승만문서 동문편》14권: 63-64).

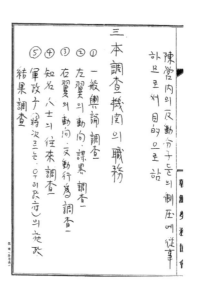
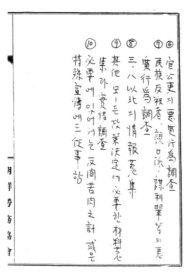

"K.D.R.K. 설치안 중 본 조사기관의 직무" 일반여론조사 좌익의 동향·모략 조사 우익의 동향·반동행위 조사 지명인사의 왕래조사 군정청(장차로는 우리정부)의 시정결과 조사 관공리의 악질행위 조사 민족반역자·친일파·모리배 등의 악질행위 조사 38선 이북의 정보 수집 기타 모든 정책 결정에 필요한 재료 수집과 실정 조사 필요에 있어서는 (필요하면) 반간 고육지계(反間 苦肉之計, 상대방을 이간시키기 위해 자기 편 희생을 감수하는 계략) 혹은 특수선전에도 종사함 (출처: 《우남이승만문서 동문편》 14권: 73-74).

54

1946년 9월 총파업,
경찰·이승만 대한노총·청년단체 협동 진압

1946년 5월 6일 미소공위 결렬에도 불구하고 미 미국무부는 2차대전 동맹국 소련과의 약속을 중시해 좌우합작을 추진했다. 그러나 박헌영의 조선공산당 위조지폐 사건이 적발되면서 미군정은 5월 15일 공산당 간부들에 대한 수배령을 내렸다. 그럼에도 미군정은 좌우합작을 계속 추진했다. 합작의 파트너는 좌우에서 상대적으로 온건한 인물들이었다. 좌우 강경한 입장을 가진 세력은 불만이 없을 수 없었다.

이승만의 불만은 6월 3일 정읍발언을 통해 남한만의 정부라도 세워야 한다는 주장으로 나타났다. 국제정세에 밝은 이승만은 북한에 공산정권이 들어선 이상 좌우합작은 동구와 같이 소련의 위성국가로 전락하는 길일 뿐이라 내다봤다. 그러나 신중한 이승만은 미군정의 좌우합작을 정면으로 부정하지 않았다. 합작을 추진하는 미군정을 상대로 아슬아슬한 줄타기를 이어갔다.

미군정의 선택이 비켜 간 이승만뿐만 아니라 소군정의 선택이 비켜 간 박헌영도 불만이긴 마찬가지였다. 1946년 7월 모스크바 면접을 통해 스탈린의 선택이 김일성으로 기운 사실을 눈치챈 박헌영은 합자의 좌익 파트너 여운형은 물론 미군정 자체를 정면으로 부정했다. 박헌영은 여운형을 '위폐사건을 핑계로 공산당을 탄압'하는 미국에 이용당하는 인물이라 대놓고 비난했다.

박헌영은 미군정 타도를 위해서는 '비합법투쟁'도 불사하는 '신전술'이 필요하다 주장했다. 박헌영의 조선공산당은 7월 초 산하단체에 '정당방위의 역공세'를 천명하며 '테러는 테러로, 피에는 피로써 갚자'는 폭력투쟁 지침을 내려보냈다(박일원, 1984 [1947], 《남로당의 조직과 전술》 세계, pp. 31-32). 이 지침에 따라 '조선노동조합전국평의회(전평)' 의장 허성택은 대규모 파업투쟁을 10월 하순으로 기획했다. 추수를 끝낸 농민들도 참여시키기 위해서였다.

그러나 박헌영은 북한의 소련 군정을 총괄하던 스티코프(Terentii Shtykov)의 지령을 받아 총파업 시기를 9월로 앞당겼다(전현수, 2004 《쉬띄꼬프 일기 해제》 국사편찬위원회 해외사료총서 10권, xxii 및 p. 6). 박헌영이 총파업을 지시한 것은 9일 9일로, 자신에 대한 미군정의 체포령이 내려진 9월 7일 이틀 후였다. 이 지시에 따라 '전평' 지도부는 9월 10일 긴급회의를 열고 9월 총파업을 결의했다(김남식, 1984, 《남로당연구》 돌베개, p. 237).

동시에 좌익은 총파업에 우호적인 여론을 조성하기 위해 이른바 '국대안(國大案) 반대투쟁'을 시작했다. 미군정은 1946년 7월 13일 국립서울대학교 설립안을 발표했다. 경성대학(구 경성제국대학의 법문학부, 의학부, 이공학부)과 수원농림전문 등 서울과 인근의 전문학교를 통합해 국립종합대학을 만들겠다는 안이었다. 합리적인 결정이라 반대할 이유가 없었다.

그러나 두 달이 지난 9월 초 좌익의 총파업 결정이 내려지면서 국대안에 대한 시비가 불거지기 시작했다. 관련된 학생들이 등록을 거부하고 동맹휴학에 들어가면서 '친일 교수 배격, 경찰의 학원 간섭 정지, 집회 허가제 폐지, 국립대 행정권 조선인 이양, 미국인 총장 한국인 대체' 등의 구호가 등장했다. 전국 중학교(현 고등학교) 이상 학교의 1/3이 동맹휴학에 참여했다. '국대안은 학원의 자유를 말살하는 조치, 미국의 식민정책이다'는 현수막이 걸렸다(이영석. 2018.《건국전쟁》조갑제닷컴. p. 223).

그러나 9월 총파업의 직접적인 배경은 식량부족 문제였다. 박헌영의 '신전술'에 따라 조선공산당 산하 노동자조직 전평은 '쌀 배급, 임금의 물가연동, 해고금지' 등의 요구를 비롯해 '국대안 철회' 및 '정간된 해방일보·인민보·현대일보 복간' 등 미군정이 도저히 수용할 수 없는 12개 조건을 내걸고 9월 말 총파업에 돌입했다.

북한의 조국통일사가 1982년 발행한《주체의 기치 따라 나아가는 남조선인민들의 투쟁》66-73쪽에 정리된 '남조선로동운동자들의 9월총파업' 기록은 당시 파업의 모습을 잘 드러낸다. "(전평의 12가지 요구가) 미군정에 의해 거부되자 총파업 투쟁은 철도노동자들을 선두로 시작되었다. 남조선총파업투쟁위원회는 9월 24일 0시를 기해, 투쟁을 시작한다는 성명서를 발표했다. 7천 명의 부산지구 철도노동자들이 열차운행을 중지시키고, 부산에서 사상역에 이르는 30리 구간에는 운행을 중지한 열차가 쌍 줄로 꽉 들어찼다.

서울에서는 경성철도공장 3천여 명의 노동자들이, 서울역 노동자들과 함께 용산기관구를 점거하고 농성에 들어갔다… 서울, 부산, 광주, 목포, 대구, 안동 등에서 파업이 일어났고, 경부선, 호남선, 전라선, 중앙선 등 모든 철도가 마비되었다. 철도노동자들의 뒤를 이어 체신, 전기, 금속,

광산, 해운, 교통, 운수, 화학, 섬유, 토건, 출판, 일반 봉급자들이 모두 동참했다… 남조선의 우편, 전신, 전화망이 일체 마비되었다… 전국적으로 26만 3,974명이 파업에 동참했다(지만원의 시스템클럽, "9월총파업과 10월대폭동" 2011. 4. 16)." 1987년 '노동자대투쟁'의 원조 격이었다.

놀라운 사실은 총파업의 시기뿐만 아니라 총파업의 방법과 내용 모두 북한의 소련군 사령부 스티코프 장군의 지령과 자금 지원에 따라 이루어졌다는 기록이다. 소련 붕괴 후 1995년 중앙일보에 의해 최초 발굴된《쉬띠코프 일기 1945-1948》에 이 사실이 박제되어 있다(전현수, 2004, 위의 책). 스티코프 일기 중 9월 총파업과 관련된 부분을 아래 발췌한다.

1946년 9월 9일: "박헌영은 당이 사회단체들을 어떻게 지도해야 하는지 묻고 있다." 9월 19일: "박헌영의 향후 활동 방향에 대한 전문을 작성하여 로마넨코로 하여금 박헌영에게 전달하게 했다." 9월 28일: "(남조선 파업투쟁) 재정지원을 위해 2백만 엔을 지급하다… 남조선 파업투쟁에 대해 다음과 같은 지시를 내리다. 경제적인 요구들, 임금인상, 체포된 좌익 활동가들의 석방, 미군정에 의해 폐간된 좌익신문들의 복간, 공산당 지도자들에 대한 체포령의 철회 등의 요구들이 완전히 받아들여질 때까지 파업투쟁을 계속한다." 10월 1일: "미군정은 초급 당단체들에 발송된 박헌영의 미군정 반대투쟁 지령문을 몰수했다."

전평의 총파업 사태가 벌어지자 경쟁관계에 있던 '대한독립노동총연맹(대한노총)'은 9월 24일 대책회의를 열어 소장파 지도부로서는 막강한 전평의 파업에 대처하기 어렵다고 판단하고, 이승만을 총재로 추대하기로 결의했다. 26일 대한노총 총재로 취임한 이승만은 27일 40여 청년단체와 합동으로 대책회의를 개최했다. 하지는 26일 방송을 통해 철도파업은 공산당의 사주에 따라 남한 주둔 미군을 불신임하게 만드는 공작이라 비난했다(손세일, 2015, 《이승만과 김구》 6권: 658-659). 이승만과 대한노총 그리고 청년단체의 역할을 부르는 상황이었다.

대한노총은 9월 30일 새벽 3시 청년단체들 그리고 장택상 수도경찰청장 아래 2천 명가량 되는 경찰과 함께 용산의 철도기관구 노조원 2천여 명이 파업하는 농성장에 돌입하여 해산에 성공했다. 파업노동자들은 10월 1일부터 직장에 복귀했고, 파업에 가담했던 1천 7백여 명이 연행되어 경찰의 조사를 받았다(손세일, 2015, 6권: 659). 이 작전은 당시 진압 1선에서 활약했던 청년단체의 역할이 없었다면 결코 성공할 수 없는 작전이었다(이영석, 2018: 229-237). 주인공 김두한의 '피로 물들인' 생생한 증언이 남아있다(김두한, 2003, 《김두한 자서전》 1 & 2, 메트로신문사 [1963, 《피로 물들인 건국전야》 연우출판사 복간).

북한 소련 군정의 사실상 최고책임자 '스티코프' 그리고 그가 남긴 일기 국역본(전현수 편저, 2004, 《쉬띄꼬프 일기, 1946~1948》 국사편찬위원회 해외사료총서 10권).

《피로 물들인 건국전야, 김두한 회고기》 표지(1963, 연우출판사). 이 책은 2003년 메트로신문사가 《김두한 자서전 1 & 2》로 재출간했다.

55

스티코프 자금·지령 따른 1946년 10월 대구폭동,
시체투쟁 원조

10월 대구에서 시작해 전국으로 번진 폭동은 9월 총파업의 연장이었다. 이 역시 스티코프의 자금과 지령에 따라 박헌영이 전개한 '신전술' 폭력투쟁의 일환이었다. '9월총파업'은 두 사람의 인명을 앗아간 비교적 가벼운 유혈진압으로 마무리되었지만, 대구에서의 파업은 이와 비교할 수 없는 엄청난 희생을 불러왔다. 특히 이 사건에는 오늘날도 반복되는 좌익의 '시체팔이'가 개입되어 있다.

대구는 9월 23일 철도노동자 파업을 시작으로 25일부터는 우체국·섬유공장·금속공장 등의 노동자 파업이 이어졌다. 27일에는 조선공산당 대구시당위원장 및 경북도 인민위원장 등 공산당 수뇌부가 모여 전평 경북평의회 의장 윤장혁을 위원장으로 하는 '남조선노동자총파업 대구시투쟁위원회'를 구성하고 조직적으로 파업을 선동·지도하기 시작했다(양동안, 2019, 《대한민국 건국 전후사 바로 알기》 대추나무: 91).

당시 남한은 전반적으로 식량문제가 심각했다. 엎친 데 덮친 격으로 대구는 철도파업 때문에 쌀을 비롯한 생필품 공급 자체가 막혔다. 10월 1일 아침부터 '쌀을 달라'는 좌익의 구호에 넘어간 부녀자들이 노조 시위대 지도 아래 시청을 지나, 오후 2.30 경에는 대구 역전 광장에 집결해 경찰과 대치했다(손세일, 2015, 6권: 663).

수천의 시위대가 80여 명의 경찰을 포위하고 투석을 했다. 오후 5.30 150명의 경찰이 증원됐으나 중과부적이었다. "경찰은 돌에 맞아 피투성이로 쓰러지면서도 방어했다(송효순, 1979, 《붉은 대학살》 갑자문화사: 57)." 마침내 밤 11시경 "경찰은 투석하는 군중의 공격을 저지하기 위해 위협발사를 했다. 그 과정에서 군중 가운데 1명이 총탄에 맞아 사망했다(양동안, 2019: 93)." 총소리에 놀란 군중은 도망쳤고 30분 후 대구역은 조용해졌다.

그러나 그것으로 끝이 아니었다. 다음날 아침 8.30 대구경찰서 앞 광장에는 3백여 명의 공산 노조원이 운집했다. 9시가 되면서 전날 대구역에 모였던 군중까지 합세해 시위대는 수천 명으로 불어났다(송효순, 1979: 58). 여기에 공산당 대구책임자 지휘를 받는 좌익 학생시위대가 가세했다. 좌익 학생들은 '전날 경찰의 총탄에 사망한 학생의 시체'라는 사체 한 구를 들것에 싣고 나와 시위했다(양동안, 2019: 93).

시체를 본 군중은 극도로 흥분해 오후 1시경 진압을 주저하는 경찰의 저지선을 뚫고 대구경찰서를 접수했다. 유치장개방·무기탈취·통신시설파괴 등 폭력이 이어졌다. 무기를 가진 군중은 대구 시내를 누비며 지서와 파출소를 습격하고 경찰과 우익인사들 그리고 가족을 살해하며 가옥에 불을 질렀다(손세일, 2015, 6권: 663; 양동안 2019: 94).

미군정은 오후 6시를 기해 대구지역에 계엄령을 선포하고 병력을 파견했다. 우세한 화력을 가진 미군 병력이 전차를 앞세우고 진입해오자 폭도들은 대구 시내의 화물트럭을 비롯한 각종 운반수단을 징발해 경비가 취약한 인근 농촌지역으로 분산한 다음 그 지역의 좌익들과 합세해 폭동을 이어갔다. 대구의 폭동이 경북의 폭동으로 확산되는 과정이다. 이 과정에서도 유혈 폭력이 난무했음은 물론이다. 폭동은 대구에서 그치지 않았다 (양동안, 2019: 95).

경북의 22개 군 중 16개 군에서 폭동이 발생했다. 인접한 군에서는 도주해온 폭도와 지역의 좌익이 합세해 폭동을 일으켰다. 문경·영주·봉화와 같이 대구로부터 먼 곳에서는 지역의 좌익세력이 독자적으로 폭동을 일으켰다. 10월 2일부터 6일 사이 발생한 경북의 폭동은 경찰병력이 투입되면서 진압되었다. 그러나 폭동에 참가했던 좌익과 이들에 부화뇌동한 주민은 다른 지역으로 도주하거나 인근의 산악지대로 숨어들어 게릴라가 되었다.

10월 7일부터는 경북에 인접한 경남의 군에서도 폭동이 발생했다. 14일까지 산발적으로 진행된 폭동은 경남의 18개 군 중 10개 군에서 발생했다. 이어서 17일부터 19일까지는 충남에서, 20일부터 22일까지는 경기와 황해에서, 29일부터 11월 첫 주까지는 강원과 전남에서 대구·경북을 모델로 한 폭동이 이어졌다. 12월 중순까지도 간헐적인 폭동이 계속되었다.

폭동은 당시 전국의 131개 군 중 거의 절반에 해당하는 56개 군에서 발생했다. 전국적 피해 규모를 알려주는 정확한 통계는 없지만, 10월 20일 현재 경북 일대에서만 경찰 63명, 민간인 73명이 희생됐다는 연구가 있다 (정해구, 1988, 《10월인민항쟁연구》 열음사: 156). 경북에서만 그 정도였으니, 전국적으로는 오죽했겠는가.

믿기지 않지만 이 모든 비극은 북한의 소련 군정 책임자 스티코프의 지령과 지금 지원에서 비롯된 일이었다. 《쉬띠코프 일기 1945-1948》 중 '10월폭동' 관련 부분을 발췌한다.

1946년 10월 1일: "서울에서는 노동자들과 경관들 사이에 충돌이 발생하여 2명의 노동자가 사망했다… 서울에서 시위를 시작할 예정이다. 3백만 엔을 더 요청하고 있다." 10월 2일: "3백만 엔의 지원과 집회 개최를 허용하는 지시를 내리다." 10월 7일: "1946년 10월 6일 박헌영이 남조선을 탈출하여 북조선에 도착했다. 박헌영은 9월 29일부터 산악을 헤매며 방황했는데, 그를 관에 넣어 옮겼다." 10월 8일: "남조선에서 전평 의장 허성택이 도착했다." 10월 21일: "김일성과 대화하다… 부산에서는 농민들의 진출이 시작되었다. 지금 파업운동은 어느 정도 축소되었다. 그(김일성)는 향후 투쟁을 어떻게 전개해야 할지 묻고 있다. 그에 의하면 빨치산 부대들이 존재하고 있으며, 반동진영과 민주진영 사이에 전투가 전개되고 있다. 그는 빨치산 투쟁을 본격적으로 개시해야 할지 혹은 자제해야 할지 묻고 있다. 박헌영과 대화하다… 파업투쟁은 폭동으로 성장·진화했다. 산으로 들어간 사람들에게는 식량과 탄약이 부족하다. 그들의 향후 투쟁방침에 대해 교시를 내려줄 것을 요청하다. 가까운 시일에 농민들의 투쟁이 개시될 수 있다."

더욱 황당한 일은 '10월폭동'을 격발한 '시체투쟁'의 실체다. 조갑제가 2007년 출판한 13권의 '박정희 전기' 중 제1권 《군인의 길》 258-292쪽에는 구미에서 좌익 지도자로 활동하다 '10월폭동'에 희생된 박정희의 형 박상희에 관한 이야기가 등장한다. 여기에는 대구사범 학생으로 '10월폭동'에 가담했다 월북하여 공산주의 실상에 절망한 뒤 중국으로 탈출해서 1994년 44년 만에 귀환한 '김계철'의 증언이 있다. 김계철의 증언을 근거로 조갑제는 '시체의 신원이 확인되지 않아 과연 사망했는지'조차 의심한다.

"1946년 9월 하순 한 좌익 선배가 쪽지를 봉투에 넣어 주면서 대구의대 학생 대표에게 갖다주라고 했다. 김계철은 봉투를 들고 가다가 쪽지를 펴 보았다. '시체 네 구를 준비하라'로 시작되는 메모였다. 쪽지를 전달받은 학생 대표는 읽어보더니 옆에 있는 학생에게 '되는가'하고 물었다. 그 학생이 김계철을 데리고 해부실로 가더니 약물에 담겨있는 시체와 붕대에 감겨있는 송장들을 보여주면서 '본 대로 전하라'고 했다⋯ 다음날 (10월 2일) 흰 가운을 입은 대구의대 학생들이 들것에 들고나와 시위를 선동하는데 써먹은 시체는 전날 경찰의 총격을 받은 사람이 아니었다. 김계철이 보았던 해부실 시체였다(조갑제, 2007, 1권: 273-274)."

교차 증언도 있다. 지금도 인터넷에서 확인이 가능한 글이다. 2017년 타계한 경북의대 명예교수 김두희 박사의 네이버 블로그 '성운문집(惺雲文集)'에 올라있는 글 "특론 2 격동기의 경북대 의대, 주제 3 이념투쟁과 모교"다. 여기에는 '10월폭동' 당시 신입생이었던 이강수 박사의 증언이 등장한다.

"상급생의 지시에 따라 중앙강당으로 갔더니 강단 앞에 흰 홑이불로 휘어 감은 것이 있었으며, 3학년 최무학 씨와 신동익 외 여러 상급생이 들것을 가져와서 그 시신을 둘러매라기에 친구 김갑진(남산병원장)과 함께 들것을 매고 중앙파출소 근방까지 시가행진을 했는데, 들것 속에서 포르말린 냄새가 나더라⋯ 그 시체는 총 맞은 학생이 아니고 학습용 커대버(cadaver, 해부학 실습용 시신)였는데, 그 후에 들것을 맸던 사진으로 신원이 드러나자 고병간 학장과 수사담당자들에게 여러 번 불려 다니기도 했다." 건국 전부터 있던 일인데, 이제는 없어졌을까? 무섭다.

민주노총 대구지역본부가 2018. 9. 29 배포한 포스터. '1946년 9월 총파업과 10월 항쟁 정신'을 계승하는 72주년 기념 포스터에는 '소성리 사드 철거' 구호도 들어있다. 스티코프와 박헌영의 유령이 아직도 배회하고 있음을 여실히 보여준다.

대구 10·1 사건 관련 봉기 발생 지역

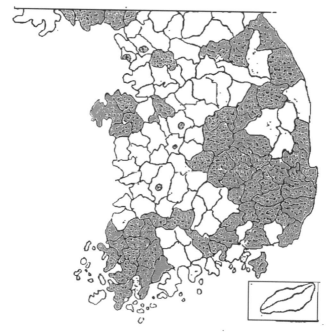

출처 : 정해구 《10월 인민항쟁 연구》, 열음사, 1998, p190 지도 참고

정해구가 1998년 열음사에서 출판한 《10월인민항쟁연구》 90쪽에 등장하는 '대구 10.1 사건 관련 봉기 발생지역' 지도다. 이 지도는 커밍스(Bruce Cumings)의 책 The Origins of Korean War(Princeton U Press, 1981)를 김자동이 우리말로 번역해 1986년 일월서각이 출판한 《한국전쟁의 기원》 440쪽에 등장하는 '그림 16: 1946년 9~12월 농민봉기도'와 대동소이하다.

56

전평의 9월파업·10월폭동, 청년단체 제압으로 대한노총 부상

———

1946년 9월 총파업 그리고 10월 폭동을 진압한 주역은 경찰이나 미군이 아니었다. 민간의 우익 청년단체들이었다. 그러나 지금 우리는 당시 좌익의 폭력에 맞서 자유를 지키며 싸운 이들이 누구인지, 어떻게 싸웠는지, 그리고 이들은 그 후 어떻게 되었는지 잘 모르고 있다. 본격적 관심이 필요한 현대사 연구과제 중 하나다. 여기서는 단편적 기록에나마 기초해 이들의 활약을 살펴보고 역사적 의미를 검토한다.

9월 총파업 진압의 분수령은 9월 30일 새벽 용산의 철도기관구 농성 해산이었다. 이 작전의 전위대는 '대한민주청년동맹(대한민청 혹은 민청)' 감찰부장 김두한이 이끄는 별동대였다. 김두한은 이에 관한 기록을 《피로 물들인 해방정국, 김두한 회고기》(연우출판사, 1963)에 자세히 썼다. 다행히 이 책은 2003년 《김두한 자서전 1, 2》(메트로신문사)로 재출간됐다. 2003년 책 기준으로 김두한의 활약을 살펴본다(1권: 237-242).

"소련혁명(볼세비키 10월혁명) 기념일을… 앞두고 전평에서는 철도노조와 경전(京電)노조 및 주요 산업노조에 파업지령을 내렸다… 인천의 조선기계 제작소… 방직회사, 전인천항만노조 등이 속속 파업에 들어갔다… 서울 시내에 절량(絶糧: 양곡이 끊어짐) 위기가 긴박해 왔고 모든 전기가 단전되었는데도 미군정과 수도경찰청은 속수무책 관망만 하고 있었다…

나는 서슴지 않고 수도경찰청의 장(張)청장을 만났다. 당신들의 힘으로… 파업을 수습할 능력이 없으니 나에게 무기를 달라고 호소했다. 장 청장도 사태의 긴급에 비춰 나에게 경찰전문학교의 실습용 총 3백여 정과 수류탄 3상자를 넘겨주었다… 이튿날(1946 9 30) 이른 새벽… 나는 3천여 명의 대원들을… 모이게 했다… 대원들에게 싸총(권총) 12발을 쏘거든 일제히 진격하라 일러두었다. 그리고 나는 특수 장갑 트럭 3대를 야간작업으로 완성시켰다… 운전에 지장이 없을 정도의 시계(視界)만 남겨 놓은 트럭의 전면에 완전히 철판으로 방탄장치를 해놓고 가솔린 5드럼을 실은 뒤 그 위에 모래를 넣은 가마니를 쌓아 올렸다…

12발의 싸총알이 발사되기가 무섭게… 대원들은… 총공격해 들어갔다… 미군과 군정경찰은 안전지대에서 망원경으로 바라다만 보고 있었다. 우리는 전평 파업본부를 완전히 포위하는데 성공했지만 대진(對陣)만 하고 있었지 어떻게 할 수가 없었다… 나는… 파업본부에… 소리를 질렀다… '너희들은 완전히 포위되었다. 3대의 트럭에 사격을 멈추어라. 트럭엔 가솔린이 만재되어 있다. 만일 계속해서 트럭에 발사하면 너희들은 불고기가 된다. 평화적으로 타협할 터이니 항복하기 바란다.' 이렇게 말하자 잠시 후에 3대의 트럭에 대한 전평 측의 사격은 중지되어 버렸다… 피아간에 무거운 침묵이 흘렀다…

'너희들 정말로 투항 안 할테냐?… 그러면 불을 지르겠다. 10분간의 여유를 준다'… 그리고 결사대원들에게 가솔린을 기관구 주변에 뿌리기 시직하라고 명령했다. 진평 측은… 당황하는 눈치였다. 나는 이때를 놓칠세라 부하 4명을 데리고 또 위를 향해 소리쳤다. '최후로 5분만 담판하자… 한 사람도 죽이지 않겠다. 내가 2층으로 올라가겠다.'

이렇게 말하고… 죽음의 계단을 뛰어 올라갔다. 당황한 그들은 내가 감히… 2층으로 뛰어 올라갈 줄은 몰랐던지 발사도 안 하고 멍해 있었다… '꼼짝하지 말고 손을 들고 벽을 보아라. 휴대하고 있는 무기는 땅에 내려놓고 꿇어앉아.' 이들은 나의 명령에 순응했다. 내 부하들은 무기를 압수하고 그들이 장치해 놓았던 기관총을 아래로 밀어 던져 버렸다."

단순한 진압이 아니었다. 목숨을 건 전쟁이었다. 김두한은 심지어 다음과 같은 일도 있었다고 회고록에 썼다. "철도파업 진압 때 내 부하가 8명의 전평 간부를 생매장했는데 너무 급히 서둘렀기 때문에 콘크리트가 마르지 않았고, 미 CIC에서 즉시 매장 현장을 발견하고 시체를 끌어냈으나, 우리의 작업 현장을 못 보았기 때문에 나를 정식으로 못 잡았다(1권: 247)."

이어서 김두한은 경전(京電) 및 조선제강, 경성방직 등 경인지구 공장파업 진압에 관한 무용담을 기록한 다음, 대구폭동에서의 활약도 담고 있다. "3개 경찰서를 적도(敵徒)의 손에서 탈환하여 경찰에 인계해 주었고 폭도들을 잡아 경찰에 넘겨주었다… 주야 사흘간에 걸쳐 완전히 원상복구를 시킨 우리는 부산까지 직통하게 된 경부선 대구역에서 상경 열차에 올라탔다(2권: 33)."

'대한민주청년동맹'은 일제 말 종로 뒷골목에서 무위도식하던 청년들이 김두한을 중심으로 징용을 피하려고 조직한 '의용정신대'를 배경으로 결성된 단체다. 해방을 맞아 젊은 패기를 새 나라를 위해 바치고자 모색하던 김두한은 일제 말기 만담가로 유명했던 신불출이 1945년 11월 조직한 좌익 청년단체 '조선청년전위대' 창립행사에 기웃거렸다. 이 자리에서 오랜 친구 박용직을 만난 김두한은 '전위대'가 좌익 단체라는 사실은 물론 자신의 부친 김좌진이 공산주의자에 의해 암살된 사실을 전해 들었다(선우기성, 1973,《한국청년운동사》금문사: 666-669).

직선적 성격을 가진 김두한은 즉석에서 '전위대' 탈퇴는 물론 파괴도 결심한다. 이후 김두한은 '백의사[白衣社. 중국 국민당 장개석 직속 비밀특무기관 '남의사(藍衣社)'를 모델로 한 반공단체] 우두머리 염동진의 소개로 후일 박정희 시대 야당 당수를 역임하는 청년지도자 유진산을 만난다(이영석, 2018《건국전쟁》조갑제닷컴). 김두한은 유진산을 회장 그리고 이승만·김구를 명예회장으로 추대하고, 자신은 감찰부장을 맡아 1946년 4월 반공을 기치로 내세운 '대한민주청년동맹'을 출범시켰다(선우기성, 1973: 666-669).

이승만·김구의 후광을 배경으로 김두한은 함께 '멸공전선'에 선 청년단체들 특히 이북에서 넘어온 청년들을 중심으로 결성이 준비되고 있던 '서북청년회[서북의 서(西)는 관서(關西) 및 해서(海西) 즉 평안도 및 황해도 그리고 북(北)은 관북(關北) 즉 함경도를 뜻한다. 따라서 관서는 북한 전체를 의미한다]' 등과 협력해 좌익 청년단체들에 맞서는 활동에 매진한다(선우기성·김판석, 1969,《청년운동의 어제와 오늘》횃불사: 1-34). 박헌영의 폭력투쟁 '신전술'에 맞대응하는 우익의 전위대였다.

이들의 활약 덕택에 9월 파업과 10월 폭동을 계기로 좌익 노조 지도자들이 대거 검거되었다. 전평 조직 상층부가 사실상 무너진 셈이다. 그 빈자리를 '대한노총(대한독립촉성노동총연맹)'이 치고 들어갔다. 예컨대, 전평의 가장 강력한 조직이었던 철도노조는 대한노총 운수부가 대체했고 철도노조 전투적 조합원들은 해고되었다(임영태, 2021, "해방정국, 9월 총파업과 10월 인민항쟁 1" 통일뉴스). "우익청년단과 대한노총은 기본목적이 동일했기 때문에 청년단원이 대한노총의 노조간부가 되는 일은 극히 자연스러운 과정이었다(임송자, 2007, 《대한민국 노동운동의 보수적 기원》 선인: 107)."

이 역사를 두고 당시 군정 경무국장이던 조병옥은 "경전노조사건, 용산 철도노조사건, 인쇄노조사건 등에 대한 강력한 조치를 취하는 반면 전평을 해체시키는데 성공했으며… 민족진영의 노동단체로서 대한노총을 육성시키는 근본방침을 세워 민주주의 사회에서의 노동자의 자유와 권익을 위하여 우익운동가들로 하여금 진정한 노동운동을 전개하도록 하였다"고 말한다(《나의 회고록》 어문각, 1963: 156-157). 노동보국(勞動報國) 노선의 씨앗이다. 또한 밑으로부터의 노동운동이라 주장하지만, 사실은 스티코프 지령에 따른 좌익의 '혁명투쟁'이 꺾이는 계기였다.

2002년 7월부터 2003년 9월까지 총 124회 방영된 60분 분량의 SBS 대하드라마 '야인시대' 홍보물. 주인공 김두한의 엄청난 인기에 편승해 젊은 층은 종방 이후에도 유튜브 등 인터넷에서 영상을 편집·합성해 패러디하는 새로운 문화를 만들었다. 심지어 좌익 교수 한홍구마저 김두한을 '황당한 그러나 미워하기 힘든' 인물로 평가한다(한겨레21, 2002. 11. 5).

1946년 9월 총파업 모습(출처: KBS 영상실록 1946년, 1995년 8월 1일 방영, 유튜브 캡처)

김두한이 1963년 연우출판사에서 낸《피로 물들인 건국전야, 김두한 회고기》를 2003년 딸 김을동이 메트로신문사에서《김두한 자서전 1, 2》로 재간행했다. 출판 당시 연기자이면서 동시에 정치권 진출을 모색 하던 김을동은 2008년 비례 의원으로 국회에 진출해 재선에 성공한 다. 부친 김두한에 이은 최초의 부녀 재선 국회의원이 되었다.

1946년 11월 23일 남로당 결성은
스티코프·김일성·박헌영 작품

미국의 한반도 정책을 주무르던 국무부의 좌우합작 추진이 이어지고 있던 1946년 여름부터 가을까지 이승만은 몸을 낮추고 있었다. 1946년 6월 정읍에서 남한만의 단독정부라도 세워야 한다고 발언한 이후 좌익의 9월 총파업과 10월 폭동까지 이승만은 정치의 전면에 나서지 않았다.

예외라면 스티코프 지령에 따른 '전평'의 9월 총파업이 절정으로 치닫고 있던 9월 26일부터 며칠간 '대한독립노동총연맹(대한노총)' 총재 자리를 맡은 사실뿐이다. 이승만은 대한노총의 전진한 등 소장파 지도부로는 '전평'과의 대결이 어렵다고 판단했다. 폭력을 구사하는데 아무런 주저함이 없던 조선공산당 박헌영의 지휘를 받는 '전평'과 대결하려면 물리적 힘을 가진 우익 청년들이 싸움에 나서야 한다고 이승만은 생각했다.

당시 청년들에게 최고의 인기를 누리던 이승만은 대한노총 총재 자리에 추대되자 마다하지 않았다. 이승만 프리미엄을 십분 활용한 전략이었다. 이 전략은 적중했다. 김두한으로 대표되는 청년들이 대거 대한노총에 들어왔고 또 협력했다. 미군과 경찰의 방관에도 불구하고 청년들은 파업과 폭동의 현장에서 죽음을 무릅쓰며 좌익과 싸워 제압했다. '전평' 상층부 검거에 따른 노조 지도부 빈자리에 이들이 진입하는 건 당연한 수순이었다.

반면에 자신들이 일으킨 파업과 폭동으로 '민중'의 희생이 넘쳐나는 와중에도 남한의 좌익 최고 지도자들은 소련의 지침과 김일성의 협조를 구하기 위해 북을 뻔질나게 들락거렸다. 1946년 9월 25일부터 10월 1일까지 북한을 다녀온 여운형은 넉 달 넘게 질질 끌던 합작에 느닷없는 돌파구를 제시했다. 북을 다녀온 직후부터 여운형은 병중의 김규식과 연쇄 회동한 끝에 10월 7일 '좌익의 5원칙'과 '우익의 8원칙'을 절충한 '합작 7원칙'을 발표했다.

다른 한편, 미군정의 체포령이 떨어진 박헌영은 1946년 9월 29일 장례를 위장한 영구차 관속에 누워 서울을 빠져나가 강원도, 원산을 거쳐 10월 6일 평양에 도착했다. 스티코프 지령과 자금으로 '신전술'을 구사하며 파업과 폭동을 일으킨 박헌영은 결국 혼자 북으로 도피해 돌아오지 않았다. '9월파업'과 '10월폭동'을 밑으로부터의 자생적 '민중항쟁'이라 선전하는 좌익의 위선과 거짓이 적나라하게 드러나는 대목이다.

뜬금없이 발표된 '합작 7원칙'은 토지개혁 문제나 친일파 처리 문제 등에서 좌익의 '5원칙'보다는 우익의 '8원칙'에 가까운 것이었다(손세일, 2015, 《이승만과 김구》 6권: 669). 그런 까닭인지 '7원칙'을 우익보다 좌익에서 더욱 까댔다. 여운형의 인민당을 제외한 좌익의 혹평이 이어졌다. 박헌영의 조선공산당은 여운형을 '좌익의 명칭을 오손(汚損, 더럽히고 손상)하는 정치적 브로커'라 폄하했고, 온건한 '대회파' 공산당 강진도 '식량난 등 미증유의 난국에 일언반구 언급이 없는 합작원칙'이라 비난했다.

우익 한민당 역시 '신탁통치 문제를 외면하고, 유가매수한 토지를 무상 분여하는 것은 재정파탄을 초래한다'고 비판했다. 오직 김구가 이끄는 우익 한독당만이 '8·15 이후 최대의 수확'이라며 환영했다. 이승만은 '적극적 반대 혹은 찬성 없는' 원론적 논평만 냈다(손세일, 2015, 6권: 670-675).

'합작 7원칙'에 좌익의 반발이 오히려 거세자 여운형은 항변했다. 여운형은 '7원칙' 가운데 입법기구 문제만 양보한 셈이고 나머지 6개는 좌익의 입장을 반영한 것이라 주장했다. 그는 "설사 미군정이 입법기구를 만들어 군정자문기구로 전락시키려고 하면 좌익이 거기에 들어가지 않고 보이콧하면 되지 않는가"라며 억울해했다(박병엽 구술, 유영규·정창현 엮음, 2010, 《김일성과 박헌영, 그리고 여운형》 선인, pp. 204-205).

7원칙을 내세운 여운형의 '합작' 노력은 결국 실패로 끝났다. 그러나 합작 실패는 좌익의 또 다른 현안이었던 '3당통합(공산당·인민당·신민당)'을 오히려 앞당기는 뜻밖의 계기를 만들었다. 모스크바에서 김일성과 함께 스탈린을 만나고 7월 서울로 돌아온 박헌영은 대략 한 달 전인 9월 4일 '3당합당'을 일방적으로 강행했었다. 그러나 그 결과는 조선공산당의 양분 즉 박헌영을 따르는 '강경파'와 박헌영에 회의적인 '온건파' 즉 '대회파'로의 분열이었다.

10월 초 다시 북으로 간 박헌영은 김일성 그리고 스티코프와 짜고 여운형의 합작 실패를 좌익정당 합당에 활용하는 두 단계 전략을 세웠다. 첫 단계 작업은 자신을 반대하는 조선공산당 온건파와 인민당 및 신민당 세력이 여운형 병실에 1946년 10월 16일 모이도록 하여 토론 끝에 '사회로동당(사로당)' 결성을 채택하도록 만든 결정이다. 박헌영 '거부'라는 공통분모를 가진 이들은 멋도 모르고 합당에 필요한 절차를 거쳐 그로부터 대략

한 달 후인 11월 7일 '사로당'을 정시으로 출범시키는 준비에 들어갔다.

그러나, 북에 있던 박헌영은 바로 이어 두 번째 단계 작업에 들어갔다. '사로당' 정식 출범 하루 전인 11월 16일 북조선로동당(북로당)이 남한의 '사로당'을 전면적으로 부정하는 '남조선 사회로동당에 관한 결정서'를 발표하도록 했다. 이 '결정서'는 사로당 간부들이 줄줄이 탈당하도록 만드는 도화선이 되어, 사로당은 사실상 해체의 길로 들어서게 되었다. 박헌영이 반대파를 한곳에 몰아넣고 이들을 일거에 날려버린 '결정서'는 다음과 같은 구절을 담고 있다.

"1) 박헌영을 중심으로 한 남조선공산당의 정치노선이 가장 정당한 노선임을 시인하며, 이를 절대 지지한다. 당내에서 좌익기회주의 요소들이 사회노동당을 형성하기까지에 이른 것은 적의 반동정책에 발맞추어 줄 중대한 범죄라는 것을 지적한다. 2) 북로당은 강진(온건파 공산당 리더), 백남운(신민당 리더) 등 분자들은 좌익정당의 분열을 조장한 것이며, 또한 민족반역자 진영을 방조한 행동이라는 것을 지적한다. 3) 북로당은 박헌영을 우두머리로 한 남조선공산당과 좌익정당들이 남조선노동당을 창설하려는 사업행정(事業行程)을 전체적으로 지지하며 사로당은 우리와 하등의 공통성이 없다는 것을 인정한다(김남식, 1984 《남로당연구》 돌배게, p. 266)."

마침내 '북조선로동당(북로당)'과 짝을 이룰 '남조선로동당(남로당)' 결당대회가 1946년 11월 23일 시천교 강당에서 열렸다. 참여한 전체 대의원 숫자는 585명이었다. 이중 공산당은 395명, 인민당은 140명, 신민당은 50명이었다(《쉬띠코프 일기》 1946 12 2). 물론 이 모든 결정은 평양에서 스티코프, 김일성, 박헌영 세 사람이 사전에 준비한 각본에 따라 추진된 일이었다(《쉬띠코프 일기》 1946년 10월 22일).

남로당 결성을 통해 남한의 좌익 대다수가 한 정당에 모인 것은 사실이지만, 이에 불만은 가진 세력 일부는 1947년 5월 여운형이 창당한 근로인민당에 흡수되기도 했다(임영태, 2021, "다시 보는 해방전후사 이야기" 55, 통일뉴스). 좌익3당 합당은 2차대전 이후 소련 점령지역을 통치하던 스탈린이 1928년 코민테른(국제공산당) 결정인 '1국1당주의' 원칙을 북한은 물론 남한에도 요구한 결과였다. 북은 물론 남도 동구 공산권 전철을 밟지 않을 수 없었다.

미군정이 추진한 '합작'에 우선순위를 둔 여운형의 선택은 소군정의 지시를 받으며 '합당'을 추진한 박헌영의 기획에 포획됐다. 박헌영은 여운형의 빈틈을 파고들어 결국 여운형을 정치권에서 밀어내는 데 성공했다. 파업과 폭동의 와중에도 공산당은 인민의 생명과 재산을 보호하는 일에는 털끝만 한 관심도 없었다. 오직 주도권 장악을 위한 노선투쟁에 골몰했을 뿐이었다. 그것도 스탈린의 대리인 스티코프, 스탈린의 낙점을 받은 김일성, 그리고 남을 버리고 북으로 도망간 박헌영, 이 세 사람이 짠 각본이었다. 민중은 어디에도 없었다.

1946년 10월 미군정의 체포령을 피해 북으로 도피한 박헌영(오른쪽)이 1948년 4월 김일성(왼쪽)과 평양의 남북연석회의장 정원에서 환담하고 있다.

1946년 10월 16일 여운형이 입원한 서울대 병실의 사회노동당 결성회의 모습. 한복 차림이 여운형이고, 그 왼쪽 첫 번째가 남조선신민당 백남운이다(출처: 박병엽 구술, 유영규·정창현 엮음, 2010, 《김일성과 박헌영, 그리고 여운형》 선인, p. 204).

58

1946년 10월 말 '과도입법의원선거' 이승만 계열 압승

박현영의 조선공산당이 일으킨 엄청난 폭동으로 전국이 뒤숭숭했지만 해방정국의 정치일정 시계는 중단없이 움직이고 있었다. 미군정은 입법자문기구로 '민주의원'을 1946년 2월 설치했다. 그러나 5월 미소공위 결렬 전후로 미 국무부가 좌우합작을 추진하면서 미군정은 '민주의원'보다 한 단계 업그레이드된 입법자문기구 설치를 7월 새로 제안했다.

결과적인 구성이 우편향 일색인 '민주의원'을 버리고 좌우가 동거하는 미국 의회와 같은 모습을 가진 기구를 설치하는 것이 보다 바람직하다는 미 국무부의 판단 때문이었다. 좌우합작 원칙을 놓고 '좌익의 5원칙'과 '우익의 8원칙'이 교차하면서 새로운 입법기구 설치 역시 주춤거렸다. 그럼에도 미군정은 8월 24일 입법기구 명칭을 '남조선과도입법의원'이라 구체적으로 부여하며 다시 한번 공개적인 추진을 약속했다.

10월 7일 여운형과 김규식이 합의해 발표한 '합작 7원칙'은 미군정 입장에서 합작이 성공으로 가는 중간 성과물이었다. 미군정은 기다렸다는 듯 12일 법령 제118호로 '조선과도입법의원 창설'을 공포했다. 건국의 디딤돌이 될 입법자문기구 창실에 정가의 관심이 쏠리지 않을 수 없었다. 법령에 의해 설치될 '입법의원'의 성격 즉 권한과 책임을 둘러싼 논의가 불붙었다.

'입법의원'에서 제정하는 법률에 대한 거부권이 군정장관에 있는 사실을 두고 조선공산당과 민주주의민족전선(민전) 등 좌익계열은 즉각 식민지 시절의 어용 입법기관 '중추원'과 별 차이가 없다고 비난했다. 이어서 '군정연장설' '남조선단독정부수립설' 등 '입법의원' 창설을 반대하는 목소리가 곳곳에서 터져 나왔다.

그러자 미군정장관 러치(Arecher L. Lerch)는 18일 '입법의원'의 법령제정권을 존중하며 거부권은 다음 3가지 종류의 법률에 대해서만 행사할 수 있다고 밝혔다. 1) 미군 사령관 하지와 참모들을 축출하는 법률, 2) 미곡 수집 책임은 미국인에게 부담 지우고 배급사무만 조선인이 맡도록 하는 법률, 3) 조선의 경제를 위태롭게 하는 법률(손세일, 2015, 《이승만과 김구》 6권: 694).

김구의 한독당이 가장 먼저 적극적 관심을 표명했다. 상해에서 오랫동안 '임시의정원'을 운영해 본 경험을 바탕으로 한독당은 '입법의원'이 1) 민의의 대표기관임을 보다 분명히 해야 하고, 2) 법률제정뿐 아니라 예산 결산 심의 권한도 가져야 하며, 3) 군정장관의 '입법의원' 해산권은 삭제되어야 하고, 4) 거부권 행사에 의한 재심의 경우 법정출석의원 3/4 결의면 확정 등의 요건을 갖추어야 한다고 주장했다. 토를 많이 달기는 했지만, 기본적으로 '입법의원' 설치를 수용하는 입장이었다(손세일, 위의 책, p. 649).

1946년 2월 구성된 '민주의원'이면 충분하다고 주장해온 이승만은 자신의 영향력 아래에 있는 '민통총본부' 및 '독촉국민회'가 단체로 입법의원 선거에 참여하지는 않겠지만 구성원들이 개별적으로 참여하는 것을 반대하지는 않는다고 발언했다. 완곡하지만 사실상 '입법의원'을 수용하는 모습이었다. 정치권의 이 같은 논란은 대중들로 하여금 '입법의원' 선거를 기정사실로 받아들이도록 만들었다. 과연 누가 의원이 될 것인가 하는 문제로 관심이 넘어갔다.

법령 118호는 전체 '입법의원' 90명 가운데 절반 45명은 선거로, 그러나 직선이 아닌 간선으로, 선출하는 '민선의원' 그리고 나머지 절반 45명은 군정장관이 선정하여 임명하는 '관선의원'으로 구성한다고 명시했다. 민선의원 선출이 간선인 것은 직선이 시기상조라는 판단 때문이었다. 관선의원은 '좌우합작위원회'의 심사와 추천에 따라 임명하면 공정한 결과를 보장할 수 있다고 보았기 때문이었다.

높은 문맹률과 전국 규모의 선거를 치른 경험이 없는 사실을 배경으로 보통선거에 의한 직접선거를 배제하고 채택한 간접선거는, 당시 행정의 위계를 구성하던 4단계를 따라 다음과 같이 실시하도록 준비되었다. 행정의 가장 아래 단위인 이·동에서 대표 2명을 선거하면, 이·동 대표들이 모여 소속 상위 면·읍·구 대표 2명을 선거하고, 다시 면·읍·구 대표들이 모여 소속 상위 군·부(府) 대표 2명을 선거하고 나면, 마지막으로 군·부 대표들이 모여 소속 상위 도(道) 입법의원 대표들을 선거하는 방식이었다(손세일, 위의 책, p. 697).

도 입법의원은 인구 55만 명당 의원 1명을 기준으로 할당했고, 서울시와 각 도는 전체 대표를 각 1명씩 추가로 선출하도록 했다. 이렇게 하여 최종 결정된 서울시와 각 도의 민선의원 정수는 서울시 3명, 경기도 6명,

강원도 3명, 충청북도 3명, 충청남도 5명, 전라북도 4명, 전라남도 6명, 경상북도 7명, 경상남도 6명, 제주도 2명이었다.

선출 방식보다는 입후보 자격이 더욱 큰 논란을 불러왔다. 부일협력자는 자격을 박탈하기로 했지만, 구체적인 범위를 두고 논란이 벌어졌다. 일제하 '중추원(국회) 참의(의원), 도의원(道議員), 부의원(府議員) 및 칙임관(勅任官: 1, 2 등급 고위관료) 이상의 직위를 가졌던 자'의 자격을 박탈한다는 기준은 객관적이라 별 문제가 없었다.

그러나 '자신의 이익을 위하여 조선 인민에게 손해를 끼치며 일인에 협력한 자'라는 기준은 판단이 모호하고 주관적이라 문제가 됐다. 논란 끝에 미군정은 10월 14일 각 도에 보낸 공문, 러치의 성명서, 그리고 '입법의원' 사무총장 전규홍의 담화로 주관적 기준도 자격박탈의 기준으로 삼는다고 발표했다(손세일, 위의 책, 698).

미군정은 입법의원 선거를 서둘렀다. 10월 말까지 전체 일정을 마치도록 계획했고 실제로 그렇게 했다. 세 가지 이유에서였다. 1) 좌우합작 지체로 계획이 이미 지연되고 있었고, 2) 11월 3일로 예정된 북한의 도·시·군 인민위원회 선거를 의식했고, 3) 공산당 폭동의 결과로 좌익의 지방조직이 무너졌고 또 선거를 보이콧해서 우익의 당선 가능성이 높기 때문이었다.

세 번째 이유는 입법기구에서 '좌우동거'를 원한 미군정의 방침과 상반되는 것처럼 보인다. 그러나 '민주의원'과 달리 '입법의원'은 좌우합작위원회 추천으로 좌익 인사들이 의원으로 진입하는 길을 원천적으로 만들어 놓았기 때문에, 우익의 당선가능성이 높더라도 그 구성이 '민주의원' 같이 우익 일색이 될 가능성은 없었다.

마침내 1946년 10월 21일부터 30일까지 행정구역의 위계 단위에 따른 다단계 선거가 순차적으로 실시되었다(김영미, 1997, "1946년 입법의원선거" 《국사관논총》 75집, p. 144). 투표율은 저조했다. 전국적인 통계는 남아있지는 않지만, 전라북도의 경우 투표율은 3할이었고, 3할 중 1할이(셋 중 하나가) 무효표였다. 기타 지역도 엇비슷했다(손세일, 위의 책, p. 700).

선거 결과는 우익의 압승이었다. 확실한 우익 계열이 34명(독촉국민회 17명, 한민당 14명, 한독당 3명) 당선됐다. 무소속은 9명 당선이었고, 확실한 좌익 당선은 인민위원회 소속 제주도 2명뿐이었다. 이승만은 개인 자격으로 참여하는 것을 허락한다는 소극적 입장을 피력했지만, 선거에서 대승했다. 독촉국민회와 한민당을 합치면 45명 중 31명 당선이었기 때문이다.

"러치 군정장관마저 '우리는 워싱턴으로부터 중간파 노선에 따라 행동하라는 지령을 받고 있었다. 그러나 우익의 압도적 승리로 끝난 이번 선거 결과는 워싱턴이 잘못되었다는 것을 보여주는 것이다'라고 말하면서 기뻐했다고 한다(손세일, 위의 책, p. 702)." 김규식 의장 선출, 선거 후유증, 그리고 관선의원 임명 등에 관한 이야기는 다음 회로 이어간다.

1946년 11월 북조선로동당 함흥시당부에 걸려 있는 김일성, 레닌, 스탈린 초상화(왼쪽부터). 그 아래로 도·시·군 인민위원회 선거에 추천된 후보자들의 선거 포스터가 붙어 있다 [사진=미디어한국학](출처: 정창현, "광복 75주년 ⑮남과 북, 해방 이듬해 첫 입법기관 선거" 뉴시스, 2020. 4. 12).

1946년 12월 12일 정오, 중앙청 제1회의실에서 개최된 남조선과도입법의원 개원식에서 김규식(金奎植) 의장이 개회사를 낭독하고 있다. 오른쪽부터 미군정장관 대리 헬믹 대장, 미소공동위원회 미국 측 수석대표 브라운 소장, 김규식 의장, 주한미군사령관 하지 중장, 마지막은 미상. 단상 앞쪽은 전규홍(全奎弘) 과도입법의원 사무총장 [사진=미국국립문서기록청](출처: 상동, 뉴시스, 2020. 4. 12).

59

입법의원선거, 친일파 당선 등 문제로
서울시·강원도 재선거

이승만의 압승으로 끝난 과도입법의원 선거의 후유증은 만만치 않았다. 가장 큰 낭패를 본 김규식은 선거 이틀 후인 1946년 11월 1일부터 '재선거' 혹은 '입법의원 전원을 좌우합작위원회 추천으로 임명'해야 한다는 주장을 시작했다. 11월 4일 김규식은 "좌익진영은 전면적 검거로 말미암아 피선될 기회가 거의 없어 유감이며, 더구나 피선된 자가 극도로 편향적인 데다가, 친일파라고 지목되는 자가 다수 피선되어, 입법기관에 대하여 전 민중의 실망을 주었고"라며 선거결과를 부정했다(손세일, 2015, 《이승만과 김구》 6권: 704-705).

그러나 이승만은 같은 날 입법의원 선거는 '민국 성립의 효시'라며 "다소 약점이 있을지라도 점차로 개량 발전시켜 나가야 한다"는 입장의 성명을 발표하며 김규식의 주장을 반박했다. 당시 이승만의 벅찬 심정을 전하는 기록이 남아 있다.

동경에서 온 '뉴스위크(The Newsweek)' 잡지의 게인(Mark Gain) 그리고 샬럿(Charlotte Ebener) 기자가 11월 5일 돈암장의 이승만을 인터뷰한 기록이다. 이승만은 성경의 에스더 7장 3절 "내 민족을 내게 주소서"를 연상시키는 말 "나의 인민은 나와 함께 있소"라고 했다(Mark Gayn. 1948, *Japan Diary: An Eyewitness Record of What is Happening in Japan and Korea*, William Sloane Associates, Inc. p. 424; 손세일, 위 책: 706 [재인용]).

기자들은 다음 날(6일) 김규식도 방문했다. 김규식은 부정선거 사례를 상세히 설명하며 특히 강원도와 서울의 경우를 강조했다. "강원도에서 모든 선거는… 이승만의 정당(독촉국민회) 지부에 의하여 진행되었다. 당연히 이승만을 추종하는 세 사람이 당선되었다. 이들은 모두 악명 높은 부일협력자들이다." "서울에서는 선거 당일 아침에 시청 입구가 이승만 정당의 포스터로 메워졌다. 당선된 사람은 그 정당(한민당) 사람들이다. 그 가운데 두 사람은 부일협력자로 알려져 있다(Gain, 같은 책, pp 425-426; 손세일, 위 책: 708 [재인용])."

이들은 다음날(7일) 김구도 인터뷰했다. 그러나 김구는 민감한 정치적 이슈에 관해서는 생각할 시간이 필요하다며, 대신 자신의 생애에 관한 이야기만 했다. 이들은 또한 여운형도 만나길 원했으나, 군정 당국이 면담을 주선해 주지 않았다(Gain, 같은 책, pp 433-435 & 422; 손세일, 위 책: 708-709 [재인용]).

김규식의 재선거 요구에 대한 우익의 반응은 선거 결과에 따라 달랐다. 한민당은 반대, 한독당은 찬성이었다. 그러나, 김규식이 문제 삼은 '부일협력자 당선'에 관해 이승만은 각별한 반응을 보였다. 주목할 가치가 있다.

11월 11일 이승만은 "친일파 문제로 많은 이론이 생기는 모양이나 이 문제를 해결할 수 없으면서 미리 문제로 삼는 것은 민심만 혼란시켜 통일에 방해를 끼치는 것이니, 공연한 시비를 일으키지 말고 다 한 단결로 국권을 속히 회복한 후에 법률을 세워서 상당히 조치하는 것이 순서적으로 옳다. 혹은 자기들의 행적을 가리기 위해서, 또 혹은 자기들의 행적을 남이 모르는 줄로 알고… 친일파를 부르짖는 등 여러 가지 폐단이 있어… 40년을 참아 온 여기에 얼마 더 참기가 그다지 어려운 것이 아니다"고 일갈했다(손세일, 위 책, p. 712).

이승만의 지적은 '10월폭동' 진압과정에서 좌익의 공격을 받던 군정청 경무부장 조병옥이 친일문제를 둘러싸고 여운형, 안재홍, 김규식 등 중도파를 완전히 제압한 11월 5일 한미위원회 사건을 배경으로 한다. 여운형의 뉴스위크 인터뷰 거절도 이 사건과 연관되어 있음은 물론이다. 수도경찰청장 장택상, 수사국장 최능진, 경무부 고문 매글린(William Maglain) 대령도 출석한 당시 상황을 조병옥은 회고록에서 다음과 같이 기록했다(손세일, 위 책, 703).

"대구폭동이 진압된 이후… 좌익의 사주를 받은 중간파들은 미군정 당국에 서면 내지 구두로… '경무부장 조병옥이 친일파 경찰관들을 등용함으로써 민심이 이탈되어… 폭동이 자발적으로 일어난 것'이라 주장(했다). 이 때문에 하지 중장은 군정 수뇌부와 중간파 대표들과 합석하여 동년(1946년) 10월 말 일 경(11월 5일) 한미회담(한미위원회)을 개최했다.

나는 조선호텔에서 열리는 한미회담 단두대에 올라서게 (되었다)… 회담 전 러치 군정장관은 나에게 은밀히 말(했다). '이번 회담의 결과에 따라 당신의 진퇴문제가 결정되는… 중요한 회담인 고로… 출석 전에 만반의 해명 준비를 갖추도록 하라.'

나는… 즉시 중간파들의 음모에 대항하기 위해 그들이 조선 총독 '소기국소(小磯國昭, 고이소 구니야키: 1942년 5월부터 1944년 7월까지 8대 조선 총독)'에 한 대일협력 언약 또는 소위 대동아전쟁에 협력하겠다는 논설 그리고 황국신민이 되겠다는 등의 여운형, 안재홍 양씨(兩氏)의 담화 내지 성명과 논설을 영역(英譯) 등사(謄寫)하여… 회담에 참석했다.

…하지 중장, 러치 소장 등이 왼쪽에 있었고, 바른쪽에는 김규식, 여운형, 안재홍 등 3씨가 중간파를 대표하여 앉았다… '일본 제국주의 통치하… 친일은… 두 가지 종류로 구별할 수 있다고 생각합니다. 하나는 직업적인 친일파였고, 또 하나는… 가족과 생명을 보호하기 위한 연명책으로 일정(日政) 경찰을 직업적으로 한 (사람들입니다)… 많은 동포들은 pro-JAP이 아니라 pro-JOB이라고 할 수 있습니다…

그런데, 당신들은 항일파요 민족지도자라고 자처했던 분들 아니요. 그러나 여운형, 안재홍 양 씨는 일정 말기에 어떤 처신을 했습니까?… 영국령 신가파(新嘉坡, 싱가포르)가 함락되고 비율빈(比律賓, 필리핀) 마닐라가 일본군에 의하여 점령당한 후, 미영 연합군이 패전하고 일본이 승리한다고 오산한 나머지 당시 조선 총독 '소기국소'에게 불려가서 소위 대동아전쟁에 협력할 것과 황국신민이 되겠다고 맹서한 것을 기억하고 있습니까?

만약 기억이 안 난다고 하면 여기 그 증거로서 매일신보에 실린 담화와 논문과 사진들이 있으니 자세히 들여다보시오. 누구의 필적이며, 누구의 사진인가를.'(조병옥. 1959, 《나의 회고록》 민교사, pp. 172-173).'' '여운형은 갑자기 병원으로 갔고, 안재홍은 체머리만 흔들며 앉아 있었고, 김규식은 군정 행정을 더 잘해 달라는 부탁 말고는 더 할 말이 없다'고 답했다(조병옥, 1959, 《나의 회고록》 민교사).

여운형과 김규식의 이 같은 망신살에도 불구하고 미군정은 좌우합작 대표로 선택한 두 사람을 버릴 수 없었다. 동경의 맥아더를 급히 만나고 돌아온 하지는 마침내 11월 25일 서울시와 강원도 선거를 무효화하고 재선거를 12월 19일부터 23일 사이에 실시한다고 발표했다. 11월 4일로 예정했던 입법의원 개원도 12월 12일로 연기됐다.

　12월 7일에는 관선의원 45명 명단을 발표했다. 민중동맹(한민당 탈당파가 김규식을 추대한 정당) 6명, 사회로동당 6명, 한국독립당 5명 등 좌우합작세력이 대거 포함되었다. 이에 반해 한민당은 2명, 독촉국민회는 1명뿐이었다.

　그러나 좌우합작위원회의 좌익대표인 사회로동당의 여운형과 장건상, 한국독립당의 조완구와 엄항섭, 문학가동맹의 홍명희, 그리고 제주도의 두 민선의원 문도배와 김시탁은 의원직을 거부했다(손세일, 위 책, 715). 재선거로 서울시에서 김성수를 누르고 당선된 조소앙도 거부를 이어갔다(손세일, 위 책, 720).

　이들의 거부는 미군정의 권위에 대한 도전이었다. 특히 여운형의 거부는 미군정이 추진해온 좌우합작의 실패를 의미했다. 여운형은 12월 13일 '좌우합작과 합당공작을 단념하면서'라는 성명을 발표하며 "나의 여생을 민주진영의 한 병졸로서 건국사업에 바칠 것을 맹세한다"며 백의종군 선언을 했다.

'대동신문' 1946년 2월 10일 2면 머리기사는 여운형의 친일 행적을 적나라하게 비판하고 있다. 오른쪽 박스 기사는 여운형의 친일 행적을 보여주는 '경성일보 1943년 11월 9일 기사'를 전제한 것이다. 여운형의 사진과 함께 기사 제목을 '학도여 전열에(學徒よ戰列へ), 지금이야말로 보이자 황민반도(今ぞ示せ 皇民半島), 여운형 씨 마침내 일어나다(呂運亨氏 遂に起つ)'라고 달았다. 왼쪽은 이 사실을 비판하는 기사로 제목을 '여운형의 충성, 친일의 활증(活證, 살아있는 증거)을 보라, 이것도 발전적 해소라 할까'라고 달고 있다(사진 출처: 우남위키).

조병옥, 1959, 《나의 회고록》(민교사) 표지.

60
1946년 12월 이승만, 단정 승인 위한
UN 총회 참석 방미

과도입법의원은 애초 개원 예정일이 1946년 11월 4일이었다. 그러나 부정선거와 친일인사 당선 등의 문제로 서울시와 강원도에서 재선거를 치르며 일정에 차질을 빚었다. 상처투성이가 된 입법의원 구성은 '민선으로 당선' 혹은 '관선으로 임명'된 의원들의 사퇴가 줄을 이으며 혼란을 더했다. 우여곡절 끝에 김규식을 의장으로 한 과도입법의원이 마침내 문을 연 것은 1946년 12월 12일이었다.

이승만은 입법의원에 들어갈 생각이 없었다. 공산당이 일으킨 '9월파업'과 '10월폭동'을 겪은 이승만은 미군정의 좌우합작 노력을 정면으로 부인하지는 않았지만, 적극적인 협조도 하지 않으며 한 걸음 떨어져 지켜보고 있었다. 그러나, 입법의원 선거에서 좌우합작 세력이 패배하고 자신을 따르는 정치세력이 대거 당선되자 안도한 이승만은 이제 자신의 관심을 국제정치로 돌려 적극적인 역할을 모색할 때라고 판단했다.

2차대전 이후의 국제질서 관리를 위해 1945년 탄생한 국제연합(UN: United Nations)은 1946년 10월 23일부터 뉴욕에서 총회를 열며 세계인의 관심을 끌고 있었다. 2차대전의 패전국 식민지와 점령지에 관한 정책이 논의되는 자리였기 때문이다. 이승만은 유엔 총회에서 한국 문제가 다루어져야 한다 생각했다. 그렇기 때문에 이승만은 이미 여자국민당 당수 임영신을 '민주의원' 대표 자격으로 1946년 9월 1일 유엔총회에 파견하고 있었다.

국제정세의 흐름에 누구보다 민감했던 이승만은 입법의원 선거가 끝난 지 얼마 되지 않은 1946년 11월 10일부터 16일까지 UN 총회에 참석하는 각국 대표들에게 다음과 같은 내용의 전보를 쳤다. "수천의 적색 테러리스트들이 북한으로부터 침투하여 우리를 굴복시키려고 전국 각지에서 비인간적인 잔학행위와 방화를 자행하고 있습니다… 유엔회의가 한국의 단독정부를 승인하도록 요구해 주시기 바랍니다… 중립적인 미국인들은 사태를 수습할 능력이 없습니다…(손세일, 2015, 《이승만과 김구》 6권: 728-732)."

수신자 명단에는 미국 대표의 일원인 엘리노어 루스벨트(Anna Eleanor Roosevelt), 벨기에 대표이며 유엔 총회 의장인 스파크(Paul H. Spaak), 중국 대표 웰링턴 구(Wellington Koo), 노르웨이 출신의 리(Trygve H. Lie) 유엔 사무총장, 필리핀 대표 로물로(Romulo) 장군, 장개석 총통, 뉴욕교구 스펠먼(Spellman) 추기경 등이 포함되어 있었다. 이승만은 언론을 상대로도 같은 내용을 적극 홍보했다.

이승만은 또 미국에 있던 '한국위원부'의 홍보와 로비활동도 강화시켰다. 한국위원부 임병직과 스태거스(John J. Staggers)로 하여금 국무부 점령지역 담당 차관보 힐드링(John R. Hildling)의 특별보좌관 그로스(Gross) 대령을 만나 '남한만이라도 하루빨리 정부를 수립하여 유엔의 승인을 받음으로써 공산주의자들의 위협에 대처할 수 있도록 해야 한다'는 이승만의 지론을 전하도록 지시했다.

유엔 총회 참석을 위한 방미 일정에 고심하던 이승만은 마침내 1946년 11월 22일 회심의 방미 계획을 발표했다. 미국 방문 준비를 하고 있다는 이승만의 담화에 우익 진영은 열렬히 환호했다. 담화에서 개인 자격으로 방미한다고 밝혔음에도, 그의 방미는 곧 '한국민족대표' 혹은 '민족대표외교사절'로 격상되었다.

11월 25일 및 26일 민통총본부 회의실에서 조소앙, 신익희 등을 중심으로 열린 70여 개 정당 및 사회단체 대표자 연석회의는 이승만을 '한국민족대표' 자격으로 파견하기로 결의하고, 위원장 조소앙, 부위원장 신익희·이윤영, 총무 방응모 외 19명, 재정 김성수 외 31명, 선전 엄항섭 외 18명, 동원 이범석 외 17명으로 구성된 방대한 조직의 '한국민족대표 외교후원회'를 결성했다.

이와는 별도로 박종화, 임병철, 이헌구, 염상섭, 김동리 등 언론사 간부 및 조선문필가협회, 미술가협회 등 문화단체 대표도 회합을 갖고 '민족대표외교사절 후원회'를 조직하고 성대한 환송회를 준비하기로 결의했다. 한민당, 한독당 등 우익 정치권도 도미를 지지하는 성명을 잇달아 발표했다.

그러나 좌익의 '민족주의민주전선' 의장 김원봉은 "이 박사가 조선 민족을 대표한다는 것이나 유엔 총회에서 즉시 독립을 요구하는 것은 어불성설이며, 이 박사의 도미는 미소공위 속개를 방해하는 것"이라 비난했다. 남로당은 "조선 문제는 3상회의 결정을 어떻게 실천하느냐에 있다며, 국제적으로 해결된 문제가 다시 국제회의에 상정되어 논의될 리도 없으려니와 설사 상정 토의 속에서 일치된 이견이 용이할 수 없을 것은 명약관화한

일"이라며 혹평했다(위 책, 734-735).

이승만은 아랑곳하지 않고 11월 28일 여행 일정을 보다 구체적으로 발표하는 기자회견을 가졌다. 12월 1일 인천항에서 '마린 점퍼호(S.S. Marine Jumper)'로 출발하며, 5~6주 가량 미국에 체재할 계획이라 설명했다. 도미 자격에 대해서는 "개인 자격으로 가는 것이지만, 동포들은 민족대표로 인정해 줄 줄로 믿는다"고 말했다.

"유엔 총회가 12월 15일 종료된다는데 도미 사명을 완수할 수 있겠느냐?"는 질문에는 민주의원을 대표하여 임영신과 임병직이 이미 현지에서 활동하고 있음을 상기시키면서, "나는 유엔 총회보다 각국 대표들의 수령들과 개인적으로 접촉하여 남한만이라도 독립정부를 찾아서 국제적으로 발언권을 가지도록 할 작정이다"라고 부연했다.

이승만이 11월 28일 돈암장에서 기자회견을 하던 시간 종로의 YMCA 강당에서는 '전국학생총연맹'이 이승만의 도미를 지지하는 집회를 열었다. 11월 30일에는 창덕궁 인정전에서 '한국민족대표 외교후원회' 주최의 이승만 도미환송회도 열렸다. 이 행사에는 오세창 등 각계 유지 300여 명이 모였다(위 책, 737).

기자회견을 통해 밝힌 이승만의 출국 일정은 그러나 마지막 순간에 극적인 반전이 있었다. 이승만은 12월 1일 아침 일찍 입원 중인 김규식을 찾아 면담하고, 조소앙·신익희 등을 만난 다음, 오전 9.30 부슬비가 내리는 돈암장을 프란체스카와 함께 출발했다. 청년단체들 트럭이 행렬을 선도했고, 이승만의 승용차를 따르는 차량도 10여 대나 됐다. 경인가도에는 6만 5천 명의 인파가 늘어서서 이승만을 환송했다.

인천에 도착한 이승만은 1,200명의 노동자들이 모인 '조선차륜회사'

내부에 차려진 인천시민 환송대회장에서 뜨거운 배웅을 받았다. 그러나 대회가 끝나자 이승만은 경찰과 청년대를 해산시키고, 조용히 서울로 돌아왔다. 마지막 순간에 동경의 맥아더가 준비한 군용기를 이용할 수 있게 되었다는 연락을 받았기 때문이었다. 이승만은 기자회견을 통해 공개적으로 밝힌 일정에 따른 환송행사를 차마 취소하지 못했다.

다음 날인 12월 2일 이승만은 출국을 위해 김포비행장으로 갔다. 그러나 다시 돌아와야만 했다. 기상조건이 나빴기 때문이었다. 결국 이승만은 12월 4일 오후 1.30 비바람이 몰아치는 김포공항을 이륙할 수 있었다. 같은 날 오후 동경 근처의 아쓰기(厚木) 미군 비행장에 도착한 이승만은 맥아더 사령부가 예약한 동경의 제국호텔로 안내를 받았다. 하룻밤 휴식 후 이승만은 12월 5일 맥아더 사령부의 윌로비(Charles A. Willoughby) 정보참모장과 점심 식사를 그리고 맥아더 사령관과는 저녁 식사를 함께 했다.

이승만은 이날 밤 10시 미군용기 편으로 다시 하와이로 출발하는 강행군을 이어갔다. 하와이에서는 훗날 주한 유엔군 사령관이 된 헐(John E. Hull) 장군의 의장대를 사열했다. 마침내 이승만은 12월 7일 워싱턴에 도착해 외교사절이 주로 이용하는 칼튼호텔(Carlton Hotel)에 여장을 풀고 활동을 시작했다.

이승만의 방미계획을 보도한 동아일보 1946년 11월 23일자 1면 박스 기사. "이 박사 UN 총회에 출석" "조선의 급(急, 급한 일)은 오직 독립!" "전 세계에 우리의 실정을 호소"라는 제목을 달고 있다.

이승만의 방미 '인천시민환송대회'가 열린 '조선차륜회사'는 1937년부터 기차와 차량 부품을 생산하던 '일본차륜주식회사'의 인천공장이었다. 조선총독부에 의해 군수공장으로 지정된 이 회사는 해방 후 '조선차륜회사'로 이름을 바꾸었고, 다시 1950년부터는 '철도청 인천공작창'으로 불렸다. 1970년대 중화학공업화의 진척과 함께 기차 제작을 '대우중공업' 및 '현대로템'이 담당하게 되면서 이 회사는 1983년 문을 닫았다. 회사의 위치는 인천 동구 송현동 66번지였으며, 지금은 그 자리에 '미륭아파트' 및 '동부아파트' 단지가 들어서 있다. 왼쪽 사진은 회사가 문을 닫아 방치된 1986년 모습이고, 오른쪽 사진은 2010년 아파트가 들어선 모습이다(사진 출처: 네이버 블로그 "인천의 어제와 오늘").

61
1947년 3월 12일, 냉전의 시작 알리는
'트루먼 독트린' 선언

1946년 12월 7일 워싱턴에 도착한 이승만은 두 가지 목표를 가지고 있었다. 하나는 한국의 통일문제를 유엔이 논의하도록 하는 일이었고, 다른 하나는 미국 정부가 한국인들이 희망하는 한국인 자신의 정부를 즉시 수립하고 승인하도록 하는 일이었다. 유엔을 상대로 한 이승만의 목표는 곧바로 결말이 났다. 미 국무부가 12월 10일 이승만의 공식자격을 부인한데다가, 유엔총회는 어차피 12월 15일이면 끝날 예정이었기 때문이었다.

이승만은 미국 정부를 상대로 한 교섭에 집중했다. 의회 그리고 언론을 통한 여론 환기에도 신경을 썼다. 이승만은 한국위원부의 스태거스(John J. Staggers) 변호사, 굿펠로우(Prestone M. Goodfellow) 대령, 해리스(Frederick B. Harris) 상원 원목, 올리버(Robert T. Oliver) 시라큐스대 교수, 임병직, 임영신 등으로 '전략회의(strategy council)'를 구성했다(Oliver, 1955, Syngman Rhee: The Man Behind the Myth, New York: Dodd Mead and Company, pp. 231-232).

'전략회의'는 6개 항으로 구성된 '한국문제 해결방안'을 마련했다. 1) 남북한이 재통일 되어 총선거를 실시할 때까지 남한에 과도정부 선출, 2)

이 과도정부는 미·소 간의 직접 협의에 구애받지 않고 유엔에 가입되어야 하며 한국 점령 및 중요정책에 대해 미소 양국과 직접 교섭하도록 허용, 3) 한국의 대일 배상요구는 한국의 경제복구를 위해 조기 고려, 4) 다른 나라와 동일한 그리고 특정 국가에 편중되지 않은 전면적 통상권을 한국에 부여, 5) 한국의 통화를 안정시키고 국제외환제도에 편입, 6) 두 점령군이 동시에 철수할 때까지 치안을 담당하는 미군 남한 주둔.

이승만은 자신의 단독정부 입장과 미국의 당시 외교적 입장을 적절히 섞은 '한국문제 해결방안'을 들고 트루먼 대통령과 직접 만나고자 했다. 이를 위한 창구로는 대일배상 특사로 조사단을 이끌고 1946년 5월 남북한을 함께 방문했던 폴리(Edwin W. Pauly)를 선택했다.

폴리는 남북한을 둘러보고 트루먼에게 제출한 보고서에서 "한국의 공산주의는 세계의 어느 곳에서보다 좋은 출발을 할 수 있었다"라는 평가를 한 인물로, 트루먼의 신임이 두터웠다. 이승만은 폴리에게 12월 말 그리고 1월 초 두 번의 편지를 보내 트루먼과의 회동 주선을 부탁했다. 그러나 폴리의 장기 휴가로 두 번째 편지가 전달되지 않으면서, 결국 트루먼과의 회동은 성사되지 못했다(손세일, 2015, 《이승만과 김구》 6권: 745).

당시 워싱턴은 소련의 세계적 팽창을 우려하고 있었기 때문에 한국에 대해서도 새로운 정책을 모색할 필요가 대두되고 있었다. 정책 변화를 담당할 인적 구성도 나쁘지 않았다. 미 국무부의 점령지역 담당 차관보 힐드링(General John Hildring)은 맥아더와 가까운 사이여서 이승만의 제안에 호의적이었다. 국무부 극동국장 빈센트(John C. Vincent)는 힐드링과 반대 입장을 가진 인물로 알려져 있긴 했지만, 공개적으로 그렇게 할 처지는 되지 못했다. 국무부에서 하지의 보고서를 평가하는 한국 담당관 윌리암스

(John Z. Williams)는 비록 한국 전문가는 아니었지만, 미군정에 의해 한국인들의 염원이 여러 번 배신당한 사실을 모를 정도는 아니었다(Oliver, 위의 책, p. 233).

이와 같은 우호적 환경에도 불구하고 미국의 공식적인 정책 전환에는 시간이 필요했다. 또한 미 국무부의 한국 책임자 중 그 누구도 이승만과 공개적으로 협의하며 상황을 바꾸는 일에 총대를 메려 하지 않았다. 그러나 때마침 미국의 대외정책이 바뀌는 신호가 등장했다. 1947년 1월 20일 트루먼 대통령이 국무장관을 번스에서 마셜로 바꿨기 때문이다. 민감한 이승만은 바로 다음 날인 1월 21일 마셜에게 편지로 면담을 요청했다.

마셜의 답장을 기다리는 사이 이승만은 올리버로 하여금 1월 27일 국무부 극동국장 빈센트를 방문해 6개 항의 '한국문제 해결방안'을 제출토록 했다(손세일, 위의 책: 744). 이 문건의 내용은 국내 신문에도 크게 보도되었다. 그러나 이승만은 국무장관의 특별보좌관 림스(Borden Reams)의 무미건조한 답장에 만족해야 했다. 림스는 올리버가 빈센트에 제출한 '한국문제 해결방안'을 담당 부서에서 검토 중이라고 회신했다(손세일, 위의 책: 746).

반공을 내세운 공화당이 미 의회의 다수당이 된 사실도 미국의 대외정책이 바뀔 것이라는 이승만의 기대를 끌어 올렸다. 이승만은 1947년 1월 하순 민통총본부로 다음과 같은 타전을 했다. "미국 의회의 공화당계 의원이 장래 얄타협정의 폭로와 모스크바 3상회의 결정 중의 신탁통치 조항을 취소하라고 제안할 것이다… 미 국무장관 번스 후임으로 마셜 원수가 피임된 결과 미국 내의 일반 여론은 장차 극동정책에 일대 변동이 있으리라고 예측하고 있다."

좌우합작을 추진하던 하지에게는 곤혹스러운 일이었다. 이승만이 전하는 소식을 무력화하기 위해 미군정은 미소공위 재개를 모색해온 하지 사령관과 소련 치스차고프 사령관이 주고받은 편지를 공개했다. 그러나 이는 오히려 우익단체들의 반탁시위 계획에 불을 붙이는 결과를 낳았다. 민주의원, 비상국민회의, 민통총본부, 독촉국민회, 한독당, 한민당 등 35개 우익 정당 및 사회단체들이 '좌우합작'을 천명한 미소공위 '5호 성명'에 대한 지지를 취소하고, '좌우합작위원회'를 분쇄할 것을 결의했다.

'민주의원'은 자신들의 대표로 좌우합작위원회에 파견한 '김규식, 원세훈, 안재홍, 김붕준' 4명에 대한 소환을 결의했다. '입법의원'은 한민당 주도로 '신탁통치반대결의안'을 찬성 44표, 반대 1표로 통과시켰다. 전국학련 산하 학생들은 반탁운동 1주년을 맞는 1월 하순 대대적인 시위를 준비했다. 때를 만난 김구는 이와 같은 반탁 기세를 활용해 독자적인 세력 구축에 착수했다. 비상국민회의, 민통총본부, 독촉국민회 세 단체의 통합을 주장하며 김구는 1월 하순 '반탁독립투쟁위원회'를 만들어 스스로 위원장으로 나섰다.

2월에 접어들면서부터 김구는 '임시정부봉대운동'도 주도했다. 그는 독립운동의 최고방략을 세우고 운영할 유일 최고기구를 설치해야 한다고 주장하며, 2월 17일 세 단체를 통합시킨 '국민의회'를 출범시켰다. 김구는 '국민의회'가 임시의정원을 계승한 기관으로, '입법의원'을 대체하는 입법기관이라 천명했다. 3·1절을 맞아 반탁시위를 전국적으로 확대하고자 했던 김구의 '국민의회'는 마침내 3월 3일 이승만을 주석, 김구를 부주석으로 추대했다. 그러나 이승만 없이 전개한 김구의 독자 세력화는 여기서 딱 멈추어야 했다.

3월 5일 이승만이 보낸 타전 때문이었다. "내가 귀국할 때까지 기다리시오(손세일, 위의 책: 756)." 김구는 그로부터 대략 1년 후 남북협상을 위한 방북을 앞두고 당시의 상황을 다음과 같이 회고했다. "이 박사는 나의 권고를 듣지 않고 마침내 단독정부 노선으로 돌진했다(1948년 3월 신아일보 사장과의 회담기, 엄항섭 편, 《김구주석최신언론집》 삼일출판사, 1948: 89-90)." 이 대목에 대한 손세일의 코멘트가 압권이다. "이때쯤 김구는 이승만의 도미 외교활동이 단독정부 수립운동이었다고 판단하게 되었다(손세일, 위의 책: 757)."

다른 한편 미국에서는 마침내 이승만이 고대하는 순간이 찾아왔다. 트루먼 대통령이 1947년 3월 12일 의회 연설을 통해 소련의 위협을 받는 그리스와 터키에 대한 4억 달러의 경제 및 군사원조 지출을 승인해 달라고 요구했기 때문이다. 훗날 '트루먼 독트린'이라 붙리게 된 이 선언은 미소 관계가 냉전의 단계로 돌입했음을 알리는 엄청난 사건이었다. 이승만은 즉시 트루먼에게 편지를 써 '역사적 선언'을 환영하며, 한국도 그리스와 같은 전략적 위치라고 지적했다(손세일, 위의 책: 758). 한국에선 이러한 미국의 변화가 이승만 때문이라 생각하지 않을 수 없었다. 이승만은 귀국을 서둘렀다.

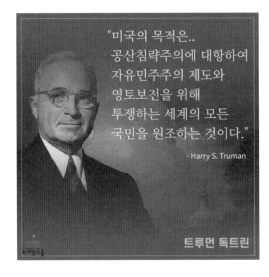

The New York Times.

"All the News
That's Fit to Print"

LATE CITY EDITION

VOL. XCVI...No. 32,555.   NEW YORK, THURSDAY, MARCH 13, 1947.   THREE CENTS

TRUMAN ACTS TO SAVE NATIONS FROM RED RULE;
ASKS 400 MILLION TO AID GREECE AND TURKEY;
CONGRESS FIGHT LIKELY BUT APPROVAL IS SEEN

DEWEY TO REQUEST $135,000,000 MORE TO AID CITY HOUSING	Bridges Says Plan to Slash Budget 'Is Knocked Askew'	BEVIN SHARP IN BIG 4	CONGRESS IS SOLEMN	ASKING AID FOR GREECE AND TURKEY	NEW POLICY SET UP
O'Dwyer, by Agreement, Drops Further Bid for Money in '47, Insures Planned Projects	He Indicates Revisions Must Be Made to Fit Truman's Plea for Aid to Greece, Turkey —Proposal to Reduce Income Tax Upset	Cites Report That Soviet Is Enlisting Germans in Armed Forces	Prepares to Consider Bills After Hearing the President Gravely		President Blunt in Plea to Combat 'Coercion' as World Peril
		MOLOTOV IS SET BACK	SOVIET CALLED ISSUE		PLANS TO SEND MEN

트루먼 독트린을 보도한 1947년 3월 13일 뉴욕타임즈 1면 머리기사. '트루먼은 붉은 통치를 받는 국가를 구하기 위한 행동에 돌입' '그리스와 터키를 돕기 위해 4억 불 요청' '의회가 반대할 가능성도 없지 않지만 결국 승인 예상'이란 제목을 달고 있다.

> "미국의 목적은..
> 공산침략주의에 대항하여
> 자유민주주의 제도와
> 영토보전을 위해
> 투쟁하는 세계의 모든
> 국민을 원조하는 것이다."
>
> - Harry S. Truman

트루먼 독트린

트루먼 독트린을 설명한 그래픽 이미지(출처: 페이스북 '뮤지엄 스쿨')

62
이승만 방미 넉 달 반만인 1947년 4월 21일
지청천과 동반 귀국

1947년 3월 발표된 '트루먼 독트린'은 소련 발(發) 공산주의가 전 세계로 퍼지는 것을 미국이 저지하겠다는 선언에 다름 아니었다. 1823년 미국의 5대 대통령 먼로가 제창한 '고립주의' 전통을 미국이 백여 년 만에 포기하고, 유럽 등 세계의 곳곳에서 벌어지고 있는 소련의 팽창으로부터 자유와 독립을 지키고자 하는 나라들에 미국이 군사적 및 경제적 원조를 제공하겠다는 약속이었다.

당장의 혜택은 그리스와 터키로 국한되었지만, 미국의 새로운 정책이 한반도에도 적용될 것이란 예측은 이제 손으로 잡을 수 있을 만큼 가시적인 상황이 되었다. 이를 더 쉬운 말로 하면 2차대전의 동맹국 소련을 이제부턴 미국이 잠재적인 적으로 간주한다는 의미였다. 따라서 한반도 문제에 관해서 '모스크바 3상 회의'가 합의한 결과로 탄생한 '미소공위'가 더 이상 중요한 의사결정 기구가 아닐 수 있다는 말이기도 했다.

이승만 때문에 '트루먼 독트린'이 나온 것은 아니었지만, 중요한 사실은 이승만이 그러한 변화를 예측했고 실제로 그 예측이 실현되었다는 사실이다. 국제정치의 흐름에 민감한 '시간을 달린 지도자' 이승만의 진면목이 여실히 드러나는 대목이다. '트루먼 독트린'이 나오자 이승만이 귀국을 서두르지 않을 이유는 없었다. 이승만 때문에 미국의 정책이 드디어 바뀌었다고 생각하는 국내의 여론이 그를 기다리고 있었다.

그러나 귀국 길 역시 출국 길과 마찬가지로 우여곡절을 겪어야 했다. 이번에는 순서가 반대였다. 출국 길은 민간 루트로 여행한다고 발표했지만, 결국 군용기를 이용했었다. 귀국 길은 군용기를 이용한다고 발표했지만, 결국 민간 루트로 여행해야만 했다. 모두 미 국무부의 견제 때문에 빚어진 해프닝이었다. '시간을 달리는' 지도자를 미 국무부는 도와주지는 못할망정 계속 발목을 잡았다.

이승만은 트루먼 독트린이 나온 지 거의 한 달이나 지난 4월 5일에야 시험운행 중이던 민간 항공사 노스웨스턴 비행기를 타고 미국을 출발할 수 있었다. 동경에 도착한 이승만은 맥아더를 만났다. 이어서 이승만은 상해를 거쳐 남경으로 날아가 장개석 총통을 만났다. 장개석이 제공한 전용 비행기를 타고 이승만은 마침내 1947년 4월 21일 귀국했다. 1946년 12월 4일 서울을 떠난 지 4달 반만의 귀국이었다. 해방 후 중국에 머물며 '광복군 복원사업'에 매진하던 광복군 총사령관 지청천(일명 이청천, 본명은 지대형)을 동반한 화려한 귀국이었다.

득의만면한 이승만의 귀국 후 행보를 손세일(2015, 《이승만과 김구》 6권: 763)은 다음과 같이 압축했다. "1947년 4월 27일 서울공설운동장에서 열린 환영식에서 이승만은 '나는 좌우합작의 성공을 믿지 않았다'라고 잘라 말하면서 입법의원이 총선거 법안을 급속히 만들어 남한 과도정부를 수립해야 한다고 역설했다. 김구를 겨냥해서는 '대한임시정부의 법통을 고집할 필요가 없으며 이 문제는 보류해 두어야 될 것이다'라고 말하고, 김규식에 대해서는 '그리고 김규식 박사도 이제는 합작을 단념하고 나와 같이 보조를 취할 것을 결정하였다'라고 단정적으로 말했다. 도하 신문에서는 '국부 이 박사 외교 성공 만세' 등의 축하 광고가 봇물을 이루었다."

이승만의 환국을 환영하는 당시 상황과 관련해 독자들에게 의미를 풀어서 전해야 할 몇 가지 대목이 남아있다. 우선, 장개석을 만나고 환국한 이승만의 중국 방문 배경이다. 김구의 아들 김신의 회고록《조국의 하늘을 날다》(돌베개, 2013, pp. 147-148)에 등장하는 이야기다.

"이승만 박사가 도쿄로 가서 미 군용기를 타고 한국으로 들어오지 않고 상해와 남경을 들러서 온 데는 이유가 있었다. 1945년 해방이 돼서 임정이 한국으로 돌아갈 때, 장개석 군사위원장이 아버지(김구)에게 20만 달러를 주었다. 국내에 아무런 기반이 없을 테니 긴급할 때 쓰라는 뜻으로 준 돈이었다. 아버지는 그 돈을 중국에 그냥 놔두고 오셨다. 이 이야기가 이승만 박사의 귀에 들어갔다. 이 박사는 아버지에게 부탁했다.

'내가 외교활동을 하는데 그 돈이 좀 필요해. 내가 좀 쓰면 어떤가?' 아버지는 흔쾌히 승낙하셨다. '아, 형님 쓰세요.' 그래서 이 박사는 미국을 방문하고 오던 길에 남경에 들렀던 것이었다. 그런데 중국 정부는 지급을 거절했다. '김구 선생의 친필 문서라도 있어야지 그냥 구두로 한 약속을 어떻게 믿느냐'는 것이 이유였다." 국제정세를 내다보는 능력이 뛰어난 이승만이었지만, 막상 활동비가 모자라는 현실의 문제에 그가 얼마나 고심하고 있었는지를 적나라하게 확인시켜주는 대목이다.

다음, 이승만이 '깜짝' 동반한 지청천의 배경 그리고 그가 맡을 역할에 관한 이야기다. 1914년 일본 육사를 졸업한 지청천은 1919년 3·1운동을 계기로 독립운동에 투신해 신흥무관학교 교사를 기치며 만주에서 독립군 활동을 주도한 인물이다. 무장 독립운동 과정에서 지청천은 김구와 이승만 모두에게 각각 특별한 인연을 맺었다.

지청천은 김구가 장개석의 지원을 받아 1934년 개설한 낙양군관학교 내 한인특별반 교장으로 초빙받을 정도로 김구와 가까운 사이였다. 또한 지청천은 이승만이 1942년 한국광복군을 미군의 지휘 아래 두는 OSS 작전의 현지 담당자이기도 했다(40. 이승만의 무장투쟁).

해방 이후 1946년 5월 잠시 입국한 지청천은 다시 중국으로 돌아가 '광복군 복원사업'에 매진하고 있었다. 그런 그를 이승만이 설득해 동반 귀국한 셈이다. 해방 직후 혼란한 국내정세를 바로잡기 위해서는 청년들의 역할이 중요하다는 인식에 동의했기 때문이다. 동반 귀국 5개월 후인 1947년 9월 21일 지청천은 김구와 이승만을 따르는 반공 우익 청년들을 통합해 '대동청년단'을 출범시켰다.

마지막으로 주목해야 할 대목은 미군정에서 정보장교로 일한 경력을 가진 로빈슨(Richard Robison)이 당시 이승만을 평가한 기록이다. "서울은 온통 이승만의 '외교적 성공'을 환호하는 포스터들로 장식되었다… 이승만의 대중적 인기의 계량기는 거의 폭발 직전에 이르렀다"(리차드 로빈슨 지음·정미옥 옮김, 1988, 《미국의 배반》 과학과 사상, p.183).

로빈슨은 누구인가? 그는 미군정에서 정보장교로 일하다 미군 당국으로부터 좌익의 대변자라는 혐의로 수사의 대상이 된 인물이다. 동시에 그는 본인도 모르게 우리말로 번역된 미간행 육필원고 'Betrayal of a Nation'의 저자이기도 하다. 이 육필원고는 한글로 번역되어 《미국의 배반》이란 제목으로 1988년 '과학과 사상'에서 출판되었다.

로빈슨은 1945년 11월 미군 장교로 한국에 부임했다. 1년 만에 전역하고 민간인으로 군정청에 근무했다. 그런 그가 1947년 9월 16일 인천항에서 터키로 가는 배에 몸을 숨기고 한국을 떠나야만 했다. 1947년 3월 1일 미국의 주간지 The Nation에 윌 햄린(Will Hamlin)이란 가명으로 쓴 기사 '한국, 미국의 비극'이 문제가 됐기 때문이었다.

미 육군 정보국과 주한미군 사령부의 조사 결과 이 기사는 공산주의 좌익을 대변하는 '이적행위'라는 결론이 나왔다. 결국 그는 FBI 수사 대상이 되었다(김환균, 2004, "내가 만난 사람: 리처드 로빈슨" 1~3, 미디어오늘). 여운형을 존경하고 이승만과 김구를 부정적으로 평가한 좌익 로빈슨에게마저도 당시 귀국한 이승만의 대중적 인기는 상상을 초월하는 모습이었다.

미군정 좌익 장교 출신 리처드 로빈슨(Richard Robinson)과 그의 유필원고를 한글로 번역한 책《미국의 배반》표지 이미지(출처: 티스토리 몽양 여운형 이야기).

1947년 4월 21일 이승만과 함께 귀국한 광복군 총사령 지청천(이청천)을 김포공항에서 환영하는 모습. 왼쪽부터 김규식, 김구, 지청천, 이승만, 프란체스카.

63

1947년 모스크바 외상회의 마셜·몰로토프, 미소공위 재개 합의

이승만이 미국 방문을 마치고 귀국한 지 딱 한 달이 지난 1947년 5월 21일 '미소공위'가 재개됐다. 무기 휴회에 들어간 지 1년 만에 미국이 다시 한반도 문제를 소련과 협의하겠다고 발표한 것이다. 이승만 방미 기간 중인 1947년 3월 12일 '트루먼 독트린'을 통해 미국이 소련 공산주의의 확산을 억제하기 위해 그리스와 터키에 대규모 원조를 제공하겠다고 약속한 상황을 고려하면, 한반도에서는 시계가 거꾸로 돌아가는 모양새였다.

무슨 일이 있었는가? 물론 트루먼 독트린 발표 이전의 상황과 연관이 있다. 미소공위 재개를 위해 미국의 하지 사령관은 소련의 치스차코프 사령관과 교환한 편지를 1947년 1월 11일 공개했다. 한국인들을 설득하기 위한 노력이었지만, 독립정부 수립에 목말라하던 우익은 오히려 거세게 반발했다. 기대에 반하는 반응에 당황한 하지는 동경의 맥아더에게 상황의 심각성을 알리는 보고 전문을 보냈다.

"앞으로 2개월 이내에 미소공위를 속개하거나… '적극적인 행동'을 취하지 않으면… 미국은 한국에서의 임무를 완수할 기회를 잃게 되고, 그 결과 폭동이 일어날 위험성이 증대될 것이며, 한국인들의 신뢰도 상실할 가능성이 높다"는 요지였다(손세일, 2015, 《김구와 이승만》 6권: 767). 이 보고의 시점은 공교롭게도 미국의 국무장관이 번스에서 마셜로 바뀌는 시점인 1947년 1월 20일이었다.

이틀 후인 1월 22일 오전에 신임 국무장관 마셜에게 하지의 보고를 전한 맥아더는, 매우 이례적으로 같은 날 오후에 따로 자신의 의견을 마셜에게 전하는 전보를 추가로 보냈다. 이 전보에서 맥아더는 한국 문제를 해결하는 방안으로 네 가지 대안을 제시했다. 1) 유엔 이관, 2) 이해 당사국 아닌 국가를 포함하는 위원회 구성, 3) 미영중소 4대국 회의, 4) 미소 최고위급 회담. 손세일은 맥아더가 유엔 이관을 첫 번째 대안으로 꼽은 배경에는 미국으로 가는 도중 동경에 들러 맥아더를 만난 이승만의 영향이 작용했을 것이라고 적극적으로 해석한다(위의 책, 768쪽).

손세일의 해석이 사실이건 아니건 맥아더의 전보는 국무장관 교체라는 엄중한 상황을 배경으로 국무부의 신중한 검토 대상이 됐다. 국무부 극동국장 빈센트는 1월 27일 신임 국무장관 마셜에게 맥아더의 제안을 검토한 비망록을 제출했다. 맥아더의 처음 세 가지 대안은 현실성이 없다는 요지였다. 미국과 소련 사이에 합의가 없는 상황에서 다른 나라를 관여시키는 것은 아무런 의미가 없다는 판단이었다. 맥아더의 마지막 대안에 동의한 빈센트는 그러나 중요한 조건을 추가했다.

미국이 최고위급 회담에 먼저 매달리는 모습을 보이면 소련에 잘못된 시그널 즉 미국이 한반도에서 발을 빼려고 한다는 인상을 줄 수 있다고 우려했다. 그러므로 빈센트는 소련이 먼저 접촉을 요구하는 상황을 기다려야(혹은 만들어야) 한다고 지적했다. 빈센트는 소련의 제의를 기다리는 동안 미국은 한국의 복구를 위해 대규모 '특별교부금' 지원을 모색해야 한다고 덧붙였다. 마셜은 빈센트의 의견에 동의하며 1월 29일 한국 경제를 일본 경제와 연결시켜 복구하는 정책을 입안하라 지시했다(위의 책, 768-769). 1947년 6월 시동을 걸며 '마셜플랜'이라고 알려진 '유럽부흥계획'의 원형은 동아시아를 대상으로 이미 6개월 전에 모색되고 있었다.

예산국의 존스(J Weldon Jones), 국무부 극동국 부국장 펜필드(J. K. Penfield), 미소공위 수석대표였던 아널드(Archibold V. Anold) 장군으로 구성된 '한국 문제에 관한 부간 특별위원회(The Special Inter-departmental Committee on Korea)'가 꾸려졌다. 1947년 3월 10일부터 열리는 모스크바 4대국 외상회의에 참가하는 마셜의 일정에 맞춰 2월 25일 특별위원회의 보고서 초안이 마련됐다. 이 초안은 마셜 국무장관은 물론 패터슨 전쟁부 장관에게도 제출되었다(위의 책, 770).

한국의 중요성을 전략, 정치, 경제 세 차원으로 나누어 평가한 이 보고서 초안은 당시 미국 정부의 한국에 대한 인식을 집약하고 있어 대단히 중요하다. 핵심만 정리하면 '한국은 전략적으로나 경제적으로는 중요성이 없지만, 정치적으로는 매우 중요한 지역이다'는 결론이었다. 왜냐하면 한국에서 미국 민주주의에 대한 충분한 지원이 이루어지지 않는다면 전 세계가 미국의 유효성과 생동력을 의심하게 되며, 특히 한국에서 소련에 양보하거나 회피하면 독일 등 다른 지역에서 소련의 태도를 경화시키는 결과를 낳기 때문이라고 분석했다(위의 책: 770-772).

'부간특별위원회'는 소련과의 합의가 없는 상황에서 미국이 취할 수 있는 선택을 다음의 네 가지로 정리하고 각각에 대한 평가를 덧붙였다. 1) '현재의 정책과 계획을 유지'하는 선택은 한국인의 협력을 얻지 못해 비효

율적이고, 2) '남한 독립정부를 승인히고 미군이 철수'히는 선택은 남한을 소련에 넘기는 결과를 가져오고, 3) '한국 문제를 외상회의 혹은 유엔에 회부'하면 미국이 실패를 자인하는 꼴이 되어 위신에 손상이 오고, 4) '과감하고 적극적인 계획을 추진'하면 미국이 한국을 소련의 지배로 넘기는 일을 허용할 의사가 없음을 분명히 밝히는 동시에 소련에 미국과 같은 자금과 노력을 요구할 수 있어 앞으로의 교섭에서 유리한 입장에 설 수 있다고 평가했다(위의 책, 772-773; Draft Report of Special Interdepartmental Committee on Korea, FRUS 1947, Vol. VI., pp. 611-614).

'부간특별위원회'는 현지 사령관 하지의 의견을 청취하기 위해 1947년 2월 그를 워싱턴으로 소환했다. 하지는 2월 24일 백악관에서 트루먼 대통령을 만나 남한의 경제적 곤란과 정치적 혼란을 설명하고 미소 사이의 합의만이 한국 문제를 해결할 수 있다고 강조했다. 트루먼은 하지와 맥아더의 보고를 기초로 미소공위를 재개시켜 협상을 성공적으로 이끌기 위한 노력을 한 번 더 시도하겠다는 마셜 국무장관의 계획을 승인했다(위의 책, 774; Harry S. Truman, 1956, Memoirs by Harry S. Truman, Vol. II., Years of Trial and Hope, NY: Doubleday & Company, p. 232).

'부간특별위원회'는 다음과 같은 두 가지 추가 조치를 권고했다. 하나는 모스크바 4개국 외상회의가 끝나기 전에 한국 문제를 두고 소련과 접촉하라는 것이었고, 다른 하나는 한국의 경제부흥 및 교육과 행정의 개선 등에 필요한 '특별교부금'을 의회에서 법제화하자는 것이었다. 관련 부서 즉 국무부, 전쟁부, 예산국 등이 모두 동의했다. 국무장관 대리 애치슨(Dean Acheson)은 보고서를 실행에 옮겼다. 3월 28일에는 의회를 상대로 예산을 확보하는 방법을 전쟁부와 협의해 구체적으로 마련했고, 4월 5일에는 모스크바에 있는 국무장관 마셜에게 외상회의가 끝나기 전 소련과 따로 접촉이 필요하다는 타전을 했다(손세일, 위의 책: 774-775).

4월 8일 마셜 장관은 모스크바에서 소련 외상 몰로토프에게 편지를 보냈다. '표현의 자유라는 민주적 권리에 대한 존중'을 바탕으로 최대한 빨리 미소공위를 재개하자는 제안이었다. 몰로토프는 4월 19일 화답했다. '모스크바 결정을 정확하게 이행한다'는 원칙 아래 미소공위를 5월 20일 서울에서 재개하자는 답신이었다. 미소공위가 1947년 5월 21일 덕수궁 석조전에서 마침내 재개된 배경에는 마셜과 몰로토프의 이와 같은 '모호한 조건'이 붙은 합의가 있었다.

1947년 5월 15일 하지 사령관이 미소공위 재개 사실을 공표하자 한국 정계는 또 한번 요동쳤다. 이승만의 공백을 틈타 세를 얻은 김구의 '임시정부 봉대론'이 수면 아래로 잠복하는 대신, 미소공위 참여를 두고 엄청난 논란이 다시 벌어졌기 때문이다. 4개월이 넘는 미국 방문의 성과를 누구보다 누리던 이승만 역시 이 격랑을 피해갈 방법은 없었다.

1947년 3월 10일부터 모스크바에서 열린 4대국 외상회의는 전후 독일과 오스트리아의 미래를 논의하는 자리였다. 왼쪽부터 영국 외상 베빈(Ernest Bevin), 미국 국무장관 마셜(George C. Marshall), 소련 외상 몰로토프(Vyacheslav Molotov), 프랑스 외상 비돌(Georges Bidault). 이 회의 기간 4월에 마셜과 몰로토프는 '미소공위' 재개를 물밑에서 합의했다.

Marshall Plan (1947)

President Truman

- The Marshall plan would provide western European nations with generous funding to help rebuild their nation economically.
- 1948 to 1952 = $13bn
- Theory: A good economy will avoid people turning towards communism

Molotov Plan (1949)

Joseph Stalin

- Provided economic aid for eastern European countries.
- Theory: Communist countries would back communist countries that backed them.

2차대전 종전 이후 유럽은 미국 트루먼의 '마셜플랜' 지원을 받는 서구와, 소련 스탈린의 '몰로토프플랜' 지원을 받는 동구로 갈라졌다. 냉전의 시작이었다.

64

1947년 5월 21일 미소공위 재개, 이승만·김구는 이철승 앞세워 반대

미국을 방문해 '통일정부'가 여의치 않으면 '남한단독정부'라도 승인해야 한다는 주장을 펼친 이승만은 1947년 4월 돌아왔다. 환국 대략 한 달전 미국이 발표한 '트루먼 독트린'이 이승만에게 날개를 달아 주었다. 그러나 이승만이 자리를 비운 사이 김구는 '임시정부 봉대(奉戴)'를 주장하며세를 확장했다. 급기야 김구는 3월 3일 임시정부 주석으로 이승만을 추대했다. 이승만은 불편했다.

이승만은 3월 5일 미국 현지에서 김구에게 내가 귀국할 때까지 기다리라는 전보를 치며 임시정부 봉대운동에 제동을 걸었다. 귀국한 지 이틀만인 4월 23일에는 기자회견을 하며 다음과 같이 말했다. "중경으로부터 들어온 임시정부가 조선 정부가 아니라는 것은 벌써 김구 씨도 서명하고 이것은 국제적으로 알려져 있으니 응당 소멸된 것으로 본다. 그러나 그 기구로써 독립운동을 위한 협의체로는 할 수 있다(손세일, 2015, 《이승만과 김구》 6권: 777)."

미군정은 임시정부 봉대운동의 확산을 방관할 수 없었다. 군정장관 러치(Arther L. Lerch)는 "남한에는 단지 한 개의 정부밖에 없다. 이 정부에 대립하는 다른 정부를 수립하고자 회합을 계획 중이라는 것은 불법이며 용허하지 못할 일이다"라는 성명을 발표했다(손세일, 위의 책: 782). 임시정부 봉대운동은 1947년 5월 15일 미소공위 재개가 발표되고 나서야 수면 아래로 가라앉았다. 미소공위가 전제하는 '신탁통치'라는 급한 불을 먼저 꺼야 했기 때문이었다.

아널드 장군 후임으로 미소공위 미국 측 대표로 새로 부임한 브라운(Albert E. Brown) 소장은 미소공위 공식활동을 재개하기 전부터 이승만, 김구 등 우익인사들을 만나 미소공위가 만들 정부에 참여해 달라는 설득을 이어갔다. 그러나 이승만 등은 참여하는 조건 두 가지를 제시하며 명확한 해석을 요구했다. 하나는 모스크바 결정에서 신탁통치 조항을 삭제하고 의사표현의 자유를 보장할지 여부, 그리고 다른 하나는 통일정부를 수립하는 민주주의가 '미국식 민주주의'인지 '소련식 민주주의'인지를 분명히 해달라는 요구였다.

이승만은 한 걸음 더 나아가 "미소공위가 제시하는 민주주의 해석이 의사표시의 자유를 보장하는 것이고 신탁통치의 내용이 주권을 침해하지 않는 경제원조 정도의 것이라면 미소공위에 적극 협조할 것이고 그렇지 않으면 참가를 거부해야 한다"고 주장했다(손세일, 위의 책: 784). 미소공위가 재개된 지 이틀 만인 5월 23일 이승만과 김구는 이 같은 내용을 공동성명으로 발표했다.

참여를 둘러싼 논란에도 불구하고 1947년 5월 21일 재개된 미소공위는 3개 분과를 설치하는데 합의하면서 순항하는 모습을 보였다. 1분과는 정당과의 협의, 2분과는 정부의 구조와 조직 및 정강, 3분과는 권력 이양

방법과 인물선정을 분담하기로 합의했다. 반탁진영은 동요했다. 재개된 미소공위에 참여하지 않으면 새로 만들어지는 정부의 권력 구성과 배분에서 제외될 가능성이 높아 보였기 때문이었다(손세일, 위의 책: 786-787).

5월 25일 이승만의 거처인 돈암장에서 열린 대책회의에서 김성수, 장덕수, 김준연 등 한민당 인사들은 미소공위에 참가할 것을 강력히 주장했다. 김구와 조소앙은 시종일관 참가 보류를 주장했다. 이승만은 자신은 참가하지 않겠지만 우익진영은 많이 참가하라는 애매한 입장을 고수했다. 30일에도 같은 일이 돈암장에서 반복됐다.

당시 이승만의 비서였던 윤석오는 이 문제와 관련해 주목할 만한 증언을 남겼다. 이승만의 애매한 발언은 하지가 우익인사들의 참가를 이승만이 방해한다고 생각하기 때문에 면피용으로 한 발언일 뿐이었는데, 이승만 말을 액면 그대로 받아들인 한민당이 결국 미소공위 참여를 6월 10일 공식적으로 결정해 발표해 버렸다는 것이다. 이승만이 한민당과 거리를 두는 결정적인 계기였다고 윤석오는 증언한다. 이승만이 1948년 대한민국 정부를 수립한 이후 한민당을 정권에서 소외시킨 이유 또한 이때의 배신감 때문이었다고 증언했다(손세일, 1970, 《이승만과 김구》 일조각, pp. 269-270).

미소공위 참가 여부를 두고 가장 큰 분란이 벌어진 곳은 한독당이었다. 한독당은 결국 세 갈래로 나뉘었다. 과거 국민당 계열의 안재홍 등은 중도우파인 신한국민당을 만들어나갔고, 과거 신한민족당 계열은 중도좌파인 민주한독당으로 갈라져 나왔다. 갈라져 나온 두 정파를 중심으로 중간파의 미소공위 참여가 이루어졌다. 반면에, 남아있던 임시정부 한독당은 미소공위에 참여하지 않았다.

미소공위는 6월 11일 '공동성명 11호'를 발표하며 그동안의 회의 경과 및 협의 규정을 발표했다. 협의규정에 따르면 정당 및 사회단체가 협의대상 자격을 얻기 위해서는 모스크바 결정을 지지하겠다는 선언서에 서명하여 6월 23일까지 미소공위에 제출하고 미소공위가 배부한 임시정부 헌장과 정당에 관한 질문서에 대한 해답을 7월 1일까지 제출해야 했다.

이 발표가 있던 날 돈암장을 방문한 박용만의 증언 또한 윤석오의 증언과 맥을 같이 한다. 당시 박용만은 서울대생으로 돈암장을 드나들며 대외연락 업무를 맡고 있었다. 김성수, 장덕수, 김준연 세 사람을 향해 흥분해 어쩔 줄 모르며 큰소리를 지르던 이승만은 박용만을 발견하고 침실로 데리고 들어갔다. 손을 부들부들 떨며 눈물을 흘리던 이승만은 박용만에게 6월 23일을 기해 전국적으로 신탁통치 반대 군중대회가 열리도록 연락할 것을 은밀히 지시했다(박용만, 1986, 《제1공화국 경무대 비화》 내외신서: 47-49).

6월 23일 시위계획은 독촉국민회 배은희의 제안이었다. 미군정은 미소공위 기간 중 대중집회를 금지했다. 그러나 배은희는 단오날인 6월 23일을 기해 3·1운동 방식의 시위운동을 전개하자고 주장했다. 김구도 동의했다. 독촉국민회 각도 지부장들에게 이승만·김구 공동명의로 된 밀신(密信)이 전달되었다. 6월 23일 서울에서는 때마침 4월 19일 보스턴 마라톤대회에서 우승한 서윤복 선수 환영대회가 미군정청 앞에서 열렸다.

이철승을 중심으로 한 전국학생총연맹(전국학련)이 독촉국민회 산하 전국지부가 총동원된 시위를 주도했다. 정오 사이렌에 맞춰 모여든 군중은 '서윤복 만세'를 외치다가 순식간에 '신탁통치 반대'로 구호를 바꿨다. 애국부인회 박순천이 군중을 상대로 열변을 토했다. 그 순간 미군 장갑차 호위를 받으며 미소공위 소련 대표단장 스티코프가 탄 차량이 붉은 깃발을 나부끼며 덕수궁 돌담길을 따라 나왔다. 학련 특공대가 스티코프 차량에 돌과 모래를 마구 던지자 스티코프 차량은 덕수궁 대한문 안으로 사라졌다(손세일, 2015, 6권: 797-798).

수도경찰청장 장택상의 주선으로 이철승 등 학생대표 세 사람이 미소공위 회의장에서 미국대표 브라운 소장을 면담할 수 있었다. 학생들은 1) 신탁통치 즉시 철폐, 2) 총선거 보장, 3) 김구 정부 인정, 4) 이승만·김구 노선지지, 네 가지 요구사항을 전했다. 면담을 마친 학생들은 경과보고를 하고 군중을 해산시켰다. 시위를 끝내고 돈암장을 찾아간 이철승을 끌어안고 이승만은 눈물을 글썽이며 말했다. "자네는 개국공신이야. 큰일을 했어(이철승, 1976, 《전국학련》 남기고 싶은 이야기들 3, 중앙일보사: p, 287)."

이날 시위는 전국 100여 개 도시에서 동시다발적으로 이루어졌다. 시위에 필요한 자금은 군정청 보건후생부 재해구호과장 조양환이 국도극장에서 공연 중인 춘향전 입장료에 10원씩을 더 붙여 거둔 180만 원이었다(이철승, 위의 책: 287). 18만 명의 관객이 십시일반으로 시위자금을 모았다는 사실이 놀랍다. 또한 시위를 주동한 배은희도 78만 원을 모아 보탰다(정병준, 2005, 《우남 이승만 연구》 역사비평사: 621).

1947년 5월 21일부터 재개된 서울의 미소공위 모임에서 담소하는 양군 대표. 좌로부터 미군정 사령
관 하지 중장, 소련 대표 레베데프 소장과 스티코프 중장.

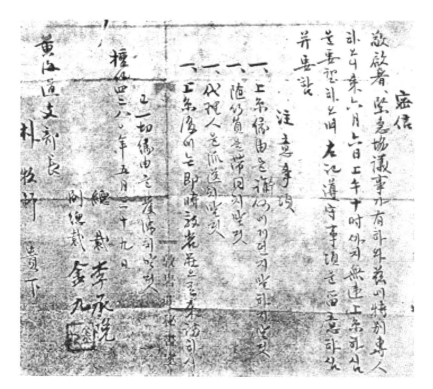

미소공위 반대운동을 앞두고 이승만·김구 공동명의로 독촉국민회 황해도지부장 박창빈 목사에게 보낸 밀신. "경계자(삼가 말씀드림), 긴급히 협의할 일이 있어 특별히 인편으로 전합니다. 오는 6월 6일 상오 10시까지 어김없이 상경하심을 요망하오며 왼쪽에 쓴 준수사항을 유의하심도 아울러 요망합니다. 주의사항. 1) 상경 이유를 누구에게든지 말하지 말 것, 2) 수행원을 대동치 말 것, 3) 대리인을 파송치 말 것, 4) 상경 후에는 즉시 돈암장으로 오시고, 일체 이유를 발설치 말 것. 단기 4380년(서기 1947년) 5월 29일, 총재 이승만, 부총재 김구. 황해도 지부장 박 목사 귀하"

65

"테러와 암살과 충화(衝火)하는 자는
반미하는 공산분자 죄범들"

총력전을 펼친 이승만·김구의 반대에도 불구하고 미소공위 활동은 본 궤도에 오르고 있었다. 미소공위가 제시한 협의대상 참가신청은 문전성시를 이뤘다. 당초 제시한 마감인 1947년 7월 1일을 5일로 연장한 끝에 총 463개의 정당 및 사회단체가 구두신청에 응했고, 그 가운데 435단체가 서면신청까지 마무리했다. 남한의 경우 구두신청 단체는 425개였고, 서면신청까지 마친 단체는 397개였다. 북한 경우는 38개 단체가 구두신청을 했고, 이들은 모두 공동으로 서면신청을 마무리했다(심지연, 1986, "해방 후 주요 정치집단의 통치구조와 정책구상에 대한 분석: 미소공위 답신안을 중심으로" 《한국정치학회보》 20집 2호).

협의대상 신청을 받기 전 미군정은 이철승 주도의 6월 23일 전국학연 반대시위와 맥을 같이 하는, 그렇지만 훨씬 과격한 '우익의 테러 및 요인 암살 계획'에 관한 첩보를 방첩대(CIC)를 통해 입수했다. 이 첩보는 미군정이 이승만과 김구를 압박하는 근거가 됐다. 하지는 6월 28일 이승만에게 편지를 보내 "귀하와 김구 씨는 미소공위 업무에 대한 항의수단으로… 테러행위와 조선경제 교란을 책동한다고 한다"고 지적하면서 엄중히 경고했다.

격분한 이승만은 6월 30일 답장을 보내 "내가 유죄한 경우에는 벌을 받아야 하겠고 그렇지 않으면 이런 중대한 죄명을 내게 씌우는 자가 벌을 받아야 한다"고 받아쳤다. 이어서 이승만은 "테러와 암살과 충화(衝火: 불 지름)하는 자는 반미하는 공산분자 중 근일에 특사로 석방된 669인의 대다수 죄범들"이라고 반박했다. 이승만이 말한 669인은 1947년 6월 군정청 특사로 석방된 전평위원장 허성택 등 좌익수감자들이었다. 이승만은 자신의 답장을 하지가 보낸 편지와 함께 공개해 버렸다(손세일, 2015,《이승만과 김구》6권: 799-801).

이승만 때문에 골머리를 앓던 미군정은 이즈음 느닷없는 일을 또 하나 벌였다. 김규식의 요청에 따라 미국에 있던 서재필에게 하지 사령관 최고고문 그리고 미군정청 특별의정관 자리를 주면서 서울에 오도록 한 일이다. 1947년 7월 1일 50년 만에 귀국한 서재필은 그러나 통역이 필요할 정도로 한국말이 서툴렀다. 배재학당 스승인 서재필을 활용해 이승만을 견제하고자 했던 김규식과 미군정의 구상은 별 효과를 얻지 못했다(손세일, 위의 책: 801).

서재필 귀국 이틀만인 1947년 7월 3일 이승만은 마침내 하지의 정책을 지지할 수 없다는 '폭탄선언'을 발표했다(조선일보 1947년 7월 4일, '하지 중장에 협동못함은 부득이한 경우').

"해방 이후로 작년(1946년) 겨울까지 우리가 노력한 것은 하지 중장의 정책을 절대 지지해서 한미 협동으로 정부를 조직하여 우리 문제를 우리가 해결하기를 바라는 것이었다… 우리가 이 정책이 성공될 수 없는 것을 알고도 협조한 것은 하지 중장이 필경 가능성이 없는 것을 파악하고 새 정책을 쓰기를 바라고 기다려 온 것이다. 그런데 작년 겨울에 와서는 하지 중장이 그 계획을 고칠 가망이 없는 것을 확실히 인식한 나로서는 하지 중장에게 우리가 더 지지할 수 없는 이유를 설명하고 이제부터는 김구 씨와 나는 우리의 자유 보조를 취하게 된 것이다.”

이승만의 성명을 해석하며 손세일은 다음과 같이 덧붙였다. “이승만은 자신이 주장하는 과도정부 수립안은 국무부의 힐드링 차관보나 맥아더 장군도 지지하는 것이고, 하지 자신도 그렇게 실행하겠다고 약속했다고 주장하니, 이제 그 계획을 자율적으로 실행해야 할 단계”라는 설명이다(손세일, 위의 책: 802-803).

손세일은 자신의 해석을 뒷받침하는 이승만의 발언을 다음과 같이 인용했다. “하지 중장의 정책은 미국 민중이나 정부에서 행하는 바와 위반이므로 우리는 미국의 주장을 우리도 주장해서 한미 동일한 민의를 행하려는 것뿐이니, 일반 동포는 이를 철저히 인식하고 언론이나 행동에 일체 악감정을 표시하지 말고 오직 정치상 우리 주장하는 바만 가지고 정당히 매진할 것이다(손세일, 위의 책: 803-804).”

이승만의 성명은 하지를 곤혹스럽게 만들었다. 하지는 국무부가 반박하는 성명을 내야 한다고 주장했다. 그러나 국무부는 그리하면 오히려 이승만의 권위를 세워줄 뿐이니 하지 사령관과 제이콥스(Joseoh E. Jacobs) 정치고문이 이승만을 만나 ‘하지가 트루먼 행정부의 정책을 충실히 수행하고 있다는 마셜의 메시지를 보여주라’고 지시했다(손세일, 위의 책: 804).

이승만이 가장 의지하던 조언자 올리버(Robert T. Olver)조차 7월 8일 이승만에게 연락해 힘들겠지만 미군정에 협조하는 게 필요하다는 조언을 했다. 올리버는 "저들이 좋든 싫든 선생은 저들의 사람이며 또 그래야만 합니다"라며 이승만을 설득했다(Oliver, 1978, Syngman Rhee and American Involvement in Korea, 1942-1960. Seoul: Panmun Book, p. 66).

이승만과 미군정의 이와 같은 실랑이에도 불구하고 미소공위는 남북 각각에서 지지하는 정당 및 사회단체 대표들과 성대한 회합식을 가졌다. 남한에서는 1947년 6월 25일 구 조선총독부 건물(중앙청) 남조선과도입법의원 회의실, 그리고 북한에서는 1947년 7월 1일 평양의 인민위원회 회의실이 회합의 시간과 장소였다. 회합이 성대했던 만큼 모스크바 3상회의 결정에 따른 통일 임시정부가 드디어 실현될 것이라는 환상이 많은 사람들에게 퍼졌다.

당시 미국대표단의 평양방문 일정 가운데 가장 눈길을 끄는 것은 단장 브라운(Albert E. Brown) 소장이 소련군에 요청해 7월 1일 조만식을 면담한 일이다. 신탁통치를 반대하다가 소련군에 의해 고려호텔에 연금되어 있는 것으로 알려진 조만식은 그러나 이 만남에서 뜻밖의 발언을 했다고 전해진다.

서울대 국사학과 교수 정용욱은 2003년 출판한 《해방전후 미국의 대한정책》(서울대 출판부, pp. 410-411)에서 "조만식은 미국만의 신탁통치가 가장 바람직하지만 미소 양국에 의한 신탁통치가 불가피하다면 그것을 받아들여야 할 것"이라 대답했다고 썼다. 정용욱은 같은 책에서 조만식이 "이승만과 김구가 미소공위 성사를 위해 미국대표단을 지원하지 않는 것은 큰 유감"이라는 말도 했다고 밝혔다.

그러나 이 해석을 반박하며 "조만식은 끝까지 신탁통치에 찬성하지 않았다"고 밝힌 연구가 최근 출판되어 주목받고 있다. 한국기독교사 연구자인 박명수 서울신학대 교수는 2015년 출간한 책《조만식과 해방 후 한국 정치》(북코리아)에서 조만식은 '신탁통치보다 임시정부 수립이 우선이며, 더욱이 소련이 참여하는 신탁통치는 받아들이기 어렵다는 점을 분명히 했다'고 썼다.

박 교수는 또 조만식이 1947년 5월 하지 미군 사령관에게 보낸 밀서에서 '이승만의 반탁(反託) 활동이 미소공위 사업을 방해할까 우려했다'는 주장에 대해서도, 조만식이 우려한 것은 '이승만의 반탁이 아니라 미소공위 참가 거부'였다고 반박한다. 조만식의 밀서에 등장하는 '이승만 박사의 행동이 미소공위 사업의 진전을 방해할 것을 우려한다'는 구절을 '반탁에 대한 우려'로 오독(誤讀)했다는 지적이었다. 박 교수는 "소련과 김일성의 탄압으로 활동이 불가능해진 조만식은 미소공위를 재기의 기회로 생각해 반탁 입장이면서도 참여를 시도했고, 미국 역시 이를 지원했다"고 결론짓는다.

"조만식이 고려호텔에서 연금되어 있을 때, 그의 많은 동료는 월남하여 이승만과 김구의 건국 운동에 참여했다. 이들은 조만식의 뜻을 계승하기 위해서 남한에 '조선민주당'을 만들어서 정치 활동을 했다. 조선민주당은 신탁통치를 반대했지만 미소공위에는 참여하기를 원했다. 미소공위가 제대로 열리면 조만식은 다시 정계에 복귀할 수 있었기 때문이었다(박명수, 2021, "왜 우리는 조만식을 기억해야 하는가《월드뷰》 1월호)."

1947년 7월 1일 평양을 방문한 미소공위 미국 수석대표 브라운 소장과 인사를 나누고 있는 북조선인 민위원회 위원장 김일성(오른쪽). 브라운과 김일성 사이 인물은 소련 수석대표 스티코프다(출처: 미디어 한국학 제공, 뉴시스 2020. 3. 8).

1947년 7월 1일 50년 만에 귀국한 서재필을 맞아 차에서 포즈를 취한 김규식, 서재필, 여운형(왼쪽부터).

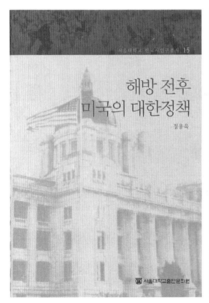

1947년 7월 1일 미국 대표 브라운이 조만식과 만난 기록을 반대로 해석하고 있는 두 학술서적. 왼쪽은 서울대 국사학과 정용욱 교수가 2003년 출판한 책으로 '조만식이 신탁통치를 수용했다'고 설명하는 반면, 오른쪽 책은 서울신학대 교회사 전공 박명수 교수가 2015년 출판한 책으로 '조만식은 끝까지 신탁통치를 거부했다'고 설명한다.

66
1947년 7월 미소공위 파탄 조짐···
그리고 여운형 암살

순조로워 보이던 미소공위는 1947년 7월 2일 평양의 37차 회의부터 벽에 부딪혔다. 협의대상 단체 명부를 작성하면서 1년 전 미소공위가 결렬할 때와 같은 상황이 또다시 전개됐다. 소련 측은 "정당이나 사회단체가 아닌 상공회의소 같은 단체, 중앙에 본부가 없는 지방단체, 그리고 내놓고 모스크바 결정에 반대하는 단체 특히 '반탁투쟁위원회' 산하 15개 단체는 협의대상에서 제외해야 한다"고 주장했다.

그러나 미국 측은 "양쪽이 합의한 대로 '공동성명 제5호'에 서명한 단체" 즉 "신탁통치에 반대하는 단체라도 협의를 청원한 단체면 참여할 수 있어야 한다"고 반박했다. 다음날인 7월 3일 회의에서도 마찬가지였다. 평양에서 개최된 미소공위 회의는 이것이 마지막이었다(손세일, 2015, 《이승만과 김구》 7권: 19).

미소 양국 사이에 합의가 이루어질 가망이 보이지 않자, 회의는 각자의 선전장으로 전락했다. 양측이 합의한 사항을 공동으로 발표하는 일은 더이상 없었다. 대신 각자의 입장이 옳다는 단독성명만이 이어졌다. 7월 16

일 미국, 7월 21일 소련, 다시 7월 31일 미국, 8월 2일 소련의 입장 발표
가 각각 이어졌다. 이런 대결 상황은 마침내 1947년 10월 21일 서울에 있
던 소련대표단이 북한으로 가면서 끝장났다.

1947년 7월 미소공위가 금이 가기 시작해 10월 완전 결렬이 될 때까
지 무슨 일들이 있었는가? 무엇보다 중요한 사건은 미군정의 좌우합작 파
트너 중 하나인 여운형이 암살당한 사건이다. 미군정으로부터 민정장관
제의를 받은 여운형은 1947년 7월 19일 미군정 2인자 민정관 존슨(E. A. J.
Johnson)을 만나기 위해 혜화동 로터리를 지나가던 중 총탄에 저격당했다.
평양에서 월남한 청년 한지근(본명 이필형) 소행이었다.

한지근의 배후 나아가서 사건의 배후에 관해 공식적으로 확인된 사실
은 없다. 그러나 두 가지 설이 존재한다. 우익이 배후라는 설과 좌익이 배
후라는 설이다. 우익배후설은 사건의 공소시효가 완성된 시점인 1974년
2월 서울지검에 출두한 '유용호(유예근), 김흥성, 김훈(김승훈), 김영성' 4인이
'자신들이 여운형 암살에 가담했다'고 자수하면서 검찰 조사를 받은 기록
으로부터 출발한다.

경향신문은 1974년 2월 7일 '배후조종 없다'는 제목을 단 기사를 내보
냈다. "자칭 주범이라고 나선 김흥성은 '자신들의 배후에 따른 공범은 없
지만 상해 임시정부 행동대원이었던 김영철, 일제시 이완용을 살해하려다
미수에 그쳤던 양건환(해방 후 '협심탐정사'란 테러단체 조직), 대 이북 정치 테러
단체였다는 백의사를 주도한 염동진 등 극우 인사들의 사상적 영향을 받
아 민족분열자인 여운형을 살해한 것'이라고 밝혔다"는 보도다.

이들의 자수를 보도하면서 경향신문은 1974년 2월 7일부터 3월 20일
까지 총 24회에 걸친 "암살자: 27년 만에 다시 클로즈업된 몽양사건 진상

을 쫓아"라는 연재물을 실었다. 핵심 내용은 이렇다.

해방이 되자 민족의식 고양을 내건 일부 청년들이 독립운동 선배인 김영철과 전백(전병구)의 지도 아래 서울에서 '계몽의숙'을 열고 김구의 청년조직 자장에서 활동하고 있었다. 평양 용문중학 출신으로 조만식을 따르던 한지근은 1946년 봄 서울에서 송진우 암살에 가담한 혐의로 수배되어 평양으로 도망쳐온 백남석을 알게 됐다. 백남석으로부터 송진우를 저격한 한현우 그리고 계몽의숙에 관한 이야기를 들은 한지근은 1946년 10월 단신 월남해 계몽의숙에 합류했다.

이즈음 계몽의숙의 지도자이자 후견인인 김영철은 여운형의 좌우합작이 소련의 노선을 따를 것이기 때문에 제거해야 한다고 생각하는 백의사 염동진의 명령을 받았다(이영석, 2018, 《건국전쟁》 pp. 398-404). 한현우를 흠모하던 한지근이 여운형 제거에 자원했다. '반탁을 하되 미군정을 적으로 돌리면 곤란하다'는 송진우의 입장을 기회주의적이라 평가하는 한현우의 생각을 이어받은 한지근은 '반탁으로 임정이 미군정을 접수해야 한다'는 김구의 주장에 동조하고 있었다. 임정 절대주의 입장에서 여운형은 당연한 제거 대상이었다.

좌익배후설은 이정식 교수가 2018년 서울대 출판부에서 펴낸《여운형: 시대와 사상을 초월한 융화주의자》에 등장한다. 요점은 이렇다. 1946년 7월 스탈린은 '김일성, 박헌영, 스티코프'를 모스크바로 불러 미군정에 대한 강경책인 '신전술'을 비밀리에 명령했다. 9월파업과 10월폭동의 배경이다. 북한에서의 '공산당과 신민당' 합당 그리고 남한에서의 '공산당, 인민당, 신민당' 합당 역시 스탈린의 강경책 수행을 위한 조직정비였다.

이 과정에서 여운형은 철저히 소외됐다. 그뿐 아니라 소군정은 미군정과 좌우합작을 추진하는 여운형을 기회주의자라 매도했다. 박헌영은 여운형의 인격까지 모독하는 강압적인 방법으로 인민당을 강탈해 남로당 지도권을 공산당이 독차지하도록 만들었다. 이에 더해 여운형은 남로당으로부터 폭행도 당했고, 1947년 3월 16일에는 자택 폭탄테러도 당했다.

자신에 대한 공산당의 공격이 박헌영의 단독 결정이 아니라 소련 군정 지시 때문에 벌어진 일이라는 사실을 깨달은 여운형이 실권을 가진 민정장관이 되는 것을 남로당은 절대 받아들일 수 없었다. 여운형의 차녀 여연구도 부친을 암살한 것은 종파분자들 즉 박헌영 그룹이었다고 말했다. 이정식 교수는 이와 같은 주장을 처음에는 터무니없는 억측이라 생각했지만, 소련 문헌을 읽으면서 평양비행장에서 만난 여연구의 말을 상기하게 되었다고 한다(이정식, "여운형은 박헌영파에 암살" 신동아 2007년 9월호).

1947년 7월 2일 미소공위 결렬이 시작되기 전까지 이승만은 사면초가였다. 중앙일보·동양방송이 1977년 출판한 《남기고 싶은 이야기들》에 '경무대 사계'를 쓴 이승만의 당시 비서 중 윤석오가 남긴 기록은 다음과 같이 증언한다. "이 박사의 단정 구상은 백범 김구 선생과의 사이를 결정적으로 갈라놓아 협조의 줄이 끊어졌다. 또 미소공위 참가 문제를 놓고 장덕수 씨와의 관계도 틈이 벌어졌다. 거기에 하지는 입법의원의 김규식 의장만을 싸고돌았다. 이리하여 정치의 대세가 김규식 박사 쪽으로 기우는 듯하자 돈암장에는 찾아오는 사람의 발길이 뜸해지고 쓸쓸하기조차 했다. 이런 시세 때문인지 돈암장 주인은 집을 내놓았으면 좋겠다고 얘기해 왔다(48-49쪽)."

이승만이 오늘날 주소 용산구 청암동 164번지 일명 '마포장'으로 거처를 옮기게 된 까닭이다. 마포에서 원효로로 빠지는 언덕길에 한강이 내려다보이는 전망이 좋은 집이었지만, 집 상태는 심각했다. 이사를 위한 수리를 마쳤음에도 이승만 본인이 직접 수리를 다시 해야 할 판이었다(배진영, 월간조선 2017년 10월호, "이승만의 발자취 서린 돈암장과 마포장").

마포장은 당시 이승만이 처한 어려움을 상징하고 있었다. "이 박사는 하지와 완전 결별하고, 하지는 서재필 박사를 국내로 모셔오는 등 이 박사 견제에 안간힘을 쓰고 있었다…. 이 해 5월에 재개된 제2차 미소공위에는 우남·백범 계열을 제외한 우익세력도 참여했다. 이 박사를 지지해 오던 한민당의 공위 참가는 큰 타격을 주었으며, 백범 계열도 남한 단정 문제로 이 박사와 멀어져 갔다(윤석오, 위의 책: 51-52)." 시간을 앞서 달린 이승만을 시험하는 공간이 바로 마포장이었다. 두 달을 머물렀다

미소공위 실패가 예견되던 시점인 1947년 8월 15일 서울운동장에서 열린 '해방 2주년 기념식'에 참
석해 기념사를 하고 있는 주한 미군사령관 하지 중장(왼쪽)과 스티코프 미소공위 소련 수석대표(출처: 미
디어한국학 제공, 뉴시스 2020. 3. 8).

서울지검에 출두해 여운형 암살에 가담했다고 자수한 4인. 좌로부터 유용호(유예근), 김흥성, 김훈(김승
훈), 김영성(출처: 경향신문 1974. 2. 6).

67

1947년 7월 소집된 민족대표자대회,
국민의회와 갈등

남한의 정당 및 사회단체 대표들과 미소공위 양국 대표들의 회합식이 열린 1947년 6월 25일, 이승만과 김구는 공동명의로 독촉국민회 각 도 지부장에게 민족대표를 선거로 선출해 7월 9일까지 상경시키라는 지시를 내려보냈다. 6월 23일 이철승이 주도한 신탁통치 반대 군중대회를 제안했던 배은희 목사의 제안을 이번에도 수용한 결과였다(손세일, 2015, 《이승만과 김구》 7권: 24-25).

군정과 상관없이 독자적으로 "민주주의적인 방법으로 대의원을 선거하여 의회를 조직하면 그 의회에서 미소공위에 반대할 수 있고, 자율적 정부를 세울 수도 있다"는 취지로부터 출발한 일이었다(이은선, 2018, "배은희 목사의 해방 이후 정치활동 연구" 《한국교회사학회지》 50호: 347). 이렇게라도 하지 않으면 "일반 사람들은 우리가(이승만·김구 지지세력이) 모두 공동성명 5호에 서명하고 신탁통치에 참여하는 줄 알기 때문"이라는 이유두 밝혔다('미소공위대책 대의원선거에 관한 조례'《이화장소장우남이승만문서 동문편》 15권 p. 429-432).

지부장들에게 내려보낸 선거조례는 6월 27일부터 7월 8일까지 날짜별로 지켜야 할 선거의 방법까지도 제시했다. 2주일도 채 되지 않는 짧은 기간에 민간단체가 전국적인 선거를 통해 지방마다 대의원을 뽑는 일이 현실적으로 가능한 일이었는가? 배은희는 "미군정의 감시가 심한 데다가 좌익들의 방해공작이 맹렬하여 이중삼중의 애로를 겪었다"고 술회했다. "선거운동자들이 이곳저곳에서 피투성이가 되는 참상이 빚어졌고, 전라남도 순창군에서는 선거운동을 하던 두 청년이 좌익의 손에 희생되기도 했다"고도 부연했다(배은희, 1955, 《나는 왜 싸웠나》 일한도서: 75).

독촉국민회 각 도 지부장들은 결국 '지하선거'를 해야만 했다. 마침내 군 단위로 선출된 200여 명의 대의원들이 상경해 1947년 7월 10일 독촉국민회 사무실에서 제1차 회의를 개최했다. 이승만·김구의 치사에 이어 의장단 선출이 있었다. 의장은 배은희, 부의장은 명제세·박순천이 뽑혔다.

다음과 같은 분과 별 토의사항도 결정했다. (1) 분과: 미소공위에 제출된 각 정당 및 사회단체의 답신안, (2) 분과: 민주독립정부 수립의 기본이 되는 정강 및 정책, (3) 분과: 부일협력자처단법, 토지개혁법 등 입법의원을 통과한 주요법률, (4) 북한실정. 각 분과는 토의사항을 논의한 후 결과를 정리해 전체 회의에 보고해야 한다는 결정도 같이 했다(손세일, 2015, 위의 책: 25).

민족대표자대회 회의는 7월 12일 '민주독립정부수립' 문제를 토의하면서 '임시정부법통론'을 주장하는 한독당계와 '총선거'에 의한 정부수립을 주장하는 독촉국민회계가 논쟁했다. 7월 2일 평양에서 열린 미소공위가 벽에 부딪힌 사실이 알려지면서 우익 내부의 헤게모니 싸움이 다시 시작된 것이다. 민족대표자대회는 논란 끝에 김구가 1947년 2월 출범시킨 '국민의회'와 통합이 필요하다는 결론을 냈다. 민족대표자대회 의장 배은희가 국민의회 의장 조소앙을 방문해 통합에 합의하면서, 두 단체는 통합을 담당할 교섭위원들을 선발하고 7월 14일부터 통합을 위한 연석회의를 시작했다.

민족대표자대회와 국민의회의 통합 결정이 알려진 7월 17일 회의에는 신익희를 비롯한 '입법의원' 20여 명이 자발적으로 참여했다. 민선 입법의원 45명은 거의 대부분 개인자격으로 참여하겠다는 의사를 밝힌 상태였고, 심지어 관선의원 일부도 가담하겠다는 상황이었다. 개인자격으로 참여를 밝힌 입법의원의 총수는 48명이나 되었다(손세일, 위의 책: 27-28). 민족대표자대회에 세가 붙는 모양새였다.

그러나 7월 초부터 삐걱거리던 미소공위가 8월 초에 들면서 결렬이 확실해지자, 민족대표자대회와 국민의회의 통합은 오히려 파국으로 치달았다. 통합을 위한 연석회의는 8월 3일까지 아무런 성과도 내지 못한 상태였다. 8월 9일에는 통합을 위해 국민의회에 파견한 대표들을 민족대표자대회가 소환하는 결정을 했다. 이를 수습하기 위해 김구와 조소앙이 8월 11일 돈암장을 찾아 이승만과 논의했지만 뾰족한 대책이 나오지 않았다.

8월 8일과 9일 브라운과 스티코프는 각각 서로를 비난하는 기자회견을 하며 미소공위가 결렬로 치닫고 있음을 재확인해 주었다. 마침내 8월 23일 소집된 민족대표자대회는 국민의회와의 통합교섭을 포기하고 독자적인 정부수립운동을 추진하기로 결의했다. 1947년 5월 미소공위 재개로 위기를 느낀 이승만·김구가 '임시정부 법통 문제는 잠시 잠복한 상태로 두고' 협조하기로 한 때부터 대략 3개월이 지난 시점이었다. 공동의 위협이 사라지자 두 세력은 다시 갈등했다.

이승만은 8월 25일 민족대표자대회에서 총선거 준비를 독려했다. 그는 "미군과 협조하여 하루바삐 총선거를 실시하도록 해야 하고, 만약에 한미

합직으로 잘 안 되든지 또 지연되든지 힐 때에는 우리는 단독으로라도 총선거를 하도록 해서, 조속한 기일 안에 자주정부를 수립해야 한다"고 강조했다.

반면 김구는 9월 1일 국민의회 임시대회를 열고 "38선을 존속시키고 조국을 영구 양분할 남조선 단독정부의 노선으로 향하고 있는 것을 중지해야 한다"는 긴급제안을 통과시켰다. 그러면서도 국민의회는 이승만을 주석, 김구를 부주석으로 또다시 선출했다.

이승만은 9월 3일 국민의회의 긴급제안을 다음과 같이 반박했다. 1) 민족대표자대회는 김구와 자신이 공동으로 소집했고, 2) 임시정부법통론에 대해서는 한성정부법통론도 있고 해서 지금 상황에서 그것을 내세우는 것은 문제를 복잡하게 만들뿐이고, 3) 미국과 협조할 필요 없이 자율적 정부를 세워야 한다는 주장은 정신적으로는 찬성할 수 있지만 우리 힘으로 독립하지 못한 현실을 무시하여 고립무원을 자초하는 위험이 있고, 4) 자신은 김구의 입장을 충분히 이해하므로 두 사람 사이에는 아무런 문제가 없다는 요지였다(손세일, 위의 책: 37-39).

드디어 이승만은 9월 16일 국민의회 주석직을 거부한다는 단호한 성명을 발표했다. "나는 남한만으로라도 총선거를 행하야 국회를 세워 이 국권회복의 토대가 생겨서 남북통일을 역도(力圖, 힘써 그림)할 수 있을 유일한 방식으로 믿는 터이므로, 누구나 이 주의와 위반되시는 이가 있다면 나는 합동만을 위하야 이 주의를 포기할 수 없을 것이다… 내가 총선거를 주장하는 것은 남북을 영영 나누자는 것이 아니오, 남한만이라도 정부를 세워서 국제상에 발언권을 얻어 우리의 힘으로 통일을 촉성할 문로를 열자는 것이다(손세일, 위의 책: 40-41)." 당시 북한 사정에 정통한 판단이었다.

김구에 대해서는 자기와 의견이 다른 것이 아니라 "임시정부를 지켜오던 몇몇 동지들과 갈리기를 차마 못 하는 관계로 심리상 고통을 받으시는 중이니 일반 동포들은 오해가 없기를 바란다"고 말하여 국민의회 그룹과 결별을 촉구했다. 당시 이승만의 비서 윤석오의 증언은 더욱 구체적이다. "백범 주위에 있는 엄항섭, 조완구 씨는 백범이 이 박사에게 굽히는 것을 못마땅해하고 자꾸 손을 끊도록 유도했다(윤석오, 1977, '경무대 사계' 《남기고 싶은 이야기들》 중앙일보·동양방송: 56)."

돈암장 마루에서 나와 정원으로 내려가는 이승만. 돈암장은 이승만이 1945년 10월 23일부터 1947년 8월 17일까지 거처한 한옥 저택이다. 1938~1939년에 지은 돈 암장은 건축학적 의미가 깊다. 창덕궁 대조전을 지은 목수 최원식의 문하생으로 당 대 최고의 대목장(大木匠)이었던 배희한(裵喜漢: 1907~1997, 무형문화재 74호)은 생전 에 "돈암장을 지을 때 서까래와 내실 기둥 등은 모두 백양목을 사용했다"고 증언했다. 전봉학 서울대 건축학과 교수는 "돈암장은 가운데에 대청마루가 있고 양쪽 온돌방의 3면을 마루가 돌아가는 형식으로 보아, 궁궐의 침전(寢殿)을 본뜬 형태다. 조선왕조 가 망한 후 궁실(宮室) 건축을 담당하던 목수가 민간으로 나간 근대의 사회상을 반영 한 결과"라고 설명했다. 당초 이 건물을 지은 주인은 궁궐의 내시였다고 한다. 돈암동 산 중턱에 있던 이 집을 이승만이 사용하도록 빌려준 장진섭은 광산업으로 큰돈을 번 사람이었는데 이승만이 미소공위 재개를 계기로 하지, 김구, 한민당과 멀어지자 집을 빼달라고 요구했다(배진영, 2017, '이승만의 발자취 서린 돈암장과 마포장', 《월간조선》 10월 호). 출처: 두 사진 모두 'KBS 영상실록 1947년'에서 캡처(1995년 8월 2일 방영).

68

1947년 8월 좌익 327명 체포,
9월 미국 한국독립 문제 UN 이관

1947년 7월 초부터 2차 미소공위가 삐걱거리며 파탄으로 가는 와중에 좌익세력은 8월 폭동을 기획하다 들통이나 미군정의 철퇴를 맞았다. 방송을 통해 공산주의 선전활동을 하던 남로당원 등 서울중앙방송국(KBS) 직원 14명을 검거했다는 미군정의 발표가 8월 4일 있었다. 이어서 미군정은 8월 11일부터 12일까지 장건상, 이여성, 백남운 등 근로인민당 간부 그리고 조선노동조합전국평의회(전평), 전국농민조합총연맹(전농), 민주여성동맹(여맹) 등 좌익단체 간부 등 총 327명을 체포했다. 허헌 등 남로당 간부들은 피신에 성공했다.

수도경찰청장 장택상은 8월 18일 기자회견을 열고 이들이 방송을 통해 남조선을 적화하려는 음모를 하고 8월 15일을 기해 경기도 일대에서 폭동을 일으켜 미군정을 파괴하는 작전을 꾸미다 발각되었다고 밝혔다. 스티코프는 8월 20일 미소공위 54차 회의에서 좌익인사 검거를 맹비난하면서 정상상태를 회복하는 조치를 취하라고 요구했지만, 브라운은 미소공위 업무 밖의 사항이라고 일축했다.

하지는 8월 25일 스티코프가 8월 22일 기자회견에서 미군정의 좌익 검거를 '미소공위 사업을 방해하는 처사'라고 비난한 것을 반박하는 성명을 발표했다. 하지는 스티코프의 기자회견이 "미소공위 부진에 대한 자신의 과오를 은폐하려는 것"이라 지적하면서 "이번 검거는 미군 점령지역 안의 정부 및 법과 질서의 파괴를 기도한 선동적 행동을 처벌하기 위한 것"이라는 사실을 분명히 했다. 이어서 그는 "이러한 행동이 북조선의 신문 및 방송국에 의하여 종용되고 있다는 충분한 증거를 가지고 있다"고도 밝혔다 (손세일, 2015, 《이승만과 김구》 7권: 31-32).

"노조 간판을 달고 간첩 활동을 한 혐의로 민노총 전직 간부 4명이 구속, 기소됐다. 이들의 사무실과 주거지 등에서 발견된 북한 지령문만 90건으로, 역대 간첩 사건 중 최다라고 한다. 한국의 대표적 노조(민노총) 간부들이 이렇게 북한 지시를 받아 움직였다. 이들이 북에 보고한 문건 24건도 적발됐다. 북한 지령은 한국에 정치 이슈가 있거나 큰 사건이 있을 때마다 하달됐고, 주로 반정부 투쟁을 선동하는 내용이었다." 수원지검 공공수사부가 2023년 5월 발표한 '민노총 국가보안법 위반 사건'의 문제점을 지적하는 조선일보 2023년 5월 11일 사설이다.

이 사건은 오늘날인 2023년에도 76년 전인 1947년과 똑같은 북의 공작이 반복되고 있음을 여실히 보여준다. 대한민국 검찰은 이 지하조직에서 "북한 김정은은 '총회장'으로, 문화교류국은 '본사'로 각각 불렸다고 한다. 문화교류국 아래 지하조직인 '지사'를 두고… 민노총은 지사의 지도를 받는 조직이라는 차원에서 '영업1부'로 불렸다"고 전했다(조선일보 2023. 5. 11, 허욱 기자).

이뿐만이 아니다. 2023년 5월 현재 [공영방송] MBC 간부 148명 중

132명이 민노총 조합원'이라는 보도도 있었다(조선일보 2023. 5. 10 김진명 기자). 1947년 8월 미군정이 발표한 서울 중앙방송국 그리고 전평의 상황과 다를 것이 하나도 없다. 달라진 것이 있다면 공안 당국의 대응일 뿐이다. 76년 전 미군정은 3백 명 넘게 검거했지만, 현재 대한민국 검찰은 달랑 4명만 구속·기소했다. 미군정 수사 당국의 의지와 능력을 따라갈 생각이 없는 대한민국 검찰의 초라한 모습이다.

미소공위 결렬이 확실해지면서 미국 정부는 1947년 7월 23일 3부 조정위원회(SWNCC: State-War-Navy Coordinating Comittee) 하부기관으로 '한국특별위원회(ad hoc Committee on Korea)'를 설치했다. 국무부 동아시아국 부국장 앨리슨(John M. Allison), 전쟁부 [육군부] 두푸이(Trevor N. Dupuy) 중령, 해군부 허머(H. R. Hummer) 대위로 구성됐다.

특위는 소련이 미소공위를 파탄시키는 경우 모스크바 삼상회의 결정에 규정된 4대국(미·소·영·중) 회의를 소집하여 4대국으로 하여금 미소 양 점령지역에서 인구비례에 따른 자유선거를 실시하여 통일임시한국정부를 수립하고, 그 정부와 특별한 합의가 없는 한 외국 군대는 철수하며, 소련이 4대국 회의를 거부할 경우엔 한국 문제를 UN에 상정한다는 보고서를 8월 6일 채택했다(SWNCC 176/30).

마셜 미 국무장관은 8월 12일 몰로토프 소련 외상에게 편지를 보내 모스크바 결정의 목표를 달성하기 위해 무엇을 해야 할지 4대국이 논의할 수 있도록 8월 21일까지 미소공위가 보고서를 제출하도록 하자고 제의했다. 몰로토프의 동의에 따라 보고서 작성을 위한 미소공위가 열렸지만 합의에 이르지 못했다. 마침내 8월 20일 하지는 미 국무장관에게 미소 양국의 직접 교섭에 의한 한국문제 처리가 불가능하다는 보고서를 보냈다.

애치슨의 후임 미 국무차관 리베트(Robert A.Lovett)는 8월 26일 몰로토프에게 한국문제를 토의하기 위해 워싱턴에서 4대국 회의를 열자고 제의하고 영국과 중국에도 통보했다. 영국과 중국은 미국의 제의를 수락했으나 소련은 거부했다. 소련의 반응을 예상하고 있던 미국은 이미 한국문제를 UN에 이관시킬 준비를 하고 있었다. 트루먼 대통령은 중국 문제와 함께 한국 문제도 조사하는 특사를 파견했다.

중국에서 장개석 국민군과 모택동 중공군 사이에 내전이 격화되자 미국은 장개석을 계속 지원해야 하는지를 두고 논쟁하고 있었다. 군부는 중국 내전에 바로 개입해야 한다는 입장이었고, 국무부는 개입 이전 장개석 정부의 개혁을 선행해야 한다는 입장이었다. 이 문제에 대한 판단을 위해 미국은 태평양전쟁 끝 무렵 미 육군 중국전구사령관이자 장개석의 참모장으로 활동했던 웨드마이어(Albert Coady Wedemeyer)를 단장으로 조사단을 파견했다.

7월 22일부터 8월 24일까지 중국에서 활동한 웨드마이어는 동경의 맥아더를 만난 후 8월 26일부터 9월 3일까지 서울을 방문했다. 1주일 남짓한 짧은 기간이었지만 웨드마이어는 하지를 비롯한 미군정 책임자는 물론 이승만, 김구, 김성수를 비롯한 여러 한국 지도자들과도 면담했다. 이 과정에서 하지가 웨드마이어에게 전한 이승만과 김구에 대한 평가가 흥미롭다. 하지는 "비록 그들이 누구보다도 우리의 노력에 많은 방해를 해 왔지만"…"공산주의에 대한 방파제와 같은 역할 때문에 우호적으로 대해야 한다"고 말했다.

웨드마이어 조사단은 9월 6일부터 하와이에 머물면서 트루먼 대통령에게 제출할 보고서를 작성해 9월 19일 제출했다. 공산군의 진출을 저지하

기 위해 국민당 정부에 군사원조를 제공해야 한다는 결론을 낸 보고서는
당시 민감한 내용 때문에 극비문서로 분류되었다. 한국에 관해서도 정치,
경제, 군사 문제를 포괄적으로 접근하는 내용이 담겨 있으며, 그 중에는
미소공위가 희망이 없어 UN으로 이관하는 것이 바람직하다는 판단도 포
함되어 있었다(손세일, 위의 책: 42-51).

　그러나 미국 정부의 한국 문제 UN 이관 결정은 웨드마이어 보고서 제
출 전 이미 공식화되었다. 국무차관 러베트는 9월 16일 모스크바 주재 미
국 대사관에 훈령을 보내 한국 문제를 UN 총회에 상정하기로 결정했다는
사실을 몰로토프 외상에게 통보하라고 알렸다. 사본을 영국과 중국에도
전하도록 했다. 이튿날인 9월 17일 오스틴(Warren R. Austin) 미국 UN 대표
는 UN 사무총장 리(Trygve Lie)에게 한국 독립문제를 총회 의제로 삼을 것
을 요청했고, 마셜 국무장관도 같은 내용의 연설을 총회에서 했다.

1948년 10월 미 국방부 건물에서 촬영한 웨드마이어 장군. 그는 1947년 8월 중국과 한국에 트루먼
대통령의 특사로 파견돼 현지 조사를 했다(출처: 국사편찬위원회 전자사료관).
웨드마이어 장군은 하지에 우선해 남한 점령군 사령관으로 검토되었으나, 중국을 우선하는 미국의 정
책으로 중국 담당자로 남게 되어 오키나와에 있던 하지가 남한으로 오게 되었다(임병직 회고록).

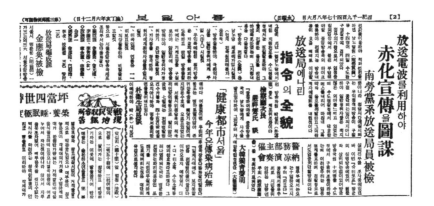

동아일보 1947년 8월 6일 2면 머리기사. 서울중앙방송국 직원 14명이 남로당 지령을 받아 활동한 사실로 경찰에 검거되었다는 소식을 전하고 있다. '방송전파를 이용하야, 적화선전을 도모, 남로당계 방송국원 피검' '방송국에 내린 지령의 전모' '방송국 편성과 김응환 피검' 제목을 단 3종 기사. 이중 '방송국에 내린 지령의 전모' 내용이 흥미롭다. "지난 1월 남로당에서 내린⋯ 지령 내용은 다음과 같다. 1) 방송국 전원은 남로당 세포에 가입시킬 것(현재 전 국원의 1/4 획득). 2) 방송을 통하여 극좌익 사상을 일반청취자에게 주입시킬 것, 3) 우익 측에 관한 정치방송은 가급적 방송을 회피하도록 하고 만일 방송을 할 때에는 기계 고장을 구실로 암암리에 방송을 방해하여 일반 청취자가 청취하기 곤란하도록 할 것, 4) 가사 등을 창작하여 청취자에게 좌익사상을 주입시킬 것, 5) 미국인의 언동은 일일이 보고할 것, 6) 직장을 통하여 비밀을 보고할 것, 등으로 서울중앙방송국 세포조직 부서는 다음과 같다⋯."

69

1947년 9월 23일 UN 이관 확정 3일 후
스티코프 미소 동시 철군 제안

1947년 9월 17일 미국은 한국 독립문제를 UN 총회 의제로 넘겼다. 1945년 12월 모스크바에서 2차 세계대전의 승전국 미·영·소 3개국 외상이 한반도 문제에 관해 합의한 결정 즉 미소공동위원회를 설치해 일정한 기간 신탁통치를 한 후 한국을 독립시킨다는 계획을 미국이 포기한 결과다. 소련과 원만한 협의가 불가능함을 깨달은 미국이 마침내 한반도 문제 해결 방향을 틀은 셈이다. 이승만의 오래된 생각과 같은 방향의 판단이었다.

한국의 독립을 UN이라는 국제사회의 공론으로 결정하겠다는 미국의 선택을 소련은 물론 반대했다. 그러나 '12 대 2' 투표로 이관을 건의한 9월 21일의 '제1정치위원회' 결정에 따라 UN은 9월 23일 본회의에서 '41 대 6'으로 제1정치위원회 건의를 접수하기로 확정했다. 제1정치위원회에서 반대한 두 나라는 소련과 폴란드였고, 본회의에서 반대한 여섯 나라는 회의에 불참한 국가들이었다.

UN 총회의 접수 결정이 나자 소련은 9월 26일 미소공위 회의에서 마지막 꼼수를 던졌다. 소련 대표 스티코프가 "만일 미국 대표가 1948년 초까지 미국 군대를 철수시키는 데 동의한다면 소련군은 미국과 동시에 조선에서 철수할 수 있다"고 선언했기 때문이다. 하지는 이 제의를 "우리가 한국에 온 이래로 가장 부담스러운 선전책동이다… 한국인들뿐만 아니라 전세계 약소국 국민들의 지지를 얻기 위한 시도"라며 당혹스러워했다(손세일, 2015《이승만과 김구》제7권: 52).

그러나 이승만은 단호했다. 9월 30일 '소련군만 철수해야 한다'는 성명을 발표했다. 성명 전문을 보도한 1947년 10월 1일 동아일보 기사는 다음과 같이 시작한다. "미소공위의 소련 수석대표 스티코프 장군이 미소 양군의 동시 철퇴를 제안한 데 대하여 국내외의 여론이 효효(囂囂, 왁자지껄)하거니와 이에 대하여 이승만 박사는 삼십일 다음과 같은 장문의 성명서를 발표하여 국제적 공약을 실천하지 않고 무책임한 발언을 하는 소련 측의 태도를 공격·반박하였다."

"미소 양군을 동시 철퇴하자는 소련의 제의를 우리는 의외(意外, 뜻밖)로 알지 않는다. 그 배후의 의도도 우리는 잘 안다. 파괴된 정의와 인도(人道)에 대하여 세계 여론이 분기(憤起, 분하여 일어남)한다면 그 세력을 소련으로서도 전연 무시치 못할 것은 잘 알았던 바이다. 약소한 우방의 반부(半部, 반쪽)를 하등(何等, 아무런)의 이유나 권리없이 점유함은 막심한 국제적 폭행이다.

세계 평화를 진정하게 희구한다면 문명한 국가들은 중세기적 비행은 단연 금기하고 세력보다 공론을 중히 해야 할 것이다. 40년 전 서양 제국이 일본을 허(許, 허락)하여 한국을 강점케 하던 때에 나는 이런 말을 하였거니와 다시 반복하여 말하노니, 총검을 가지고 인인(隣人, 이웃)을 협박하는 강도를 좌시하면 같은 총검이 좌시하던 사람에게도 가는 날이 있으리라고 한 것이다. 미국은 1941년 12월 7일 진주만의 쓰라린 경험을 반복치말라고 감히 경고하는 바이다.

적국을 포함한 모든 피점령 국가들은 총선거로 각자의 정부를 조직하였음에 반하여, 과거 2년 동안을 두고 한국인은 남한에 있어서도 정부 건립을 위하여 총선거를 시행하도록 용허(容許, 허용)되지 않았다. 한국 민족이 얼마나 참을 수 없는 참경(慘景, 참혹하고 끔찍한 모습)에 빠져 있음은 아무나 상상하기에 어렵지 않으리라. 이런 정세에 처하여 한인들은 미국 점령지에서라도 총선거를 행하여 정부를 조직키로 필경(畢竟, 결국) 결심하게 된 것이다. 미군정의 협력이 속(速, 빨리)히 있다면 협력 있이 해도 좋고, 가망이 없다면 협력 없이라도 할 수밖에 없다.

그런데 양 주둔군을 동시 철퇴(撤退, 철수)하자는 소련의 제안이 있다. 그들이 그들의 고상한 표방(標榜, 겉으로 내세움)과 같이 과연 한국이 통일 민주국가가 되기를 바라는 성의가 있다면, 우리의 자유 선택의 정부를 세울 수 있도록 북한에서 즉시 또는 무조건으로 철퇴하기를 우리는 요구한다. 우리는 어떤 외국이나 외국군(外國群)이 우리에게 들려 씌우는 것은 무엇이고 안 받을 작정이다. 일보진(一步進, 한걸음 나가)하여 소련이 미국과 협동하여 한족의 주권을 엄격히 존중함을 서언(誓言, 약속)하기를 요청하는 바이다.

또 한편으로 미국에 요청하는 바는 우리가 총선거를 통한 민의에 의하여 정부를 세우고, 군정에서 북한에 있는 한인적군부대(韓人赤軍部隊)를 해산하고 우리의 국방군이 사용할 충분한 무기와 탄약을 제공하여 달라는 것이다. 정권을 인수할 때까지는 치안에 필요한 근소한 군대만을 독립 국가로서의 우리의 권리에 간섭함이 없이 계속 주둔함이 가(可, 옳을)할 것이다. 한국 분단의 책인을 미국이 적어도 일부 진다고 생각되는 이상, 외국 분점에 의하여 발생된 혼란을 정돈할 시간을 우리가 가질 때까지는 미국이 빠져나감이 불가하며 또 빠져나갈 수도 없을 것이다.

미국 정부가 외국 간섭없이 총선거를 행하도록 하기를 약속한 바 있거니와 비교적 단시일 내에 우리가 국내 제반 정세를 정돈하게 되리라는 것을 말하여 둔다. 또 한 가지 요청은 공동 감시하에서 이리하여야만 공군(共軍, 공산군)과 국군 사이의 내전의 위험성이 완전히 제거될 것이다. 한국의 재건을 위한 행동을 취한 데 대하여 마셜 미 국무장관과 UN 총회에 열석(列席, 줄지어 참석한)한 제 우방 대표단에게 심심한 사의를 표한다."

이승만은 소련이 일본과 전쟁을 시작한 때는 이미 일본이 미국에 항복할 의사를 밝힌 뒤였다는 역사적 사실을 배경으로 소련은 한국의 해방에 기여한 것이 없다고 지적하고, 따라서 소련군의 한국 점령은 부당한 것이기 때문에 바로 철수해야 한다는 주장을 펼쳤다. 나아가서 이승만은 전후 모든 나라가 총선거를 통해 정부를 세우는데 한국만 그렇게 하지 못하고 있음을 통탄했다. 소련의 북한 점령으로 남북한 총선거가 어렵다면 미군 점령 하의 남한만이라도 총선거를 시행해야 한다는 평소 지론을 이어 갔다.

이어서 이승만은 총선거를 통해 성립한 정부가 자리를 잡아 '북한에 존재하는 공산군을 해산시키고 치안을 유지할 수 있을 때까지' 미군은 철수하면 안 된다고 강력하게 주장했다. 그렇지 않으면 '공산군과의 내전'이 우려된다는 경고까지 덧붙였다. 시간을 앞서가는 이승만의 혜안이 돋보인다. 미군의 철수로 6·25전쟁이 벌어지는 현대사의 전개를 이승만은 이때부터 내다보고 있었다.

UN 이관이 확정되자 정가의 관심사는 단연 UN 총회에 한국인 대표로 누구를 파견해야 할 것인가 하는 문제였다. 우익은 당연히 이승만을 추대했다. 민족대표자대회를 중심으로 한민당, 한독당, 조선민주당, 독촉국민회 등이 뜻을 함께했다. 이를 관철하기 위해 중앙과 지방에서 국민대회를 개최하고, 동의하는 단체 52개 연명으로 미 국무장관, 유엔 총회의장 및 사무총장, 과도정부 정무위원회 및 과도입법의원에 청원서를 제출했다.

반면 좌우합작위원회를 비롯한 중간파 대표들은 입법의원 의장 김규식을 추대했다. 국민의회 의장 조소앙을 파견하자는 의견도 있었다. 이 와중에 미국 유엔 대표 오스틴(Warren R. Austin)이 9월 28일 유엔 사무총장 리(Trygve Lie)에게 남한의 미군정 아래서 한국민을 대표할 인물은 첫째, 민정장관(안재홍), 둘째, 과도입법의원(의장 김규식) 밖에 없다고 유엔 회원국들에 통고해 달라고 요구한 사실이 알려졌다.

이에 대해 이승만은 "유엔 대표로는 정부에서 가야 하지만 우리는 지금 정부가 없으니만큼 민족을 대표하는 곳에서 파견해야 할 것이다. 미국이나 소련이 보내는 것은 우리의 대표라 할 수 없으니 우리의 대표는 우리가 파견해야 한다"고 언론에 밝혔다(경향신문, 1947 10 5, '우리 손으로 총선거하자'). 1947년 10월 21일 짐을 싸 서울을 떠나는 미소공위 소련 대표단 일행이 원하는 중간파가 유엔에 갈 수는 없는 일이었다.

美蘇兩國은 協同하야

朝鮮 主權尊重을 誓言하라

蘇側 撤退提案에 李博士聲明

1947년 9월 30일 발표한 '소련군만 철수해야 한다'는 이승만의 성명서 전문을 보도한 동아일보 10월 1일 1면 기사. "미소 양국은 협동하여 조선 주권 존중을 서언(誓言)하라" "소측(蘇側) 철퇴 제안에 이 박사 성명" 제목을 달고 있다.

미소공위 결렬에 따라 1947년 10월 21일 서울을 떠나는 소련 대표단을 태우기 위해 대기 중인 비행
기 모습. 출처: 'KBS 영상실록 1947'에서 캡처(1995년 8월 2일 방영).

70

1947년 10월 김구, 이승만과 엇박자…
마포장 경비순경 이승만 암살미수

1947년 9월 23일 한국 문제의 UN 이관이 확정되자 이승만은 총선거 준비에 '올인'했다. '민족대표자대회'는 '총선거대책위원회'를 만들어 9월 30일부터 3일 동안 독촉국민회 회의실에서 각도군지부위원장회의를 개최했다. 입법의원에서 통과시킨 선거법을 설명하고 관련된 문제들을 토론하는 자리였다.

10월 4일에는 마포장을 방문한 민족대표자들에게 이승만은 "총선거 날짜를 당국은 끌고 있는데 그냥 있으면 언제 결정이 날 것인지 모르겠으니, 하지 중장에게 요청할 것이오. 요청을 들어주지 않을 때에는 우리끼리라도 이를 실시해야겠다"는 말을 하기도 했다(손세일, 2015, 《이승만과 김구》 7권: 62).

그러나 10월 5일 서울운동장에서 개최된 '한국독립문제미국마셜장관제안달성국민대회'라는 매우 특이한 이름을 가진 대규모 군중 집회에서 김구는 다음과 같이 이승만과 엇박자를 내는 발언을 했다. 김구의 발언은 소련의 호의를 전제로 한 것으로, 당시 스탈린이 동구에서 행한 무자비한 공산화를 북한에서도 반복하고 있음을 김구가 전혀 인식하지 못하고 있음을 잘 드러낸다.

"미소공위 소련 대표가 저간 미소 양군 철퇴를 제의한 데 대하여 나는 찬성하며 기뻐한다. 그것은 즉 남북통일 방법으로는 다른 좋은 방법이 없는 줄로 생각하는 까닭이며, 소련이 이것을 선전만 하지 말고 북조선에서 우선 실천하기를 희망한다. 최근 북조선에 약 50만의 인민군이 조직되어 있으니 남조선에서도 이에 대항할 준비를 하여야 한다는 설도 있으나, 이는 동족 간의 유혈은 필연적인 사실이므로 나는 원치 않는 바이다(조선일보, 1947 10 7, '무기해제코 자유선거를, 김구 씨 연설')."

이 군중대회는 국민의회 의장 조소앙의 개회사와 김구의 치사 그리고 엄항섭의 선언문 낭독에 이어 장덕수가 제안한 결의문을 채택하는 순서로 진행되었다. 채택된 결의문 말미에는 "본 대회의 결의를 관철하기 위하여 유엔총회에 정사(正使) 이승만, 부사(副使) 조소앙 씨를 한국민족대표사절단으로 파견한다"는 내용이 담겨 있었다(동아일보, 1947 10 7, '통일정부수립절규' 및 '마씨제안달성국민대회'). 독촉국민회 역시 10월 12일 국민대회를 열어 이승만을 국민대표로 추대했다.

'이승만 유엔특사 파견'과 관련해 흥미로운 사실이 하나 있다(손세일, 위의 책: 65). 이승만은 10월 16일 귀국 2주년 맞이 기자회견을 했다. 그 자리에서 이승만은 '국민의회에서는 조소앙'을, '입법의원에서는 김규식'을 부사(副使)로 보낸다는 설이 있다는 기자들의 유도성 코멘트에 다음과 같이 대응했다.

"민족대표는 민중의 의사를 대표해야 한다. 유엔에 나가서 좌우합작으로 정부를 세워야 한다고 주장한다든지, 총선거를 반대한다든지 하면 민족의 의사를 무시하는 것이므로 나는 이러한 의사를 가진 대표와는 동행할 수 없다(동아일보, 1947. 10. 17, '유엔대표는 민족의 대변자')." 정국의 변화를 따라오지 못하는 두 사람을 이승만은 점잖게 그렇지만 단호하게 따돌렸다.

10월 5일 국민대회의 김구 연설은 UN 이관이라는 새로운 상황에 대한 한독당 그리고 국민의회 그룹이 안고 있는 어려움을 반영한 결과였다. 한독당은 10월 15일과 16일 임시중앙집행위원회를 열어 민족대표자대회에 계속 참여할 것인지 격론을 벌이는 한편, '남북대표회의'를 조직하여 1) 미소 양군의 철수에 의한 38도선 타개, 2) 남북통일선거의 절차와 집행, 3) 국민의회의 완성, 4) 중앙정부조직 등을 추진하기로 결의했다(경향신문, 1947. 10. 19, '한독중집결의'). 그러나 결의만 했을 뿐, 실행할 방법이 없었다.

10월 17일에는 국민의회 정무회가 이승만의 남한단독정부수립 주장에 반대하는 담화를 발표했다. "만일 불행히도 유엔에서 [한국독립문제가] 통과되지 못하거나 통과되고도 실행될 가능성이 없게 될 때에는 유엔은 당연히 우리 국민을 협조하여 우리가 이미 가지고 있는 대한민국임시정부를 개편 강화하여서 우리의 자주독립 정부가 되게 하여야 할 것이다. 남한단독정부를 운운하는 것은 사실(史實)과 민의를 무시할 뿐만 아니라 한국의 분열을 조장하는 것밖에 없는 것이다(서울신문, 1947. 10. 19, '단정수립 불가')."

이 와중에 충격적 사건이 발생했다. 1947년 8월 18일 마포장으로 이사한 이승만은, 이사 전부터 시간이 날 때마다 산책도 할 겸 마포장을 둘러보며 집 상태를 확인하곤 했다. 이승만의 마포장 출입이 잦았던 즈음인 1947년 7월 15일 마포경찰서장이 바뀌었다. 새로 부임한 윤우경 서장은 부임 첫날 서원(署員)들 성분을 파악하다 마포장 경비 순경 5명 전원이 남로당에 가입한 사실을 알게 됐다.

이들 중 한 명의 수상한 행적을 추적한 끝에 윤우경은 이들로부터 다음과 같은 자백을 받다. "이승만 박사를 총으로 저격하라는 지령을 받다 (윤우경, 1992,《만성록》서울프레스: 194)." "이 박사를 저격하고 북한에 가면 경찰국장에 임명한다는 약속도 들은 바 있다(윤우경, 위의 책: 197)." 검거 다음 날인 7월 17일 수도경찰청장 장택상이 경찰 모임에서 한 훈시가 주목할 만하다.

"마포장 경비 순경 전원이 공산당(남로당)에 가입하여 이승만 박사를 저격 살해할 음모를 꾸미고 있었던 사건을 검거했는데, 이것은 나의 운수도 아니요, 윤 서장의 운수도 아니며, 오직 남한에 단독정부가 수립되고 또 이 박사가 정권을 잡을 운명이라고 생각한다(윤우경, 위의 책: 198)." 윤우경 도 "마포장에서 이 박사가 저격되었더라면 하지 중장의 방침대로 좌우합작 또는 중간파에 의하여 정부가 수립되었을 것"이라 보았다(윤우경, 위의 책: 200).

마포장은 이승만의 시련을 상징하는 공간이었다. 안 그래도 프란체스카는 겨울에 접어들면서 마포장이 추워서 견딜 수 없다는 하소연을 하고 있었다. 마포장으로 이사 온 지 딱 두 달만인 10월 18일 이승만 내외는 새집으로 이사했다. 당시 이승만 비서실장이던 윤치영은 "[승려이면서 이승만의 정치활동을 돕고 있던] 백성욱의 매부인 권영일과 의논하여 전용순, 신용욱, 홍찬 등 실업인 30여 명의 도움으로 이화동에 있는 김상훈의 집을 사서 이박사에게 드렸다"고 회고한다(윤석오, 1977, '경무대 사계'《남기고 싶은 이야기들》중앙일보·동양방송: 56; [손세일, 위의 책: 68]).

동대문으로 연결된 낙산 자락의 새집은 부지가 2천 평 조금 안 되는 규모였다. 이승만이 거처하면서 '이화장'이라 불리게 된 이 집은 "이승만 내외가 처음 입주할 때 방이 셋밖에 없는 본채와 작은 정자 하나가 있을 뿐이있다. 이 정지는 이승만이 1948년 내각을 구성하는 작업을 하던 곳이라 '조각당(組閣堂)'이란 이름으로 보존되고 있다(손세일, 위의 책: 69)."

이승만 내외는 4·19 직후인 1960년 5월 돌아오지 못한 하와이 여행을 떠날 때까지 이 집에서 살았다(이동욱, 2011,《우리의 건국 대통령은 이렇게 죽어갔다》기파랑). 하와이 체류가 길어지면서 이승만 내외는 현지 생활비를 부담해 주는 후원자들에게 진 빚을 갚는 방법으로 1962년 9월 이화장을 하와이 교민 윌버트 초이(Wilbert Choi) 내외에게 양도하는 법적 위임장(Power of Attorney)을 썼다.

그러나 윌버트 초이는 이화장 양도를 실행하지 않고 1970년 8월 5일 작고했다(이덕희, 2015,《이승만의 하와이 30년》북앤피플: 271). 윌버트 초이의 후손 또한 "아버지가 돌아가신 후 위임장을 발견했지만, 권리를 주장할 생각을 한 적이 없다"고 밝혔다(조선일보, 이한수 기자, 2015. 7. 19, '사저 이화장까지 양도… 건국 대통령의 곤궁한 말년'). 이화장은 1982년 12월 서울시 기념물 6호로 지정되었고, 2009년 4월 정부의 사적 497호로 승격되었다.

이승만이 1947년 10월 이사해 1960년 5월 돌아오지 못한 하와이 여행을 떠날 때까지 거처하던 이화장 모습. 마당에 이승만 동상이 자리 잡고 있다(출처, 네이버 블로그 Raycat: Photo and Story).

중앙일보·동양방송이 1977년 출판한 《남기고 싶은 이야기들》표지. 이 책은 전체 751쪽 분량인데, 440쪽까지 이승만 대통령의 비서를 지낸 윤석오·고재봉·황규면·우제하·김상래 5인이 쓴 회고록 《경무대 사계》를 담고 있다. 책의 나머지도 다양한 분야의 전문가 회고담으로 구성되어 있다.

71
1947년 10·11월 '시국대책요강' 파동으로
안재홍 민정장관 사퇴 요구

1947년 10월 18일 이화장으로 이사한 이승만은 좌익과의 싸움을 이어 가며 총선거 조기 관철에 집중하고 있었다. 두 달 전 8월에 서울중앙방송 남로당원 방송인 14명 그리고 좌익 327명을 폭동혐의로 체포한 수도경찰청의 수사결과 발표가 있자, 이승만 그룹은 10월 26일 남산공원에서 '국제음모규탄 및 총선거촉진국민대회'를 열었다. 좌익, 좌익합작파, 임시정부법통파 등 반대파들을 규탄하고 소련을 공격하면서 총선거 조기 실시를 요구하는 캠페인이었다. 5만 군중이 모였다.

대회는 남로당의 매국을 규탄하는 결의문, 유엔 총회에 보내는 보고문, 소련에 대한 항의문을 채택한 후 하지에게 보내는 요구 사항 두 가지를 제시했다. 하나는 12월 1일 이전 총선거를 실시하라는 요구였고, 다른 하나는 모든 중도파 정당을 해산시키라는 요구였다. 이외에도 미국 국무부에 보내는 편지, 중간파 동향에 대한 보고와 결의문, 반탁투쟁 경과보고, 미국·영국·중국에 대한 감사문 낭독 등 다양한 활동이 이어졌다.

대회가 마무리될 즈음 군중으로부터 '안재홍 민정장관 사임'을 요구하는 긴급동의가 제출되었다. 임석한 경찰과의 실랑이까지 겪은 끝에 결국 이 긴급동의는 채택되었다. 사임을 요구한 이유는 '민정장관 안재홍이 입법의원 의장 김규식과 사법부장 김병로와 연서해 군정의 연장을 청원하는 문서를 미군정에 제출'했기 때문이라는 것이었다. 이 행사와 관련한 CIC 보고서는 "이승만은 평소처럼 대회장에 나타나지 않았으나, 정신적으로 그 자리에 있었던 것은 의심의 여지가 없다"며 이승만 배후설을 강조했다 (손세일, 《이승만과 김구》 7권: 73-74).

안재홍은 3일 후인 10월 29일 기자회견을 열어 자신에 대한 사퇴 요구가 '정권쟁탈의 모략'이자 '비굴한 책동'이라 비난하면서 문서의 내용을 부인했다. 그러나 대회에서 문제가 된 문서는 당시까지 존재가 알려지지 않았던 문서였다. 이 문서는 과도정부 정무위원회 산하에 구성된 '시국대책위원회(위원장 조병옥)'가 만든 것으로 '남조선 현 정세에 대처할 조치 요강(일명 '시국대책요강')'이라는 제목을 달고 있었다. 정무위원회가 9월 25일 만장일치로 가결시켰고, 부처장과 도지사 연석회의를 거쳐, 10월 1일 미군정에 넘겨진 문서였다(김인식, 2014 "시국대책요강의 작성경위와 내용 검토" 《한국민족운동사연구》 79: 231-276).

안재홍의 비서관 이교선으로부터 이 문서의 영문 번역문을 입수한 이승만은 격노하여 문제 부분을 번역해 독촉국민회 인사들에 주면서, 군정 연장을 획책하는 조병옥을 매장시키는 규탄대회를 열도록 할 참이었다. 그러나 조병옥을 아끼는 이승만의 비서 윤석오가 김성수를 동원해 이승만을 진정시키는 데 성공했다. 결국 조병옥 개인에 대한 규탄은 보류되었다 (윤석오, 1977, "경무대 사계" 《남기고 싶은 이야기들》 중앙일보 동양방송: 65-66).

그러나 문서의 존재가 알려지자 이승만 직계 정파들과 사회단체들의 공격이 시작되었다. 독촉국민회, 조선민주당, 한국민주당, 서북청년회 등 15개 정당 및 사회단체는 11월 3일 "남조선과도정부 정무위원회에서 일치 가결되고 또 도지사와 부처장 합동회의에서 이의 없이 통과된 것이라는 첨서가 있는" 이 '괴문서'에 "한민족의 의사에 위반되는 문구가 있다"는 공동성명을 발표하고, 관계자 책임추궁을 요구했다.

마침내 안재홍은 11월 5일 '시국대책요강'이 "9월 하순에 미소공위에 의한 남북통일정부의 출현이 지연(遲延) 필지(必至, 반드시 그렇게 됨)인 정세 하에서 그 응급대책으로 작성된 것이라는 설명과 함께 전문을 발표했다. 이승만은 '시국대책요강'이 군정을 연장하고 총선거를 지연시키고자 하는 하지의 의중이 반영된 문서라 확신하며 비판의 고삐를 늦추지 않았다. 15개 우익 정당 및 사회단체는 11월 8일 공동으로 하지에게 편지를 보내 안재홍 이하 책임자들을 인사조치하고 총선거 실시 일자를 즉시 공포할 것을 요구했다.

이 문서는 과도입법의원에서도 논란이 됐다. 과도입법의원 본회의는 11월 4일 "우리 민족의 공통한 의사가 아닌 문서를 작성하여 비밀히 외국에 송치한 책임을 규탄하되, 본건은 특별위원회를 조직하여 그 위원회에 넘겨 심사하여 방침을 결정 보고케 할 것"이라는 동의를 통과시켰다. 이와 동시에 과도정부 정무위원회는 '시국대책요강'의 문제 부분을 수정하여 군정장관에게 다시 제출했다.

'시국대책요강'을 심사한 과도입법의원 특별위원회는 한 달 뒤인 12월 9일 "현 남조선과도정부 정무위원 즉 민정장관 및 각 부처장에 대하여 신임할 수 없음을 결의함"이라는 결론을 본회의에 보고했다. 본회의는 12월 15일 '민정장관 안재홍 이하 과도정부 부처장들에 대한 불신임 표결'을 강행했다. 그러나 재석 63명 가운데, 가 27, 부 35, 기권 1로 불신임 안건은 부결되었다(손세일, 위의 책: 75-81).

'시국대책요강'으로 정국이 한창 시끄러울 때 UN에서는 한국 문제와 관련한 중요한 결정이 연속해 이루어지고 있었다. 앞의 제68장에서 설명했듯이 미국은 1947년 9월 17일 한국의 독립 문제를 UN총회 의제로 채택하자는 제안을 했고, 그에 따라 본회의 산하 제1정치위원회는 논의 끝에 9월 21일 이관이 필요하다는 결정을 보고했고, 마침내 9월 23일 본회의는 제1정치위원회 건의를 접수하기로 즉 한국의 독립 문제를 UN이 맡기로 확정했다.

이로부터 대략 한 달 후인 10월 30일에는 UN 제1정치위원회는 한국 총선거를 감시할 유엔한국임시위원단(United Nations Temporary Commission on Korea: UNTCOK) 파견에 동의하는 미국의 제안을 통과시켰다. 아직 총회의 최종 결정이 남아 있긴 했지만, 정국은 술렁였다. 특히 이런저런 이유로 총선거에 미온적 혹은 회의적 입장을 보이던 단체들이 다급해졌다.

한국독립당, 근로인민당, 민주독립당, 인민공화당, 민주한독당, 민중동맹, 신진당, 조선공화당, 천도교보국당, 천도교청우당, 조선민주당, 사회민주당의 12개 정당은 협의회를 만들어 '자주독립의 통일정부 수립을 위한 선거를 하기 위해서는 38선 철폐, 미소양군 철병, 치안확보가 필요하므로 남북정당대표회의를 구성해야 한다'는 중도적인 '4대원칙' 및 '4대방략'을 11월 5일 발표했다(손세일, 위의 책: 81-82). 그러나 이들의 주장은 북한의 소련이 그러한 주장을 받아들이지 않을 때 어떤 대비책이 있는지 전혀 고려하지 못한 공염불일 뿐이었다.

이승만은 달랐다. 11월 4일 발표한 이승만의 성명서는 "유엔대표단이

와서 남북총선거를 감시한다는 것을 소련이 불응하면 그 결과는 남한 총선거로 귀결될 뿐"이라 강조했다. 한 걸음 더 나아가 이승만은 "북한의 공산군이 남한 침범을 준비한다는 보도가 자주 들리는 이때 우리는 하루바삐 정부를 세워서 국방군을 조직해 놓아야 남한이 적화되는 화를 막을 수 있다"고 경고했다(손세일, 위의 책: 83-84).

마침내 유엔총회는 11월 14일 제1정치위원회의 건의 즉 한국 총선거를 감시할 대표단 파견을 결정했다. 독촉국민회와 한민당 등 14개 우익정당 및 사회단체는 11월 15일 서울운동장에서 '유엔결정감사 및 총선거 촉진국민대회'를 개최했다. 이 대회를 개최한 이승만 그룹은 '12정당협의회'를 다음과 같은 결의문을 통해 맹비난했다. "갈 곳이 없게 된 공산분자들이 중간파 명의를 무릅쓰고 도당을 불러 모아 소위 12정당 합동회의라는 것을 주장하여… 정권을 획득코자 하므로" "필경은 또다시 외국의 후원을 얻어서 남한에 공산세력을 다시 세우기를 꾀하는 것"이로다.

이 대목과 관련해 주목할만한 사실이 존재한다. 전현수가 편역해 국사편찬위원회가 2003년 출판한 《소련군정문서, 남조선정세보고서 1946~1947》338쪽에는 당시 남로당 책임자 이주하가 1947년 11월 24일 소련 군정 당국에 다음과 같은 정보보고를 한 사실이 기록되어 있기 때문이다. "우리는 프락치들에게 12개 정당협의회에 대하여 다음과 같은 요구조건을 내걸어야 한다고 지시하였다. 이 요구조건은 기본적으로 (12개 정당) 협의회의 노선으로 채택되었다." 그때나 지금이나 중도는 좌익의 숙주노릇을 할 뿐이란 사실을 잘 보여주는 대목이다.

러시아연방국방성중앙문서보관소

소련군정문서, 남조선 정세 보고서

1946~1947

전현수가 편역하고 국사편찬위원회가 2003년 출판한《소련군정문서, 남조선정세보고서 1946~1947》표지. 이 책 338쪽에는 1947년 11월 24일 이주하가 소련군정에 보고한 정보자료가 담겨있다. 이 자료는 중도성향의 12개 정당협의회 노선이 남로당 프락치들의 침투에 의해 만들어진 사실을 분명히 드러낸다.

1947년 2월부터 1948년 8월까지 남조선과도정부 수반 겸 민정장관을 지낸 안재홍(1891~1965).

72

1947년 11월 14일 UN 총회 '한국독립문제' 결의, 3월 이전 총선 실시

1947년 11월 14일 UN 총회는 '한국독립문제(The Problem of the Independence of Korea)'라는 제목을 단 결의문을 채택했다. 찬성 43표, 반대 0표, 기권 6표였다. 기권한 나라는 소련과 소련의 위성국들인 체코슬로바키아, 폴란드, 유고슬라비아, 백러시아, 우크라이나였다. 나머지 전 세계 UN 회원국 모두가 찬성했다.

결의문의 주요 내용은 1) 한국 문제에 관한 심의를 하기 위해서는 한국 대표를 [UN에] 초청해야 하는데, 그 대표가 한국 국민에 의해 공정하게 선출되는지 감시할 필요가 있어 '유엔한국임시위원단(United Nations Temporary Commission on Korea: UNTCOK)'을 설치한다. 2) 선거는 1948년 3월 31일 이전 실시한다. 3) 선거 이후 가능한 한 빨리 국회를 소집해 중앙정부를 수립하고 위원단에 통보한다. 4) 중앙정부는 위원단과 협의해 국방군을 건설하고, 가능하면 90일 이내로 [남북한의] 점령군을 철수시킨다. 5) 위원단은 상황에 따라 '유엔총회 임시위원회' [소총회]와 협의할 수 있다. 6) 회원국들은 위원단이 책임을 완수할 수 있도록 원조와 편의를 제공한다 등이었다.

유엔 총회는 이와 같은 임무 수행을 위해 '오스트레일리아, 캐나다, 중국, 엘살바도르, 프랑스, 인도, 필리핀, 시리아. 우크라이나' 9개국으로 구성되는 '유엔한국임시위원단' 설치도 결의했다. 그러나 우크라이나만 UN이 한국 문제에 관한 관할권이 없다는 소련의 주장을 근거로 수락을 거부했다.

당시 소련의 위성국으로 한국의 독립을 외면했던 우크라이나가, 2022년 소련의 침공을 받은 끝에 2023년 현재 한국에 도움을 간청하고 있는 현실은 마치 한 편의 드라마를 보는 듯하다. 국제정치의 변화를 주도하고 또한 변화에 능동적으로 대처하는 일이 얼마나 중요한지 너무나 분명히 일깨우고 있다.

마침내 한국의 독립에 관한 결정은 1945년 12월 '모스크바 3상회의'를 통해 만들어진 '미소공동위원회'로부터 'UN'이 구성한 '한국임시위원단' 손으로 넘어왔다. 그러나 UN 결정은 모호한 구석이 없지 않았다. 이승만의 핵심 참모 중 하나였던 올리버는 UN 결의의 문제를 다음과 같이 지적한다(Oliver, 1978, Syngman Rhee and American Involvement in Korea, 1942-1960, Panmun Book: 120-121).

우선, 누가 어떤 선거법에 따라 선거를 어떻게 주관할 것인지 분명하지 않았다. 나아가서 북한에는 이미 '북조선인민위원회'라는 정부가 수립되어 있던 반면, 남한에는 이에 비견할만한 기관이 없어 유엔한국임시위원단이 북쪽 견해에 좀 더 큰 비중을 둘 가능성이 컸다. 무엇보다도 유엔 결의문은 이미 현실로 존재하고 있는 남북의 분단을 어떻게 처리할 것인지 아무런 고려가 없었다.

올리버는 이 문제에 관해 이승만도 매우 심각한 우려를 하고 있었음을 다음과 같이 전하고 있다. "그는 이 결의가 [이승만은 UN 결정이] 동유럽의 연립정부(coalition governments)들에서 보듯이 공산주의자들이 권력을 완전히 장악하는 기회를 얻기 위한 발판을 남한에 구축하기 위해 외부세력의 감독을 받는 '한국 연립정부 성립'의 전조가 되지 않을까 걱정하고 있었다(Oliver, 위의 책: 121)."

올리버의 지적과 같이 이승만은 군정을 끝내기 위한 총선거를 조속히 실현하기 위해 안절부절했다. 구체적인 예가 11월 18일 '유엔한국임시위원단이 도착하기 전 총선거를 실시해 국회를 구성해야 한다'는 이승만의 성명이다. 이 성명에서 그는 특히 12정당협의회와 김규식 등 좌우합작 인사들의 행태를 싸잡아 비판했다.

"…가장 긴요한 점은 유엔위원이 언제 도착하든지 우리가 선거를 하루바삐 행하여 민의로 성립한 국회가 있어야 그 위원들이 우리 민족의 정당한 대표와 협의 합작해서 민의대로 해결할 것인데, 그렇지 않고 앉아 기다리면 그 위원들이 누구와 의논하며 누가 합작할 것인지 우리는 추측할 수 있을 것이다. 하지 중장이 자기의 의사만을 실시하려는 중에서 우리는 중립파라 좌우합작파라 하는 모든 정객들의 분규 혼잡한 상태는 유엔위원들의 정신을 어지럽게 만들어서 그 결국은 과거 양년(兩年) 간 경험에 다시 빠지게 되리니 심히 위태한 사정이다(동아일보 1947년 11월 19일, "유엔위원과 협의 위해 남조선 선거 시급")."

UN의 총선거 결정을 전후로 중도파 12정당협의회가 이승만 계열을 중심으로 한 우익의 맹렬한 공격을 받자 한동안 소원했던 이승만과 김구의 관계가 복원될 조짐이 나타났다. 12정당협의회를 주도하던 한독당이 분열하면서 정당협의회 '추진파'는 조소앙 중심의 진보그룹으로 갈라져 나갔고, 김구를 중심으로 조완구, 엄항섭, 조경한 등은 '보류파'가 되었기 때문이다.

11월 30일 두 사람은 천도교 강당에서 열린 '서북청년회 창립 1주년 기념식'에 참석해 나란히 훈화했다. 당일 경교장으로 돌아온 김구는 이승만의 입장과 매우 가까운 담화를 발표했다.

"…유엔이 한국 문제를 정식으로 상정하여 토론한 결과 유엔감시하에서 신탁 없이 또 내정간섭 없는 남북을 통한 총선거로써 자주통일 정부를 우리나라에 수립하도록 협력하자고 결정하였다… 대체로 유엔 결의안을 지지하는 바이다… 소련의 방해로 인하여 북한의 선거만은 실시하지 못할지라도 추후 어느 때든지 그 방해가 제거되는 대로 북한이 참가할 수 있게 하는 것을 조건으로 하고 의연히 총선거의 방식으로 정부를 수립하여야 한다. 그것은 남한이 단독정부와 같이 보일 것이나 좀 더 명백히 규정하자면 그것도 법리상으로나 국제관계상으로 보아 통일정부일 것이요 단독정부는 아닐 것이다…(동아일보, 1947년 12월 3일, "남북통일 공작은 당분 유보")."

1주일 전만 해도 유엔의 결정이 소련의 거부로 남한에서만 선거가 실시된다면 그것은 국토를 양분하는 비극이라며 반대했던 김구가(조선일보, 1947년 11월 25일, "남조선 선거는 국토분단의 비극 초래"), 이처럼 입장을 바꾸게 된 것은 말할 것도 없이 이승만의 강력한 설득 때문이었다(손세일, 2016, 《이승만과 김구》 7권: 92). 같은 담화에서 김구는 한독당이 주도한 12정당협의회에 좌우 양측의 '거대한 부분' 즉 '우파 한민당 그리고 좌파 남로당'이 불참하고 있으므로 잠시 활동을 보류해야 한다는 입장도 피력했다.

12월 1일 열린 국민의회 임시대회에도 두 사람은 나란히 참석했다. 바

로 앞 임시대회였던 9월 1일 이승만은 자신을 주석으로 유임시킨 국민의
회 행사에 참석도 하지 않았었다. 그러나 이번 행사에서 이승만은 평소의
지론인 '남한 총선거 후 남북통일'을 주장했고, 김구는 이승만과 생각이
조금도 다르지 않다며 맞장구를 쳤다.

두 사람의 관계가 회복하는 기미를 보이자 김구의 '국민의회'와 이승
만의 '한국민족대표자대회'의 통합도 급물살을 탔다. 두 단체의 대표들이
12월 2일 회의를 열고 통합을 결의했다. 통합의 방식은 민족대표자대회를
해산하고 그 대의원들을, 대표자대회에 참여하고 있는 입법의원들까지 포
함하여, 국민의회 대의원으로 영입하는 방식이었다(손세일, 위의 책: 93).

12월 4일 김구는 "우리 양인 간에는 본래 다를 것이 없는 것이며, 설혹
일시에 소이(小異)가 있다 하더라도 즉시로 일치를 구할 수 있는 것이다"고
밝히는 담화를 발표했다. 같은 날 독촉 국민회도 "이승만 박사와 김구 양
씨 정치노선의 완전일치를 의미하는 것으로서, 조속한 기한 내에 자율적
총선거를 단행하여 과도국회를 조직함으로써 자주독립정부를 수립하려는
우리의 설계는 이제 비로소 거족적 단결로써 진취하게 되었다"며 화답했
다. 그러나 12월 2일 발생한 한민당 정치부장 장덕수 암살사건의 후유증
이 모든 것을 엎어버렸다.

United Nations   **Nations Unies**

UNRESTRICTED
Assembly resolutions
adopted on
14 November 1947
ENGLISH AND FRENCH

GENERAL   **ASSEMBLEE**
ASSEMBLY   **GENERALE**

RESOLUTIONS ADOPTED ON REPORTS OF THE FIRST COMMITTEE[1]

RESOLUTIONS ADOPTEES SUR RAPPORTS DE LA PREMIERE COMMISSION[1]

Resolutions adopted by the General Assembly at its hundred and twelfth plenary meeting, held on 14 November 1947.

Résolutions adoptées par l'Assemblée générale au cours de sa cent-douzième séance plénière, tenue le 14 novembre 1947.

The problem of the independence of Korea	Question de l'indépendance de la Corée
I	**I**
Inasmuch as the Korean question which is before the General Assembly is primarily a matter for the Korean people itself and concerns its freedom and independence, and	*Etant donné que* la question coréenne qui est à l'examen de l'Assemblée générale intéresse avant tout le peuple coréen lui-même, qu'elle touche à sa liberté et à son indépendance, et
Recognizing that this question cannot be correctly and fairly resolved without the participation of representatives of the indigenous population;	*Reconnaissant* que cette question ne peut être résolue d'une façon correcte et équitable sans la participation de représentants du peuple coréen;
The General Assembly;	*L'Assemblée générale*
1. *Resolves* that elected representatives of the Korean people be invited to take part in the consideration of the question;	1. *Décide* que des représentants élus du peuple coréen doivent être invités à participer à l'examen de la question coréenne;
2. *Further resolves* that in order to facilitate and expedite such participation and to observe that the Korean representatives are in fact duly elected by the Korean people and not mere appointees by military authorities in Korea, there be forthwith established a United Nations Temporary Commission on Korea, to be present in Korea, with right to travel, observe and consult throughout Korea.	2. *Décide* d'autre part qu'afin de faciliter et de hâter cette participation et afin d'observer que les représentants coréens seront en fait et dûment élus par le peuple coréen et non pas simplement nommés par les autorités militaires de Corée, il soit créé sans délai une Commission temporaire des Nations Unies pour la Corée, qui exercera ses fonctions en Corée et qui aura le droit de se déplacer, d'observer et de procéder à des consultations dans toute la Corée.
II	**II**
The General Assembly,	*L'Assemblée générale,*
Recognizing the urgent and rightful claims to independence of the people of Korea;	*Reconnaissant* les aspirations urgentes et justifiées du peuple coréen à l'indépendance;
Believing that the national independence of Korea should be re-established and all occupying forces then withdrawn at the earliest practicable date;	*Convaincue* que l'indépendance nationale de la Corée doit être rétablie et que, par la suite, toutes les forces d'occupation doivent être au plus tôt retirées de son territoire;
Recalling its previous conclusion that the freedom and independence of the Korean people cannot be correctly or fairly resolved without the participation of representatives of the Korean people, and its decision to establish a United Nations Temporary Commission on Korea (hereinafter called the "Commission") for the purpose of facilitating and expediting such participation by elected representatives of the Korean people;	*Rappelant* sa précédente conclusion, selon laquelle la question de la liberté et de l'indépendance du peuple coréen ne peut être résolue d'une façon correcte et équitable sans la participation de représentants du peuple coréen, et sa décision de créer une commission temporaire des Nations Unies pour la Corée (ci-après nommée "la Commission") afin de faciliter et de hâter cette participation des représentants élus du peuple coréen;

[1] These resolutions will be finally numbered and assembled as part of the *Official Records of the second session of the General Assembly.*

[1] Ces résolutions recevront ultérieurement un numéro et seront réunies en un volume qui fera partie des *Documents officiels de la deuxième session de l'Assemblée générale.*

First Committee—Page 8—Première Commission

1947년 11월 14일 UN 총회에서 채택된 결의문. "The Problem of the Independence of Korea(한국의 독립 문제)"라는 제목을 달고 있다. 왼쪽은 영어, 오른쪽은 불어로 각각 쓰여 있다. 출처: 대한민국역사박물관.

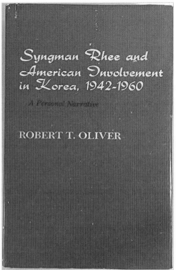

Robert T. Oliver(왼쪽)가 1978년 영문으로 출판한 *Syngman Rhee and American Involvement in Korea 1942-1960*, Seoul: Panmun Book 표지(오른쪽). 이 책은 3번 각각 다른 제목으로 한글 번역본이 출판되었다. 1) 1982, 박일영 역,《이승만비록》한국문화출판사, 2) 2008, 박일영 옮김,《이승만 없었다면 대한민국 없다》동서문화사, 3) 2013년, 한준석 번역,《이승만의 대미투쟁》(상 하) 비봉출판사.

73

김구, 장덕수 암살사건 '증인'으로
1948년 3월 두 차례 법정출두

　'남한 총선거 후 남북통일'을 줄기차게 주장해온 이승만과 '생각이 조금도 다르지 않다'는 발언을 공개적으로 하게 된 김구는 이승만과 재결합하는 수순을 하나하나 밟고 있었다. 그러나 1947년 12월 2일 저녁 7시 한민당 정치부장 장덕수가 제기동 자택에서 현직 경찰이 쏜 총에 암살되는 사건이 벌어지면서 상황은 꼬이기 시작했다. 결과적으로 두 사람은 이 사건을 겪으며 완전히 헤어진다.

　장덕수 암살은 건국 전 해방정국에서 벌어진 무수한 폭력과 테러 가운데 가장 파급력이 큰 사건이었다. 1945년 12월 30일의 송진우 그리고 1947년 7월 19일의 여운형 암살사건도 정치적 파장이 적지 않았지만, 두 사건은 모두 신탁통치와 좌우합작 논란이 한창일 때 벌어진 일이었다. 그러나 1947년 12월의 장덕수 경우는 이 두 문제가 정리되고 UN 감시 하의 총선거가 확정된 시점에서 발생했다.

　이 시점에서는 다른 무엇보다 선거관리를 위한 치안확보가 중요했다. 치안이 확보되지 못해 민의를 대변할 선거가 공정하게 이루어지지 못하

면, 가뜩이나 곱지 않은 시선을 받으며 논란의 중심에 서곤 했던 미군정의
정당성이 심각하게 훼손될 우려가 있었다. 더욱이 일사불란한 북한의 정
부수립 과정과 비교해 정부가 출범도 못하고 있던 남한에서는 총선거를
치르는 과제가 온전히 미군정 책임이었다.

다행히 경찰은 재빨리 범인 검거에 성공했다. 이틀만인 12월 4일 암살
의 주범 박광옥(23세)과 공범 배희범(20세)을 체포했다(동아일보, 1947년 12월 4
일 보도). 경찰청장 장택상의 판단이 주효했다. 암살 현장에 있던 장덕수의
부인 박은혜가 총을 쏜 사람이 '경찰 복장을 하고 있었다'는 증언을 하자,
장택상은 즉시 경찰에 비상소집 명령을 내렸다. 소재파악이 안 되는 경찰
을 좁혀가자 종로경찰서 소속 경사 박광옥의 정체가 드러났다. 현장에 같
이 있던 공범 배희범도 동시에 검거되었다. 그는 연희대학 3학년을 휴학
한 현직 교사였다.

이어서 박광옥의 전세방에서 발견된 사진에 있는 최중하(최서면), 조엽,
박정덕 등도 검거했다. 이들은 윤봉길이 상해 홍구공원 거사 직전 찍은 사
진을 본떠 태극기를 배경으로 수류탄을 들고 "나는 조국 대한의 완전 독립
을 위하여 혁명단원으로서 내 생명을 바치기로 서약함. 민국 29년(1947년)
8월 26일. 대한혁명단 000"이라고 쓴 혈서를 가슴에 붙인 사진을 남겼다.
누가 봐도 임시정부를 절대적으로 지지하는 김구의 추종자들이었다.

암살의 배후를 추적하던 경찰은 1948년 1월 16일 국민의회 동원부장
이며 한독당 중앙위원으로 김구와 각별한 사이인 김석황(54세) 체포를 마
지막으로 공범자 10명 전원 검거를 발표했다. 김석황은 검거 당시 사건의
궁극적 배후 확인에 결정적 단서인 김구 앞으로 쓴 편지를 부치지 않은 채
가지고 있었다(김기협, 2013, "김구와 김석황, 누가 거짓말을 한 것인가" 및 "장덕수의 유

령에게 시달리는 김구" 프레시안).

선거를 위한 치안유지에 민감했던 미군정은 기소와 재판을 미군의 사법체계에 따라 진행하기로 결정했다. 송진우와 여운형 암살범들에 대한 재판이 민간법정에서 이루어져 솜방망이 처벌로 끝났다는 비판이 거셌었다. 만약 이 사건도 같은 방식으로 처리된다면 선거에 악영향을 미칠 수 있는 폭력과 테러가 난무하게 될 가능성이 높다는 판단이 크게 작용했다.

1948년 2월 21일 미군 검찰은 검거된 10명 전원을 기소했다. 기소된 피의자 중 가장 급이 높았던 김석황은 1948년 3월 8일 법정에서 '김구로부터 지시받은 일이었다'는 취지의 증언을 했다. 세상이 발칵 뒤집혔다. 김구에 대한 조사 나아가서 그를 입건해야 하는지 등의 문제를 두고 논란은 더욱 거칠어졌다.

사건 초기부터 김구 배후설에 무게를 두고 있던 미군정은 고민 끝에 정치적 접근을 선택했다. 소환의 방식을 나름 배려했다. 미군정 검찰총장을 역임한 이인은 임정 주석 김구를 사건 피의자로 입건하면 민심 격화를 수습할 방도가 없기 때문에, 증인으로 부르되 미국 대통령 트루먼 명의로 소환장을 발부하는 방안을 제시했다(이인, 1974, 《반세기의 증언》 명지대 출판부).

마침내 김구는 미국 대통령에 대한 예의를 존중하지 않을 수 없다는 명분을 세워 법정에 출두했다. 1948년 3월 12일 그리고 15일 두 번에 걸쳐서였다. 법적으로는 피의자가 아닌 증인 신분이었지만, 정치적인 파장은 어머어마했다. 김구가 이 사건에 공식적으로 연루되어 법정에 나타나는 순간부터 그의 정치적 지도력은 회복할 수 없는 치명적 타격을 입었다. 그가 남한을 포기하고 북한에 간 것은 바로 이 사건에 연루된 순간부터 이미 예비된 일이었는지도 모른다.

소환장을 받아든 김구는 고민 끝에 "이승만에게 자신이 법정에 출두하지 않아도 되도록 손을 좀 써 달라고 정중한 편지를 인편으로 보냈다." 그러나 이승만은 회답을 대신해서 "김주석이 이번 사건에 관련되었으리라고는 믿을 수 없다… 김주석 부하 개인의 무지망동한 죄범으로 김주석에게 누를 미치게 한 것은 참으로 통탄할 일이다"는 담화만 발표했다(김교식, 1983, '정치 테러리스트 김지웅' 《월간조선》 2월호).

1948년 3월 12일 군사법정에 증인으로 출두한 김구는 당당을 넘어 오만했다. 법정에서 다리를 꼬고 앉은 김구는 장덕수 암살에 대한 교사를 추궁하는 법정 질문에 '모른다' '기억나지 않는다' 등의 말을 반복하며 혐의를 전면 부인했다. 3월 15일 공판에서도 김구는 같은 자세로 검사의 질문에 답변을 거부했다. 결국 '심증은 가지만 물증이 없어' 김구는 아무런 처벌도 받지 않았다.

장덕수 암살사건의 여파는 컸다. 1947년 12월 12일로 예정되어 있던 국민의회와 민족대표자대회가 합동하는 집회의 허가가 보류되었다. 국민의회 간부가 장덕수 암살에 관련되었다는 이유로 장택상 경찰청장이 내린 결정이었다(손세일, 2015 《이승만과 김구》 7권: 96). 신탁통치 반대로 뭉쳤던 이승만과 김구가 점령군 철수 그리고 총선거 방식을 두고 갈라서던 끝에, 한국문제의 UN 이관을 계기로 모처럼 재결합하던 흐름은 여기서 끝장이 났다. 이후 이승만과 김구는 결별의 수순을 밟았다.

장덕수는 한민당을 이끄는 김성수의 두뇌였을 뿐만 아니라, 반목하던 이승만과 하지 그리고 김구 모두가 인정하는 정치인이었다. 동시에 그는 1923년부터 미국과 영국에 유학하며 노사가 분규를 극복하고 산업평화를 달성하는 조건이 무엇인지 연구해 컬럼비아 대학에서 1936년 "산업평화의 영국적 방법론(British Methods of Industrial Peace)"이란 박사논문을 쓴 학자이기도 했다(정안기, 미간행원고, "얼굴 없는 국부, 설산 장덕수": 인정식, 1937, "장덕수의 박사논문 '산업평화의 영국적 방법'과 그 학문적 가치"《삼천리》9권 4호).

1937년부터 보성전문에서 교수로 일한 학자 장덕수의 업적은 최근 최선웅에 의해 다시 세상에 알려지고 있다("설산 장덕수의 마르크스주의 국가관 비판 연구" 2008년《사총》67호; "장덕수의 사회적 자유주의 사상과 정치활동, 2013년 고려대 박사 논문). 장덕수는 1928년 하버드에서 받은 사회학 박사학위를 1930년 "사회법칙(Social Law)"이란 영어책으로 출판하고 1931년부터 연희전문에서 교수로 일한 하경덕과 함께 한국에 사회학을 최초로 도입한 교육자이기도 했다(안계춘, 1973, "우리나라 사회학의 선구자 하경덕" 연세대 『인문과학』 30집; 원재연, 2016, "안당 하경덕"《한국사회학》 50집 2호).

일제 말기 학병을 권유한 이유로 오늘날 좌익으로부터 친일파라는 비난을 받고 있지만, 이 문제는 좌익의 비난이 없는 여운형 그리고 김규식도 마찬가지였다. 좌익이 선택적으로 비난하는 인물들은 모두 그만큼 좌익의 아픈 데를 찌르는 비중 있는 인물들이란 사실을 드러내 줄 뿐이다.

1948년 3월 15일 미군정청 제1회의실에서 열린 장덕수 암살사건 군사재판 법정에 두 번째로 출석한 김구가 증인석에서 다리를 꼬고 앉아 발언하고 있다. 이 자리에서 김구는 '자신을 죄인으로 보면 기소하여 체포하던지, 증인이라 보면 자신은 더 할 말이 없으니 퇴정하겠다'고 말하며 재판에 협조하지 않았다.

설산(雪山) 장덕수(1894~1947). 1920년 4월 1일 창간한 동아일보에 '자유의 발달'을 강조한 창간사 '주지(主旨)를 선명하노라'를 26살에 썼다.

74

1947년 말, 미 국무부의 하지 경질 검토
육군부 반대로 무산

미군정사령관 하지와 이승만의 반목은 오래된 것이었다. 모스크바 3상회의가 결정한 신탁통치부터 미군정이 주도한 좌우합작까지 이승만은 사사건건 하지와 충돌했다. 1차 및 2차 미소공동위원회가 완전히 결렬되고, 한국의 독립문제를 UN으로 이관시키는 결정이 나기까지 이승만은 끊임없이 하지와 충돌했다. 충돌의 결과는 매번 이승만의 승리였다.

이승만의 판단과 선택은 한반도를 둘러싼 해방정국의 흐름을 항상 선도해 왔다. 자신감에 충만했던 이승만은 'UN 감시 하의 총선거' 결정이 난 후에도 하지와 충돌했다. UN 위원단이 들이닥치기 전에 남한을 대표할 합법적 기구가 만들어져야 한다고 이승만은 주장했다. 미리 자체적인 총선거를 시행하자는 주장이었다. 이미 정부가 들어선 북한의 상황을 의식한 판단이기도 했다. 하지는 물론 '말도 안 되는 소리'라며 펄쩍 뛰었다.

이승만은 1947년 11월 26일 그러니까 UN 결정이 난 11월 14일로부터 2주도 채 지나지 않은 시점에 민정장관 안재홍이 이끄는 과도정부를 '괴뢰정부'라 부르며 또다시 하지를 맹렬히 공격하는 성명을 발표했다.

"하지 중장은 종시 자기주장을 버리지 못하고 백방으로 핑계하야 총선거를 막으며 민의를 불고(不顧, 생각지 않고)하고 중간파를 지지하야 민족분열의 색태를 세인 이목에 보이게 되며, 괴뢰정부를 연장하여 자기들의 권위를 공고케 하려는 중이다."

같은 성명에서 이승만은 "미국에서는 좌익이라 중간파라 공산동정자라 하는 것을 관청과 사회에서 일일이 검토 숙청하여 트루먼 대통령의 정책을 실시하는 터인데, 우리에게는 그와 반대되는 정책을 행할 계획으로 민족진영을 극렬 우익이라 지목하고 공산 측과 내통하는 중간파를 지지한다면 우리는 더 침묵하고 있을 수 없는 형세이다"며 1947년 3월의 트루먼의 냉전 선언을 상기시켰다.

이어서 이승만은 "우리 애국 남녀는 일심으로… 자결주의를 발휘하여, 하루바삐 총선거를 실시하여 정부를 세워가지고, 민생곤란을 구제하며 국방군을 세워서 반만년 유업인 우리 강토를 일척일촌(一尺一村)이라도 남에게 양보하지 않으며, 서북동포를 하루바삐 구제키로 결심하고 매진해야 될 것이다"고 호소했다(경향신문, 1947년 11월 27일, "위선(爲先) 자율로 선거").

하지는 바로 다음 날인 11월 27일 군정장관 딘(William F Dean) 소장으로 하여금 '유엔 감시 하에 총선거가 실시되기 전 남조선에 총선거는 없을 것'이라는 단호한 반박 성명을 발표하도록 했다(동아일보, 1947년 11월 28일, "조선의 총선거는 유엔 지시하에 실시"). 김구와의 관계복원 그리고 장덕수 암살사건 등으로 분주했던 이승만은 12월 5일 다시 하지를 성토하는 성명문을 발표했다. 이번에는 지난 두 달간 뜨거운 감자였던 '시국대책요강'까지 소환했다.

이승만은 이 성명에서 "1) 한국 입법의원에 대하여 [하지] 사령장관(사령관)이 거부권을 가질 것이며 사령장관이 군권(軍權)과 재권(財權)과 외교권은 한국 정부수립 된 후에라도 넘겨주지 않는다 하였으며, 2) 근자 발표된 소위 '남한시국대책요강'이라는 것을 비밀히 결정하고 미 국무성에 보낸 중에… 미 군정부를 현실적 한국 정부이며 사령장관이 최고 수령임을 인정한다는 것이… 하지 중장의 양해 없이 되었을 수 없는 것이다. 3) 하지 중장이 총선거에 대한 언약을 위반하여 계속 연기하는 것을 보면…"이라며 하지를 공격했다(동아일보, 1947년 12월 6일, "남북통일 위해 총선거").

이승만의 하지 비판은 국무부에서 파견된 하지의 정치 고문들에 의해 미 국무장관에게 보고될 뿐만 아니라, 워싱턴에 있던 이승만의 대리인들 즉 임병직이나 올리버(Robert T. Oliver) 등에 의해서도 미 국무부 관련자들에게 전해지고 있었다(손세일, 2105, 《이승만과 김구》 7권: 105). 국무부는 이승만의 계속된 하지 비판 성명이 한국민의 미군정에 대한 인식을 악화시키는 효과가 있음을 우려했다.

이승만에 휘둘리는 하지를 보며 대책 마련에 부심하던 미 국무부는 두 가지 선택을 저울질했다. 이승만에 대한 '국무부의 공개적인 반격' 혹은 '하지 경질'이었다. 국무부는 경질 쪽으로 기울고 있었으나, 육군부가 반대했다(차상철, 1991, 《해방전후 미국의 한반도 정책》 지식산업사: 179-180). 국무부의 극동국장 버터워스(Walton Butterworth)는 하지의 이승만에 대한 정책에 문제를 제기하며 경질을 주장했다.

그러나 육군참모총장 아이젠하워(Dwight D. Eisenhower)는 총선거가 3월이고 주한미군 철수가 7월에 시작될 예정이기 때문에 이 시점에서 경질은 곤란하다며 반대했다. 국무부의 점령지역 담당 차관보 숄츠만(Charles E. Saltzman) 또한 같은 이유로 교체에 반대했다. 마셜 국무장관은 결국 주한 미군 철수가 예정대로 실시되면 하지를 유임시키고, 만약 철수가 늦어지면 재고하겠다는 결론을 냈다(손세일, 위의 책: 105-106). 미 국무부의 이승만에 대한 공개 반격은 없었다.

워싱턴의 하지에 대한 물밑 논란과 상관없이 이승만은 여전히 하지에 대한 공격을 이어갔다. 이승만은 특히 유엔위원단과 협의할 한국인 대표가 하지가 말한 '좌우합작이라 중간노선이라 하는 인사들' 즉 입법의원 의장 김규식이나 민정장관 안재홍 등 과도정부에 참여하고 있는 인사들로만 구성될까 특히 노심초사했다.

그러나 12월 17일 하지가 공산주의자들의 유엔위원단 활동 방해공작에 대해 전에 없이 신랄한 비판을 담은 성명을 발표하자, 이승만은 바로 다음 날인 18일 하지를 지지하는 성명을 발표했다. 이를 계기로 이승만의 하지에 대한 공격은 누그러졌다. 이승만은 25년 전 1923년에 자신이 발표한 글 '공산당의 당부당(當不當, 옳고 그름)'에 담긴 내용을 실천할 뿐이었다.

유엔위원단이 1948년 1월 8일 전후로 도착한다는 소식이 전해지자 정가는 바삐 돌아갔다. 미군정에 참여하는 인사들을 중심으로 12월 13일 환영준비위원회가 결성됐다. 경무부장 조병옥이 위원장이었고, 이승만과 김구는 다른 몇몇 인사들과 함께 회장으로 추대되었다. 다른 한편 12월 12일의 국민의회와 민족대표자대회의 합동행사가 취소되었음에도 불구하고, 이승만과 김구는 거의 매일 만나 두 단체의 통합에 관한 논의를 이어갔다(손세일, 위의 책: 113-115).

그러나 통합의 결과로 만들어질 단체의 의장단에 김구 측 인사가 한 사람도 들어 있지 않은 사실이 드러났다. 장덕수 암살의 후유증으로 동요하고 있던 김구와 한독당은 마지막 자존심마저 구긴 느낌이었다. 12월 22일 발표한 성명에서 김구는 평소의 지론으로 돌아갔다. "우리는 여하한 경우에든지 단독정부는 절대 반대할 것이다. 유엔위원단의 임무는 남북총선거를 감시하는 데 있다(조선일보, 1947년 12월 23일, "목표는 통일정부")." 김구의 두뇌에는 UN위원단의 역할과 위상을 전혀 인정하지 않는 북한의 소련에 대한 대책이 들어설 자리가 없었다.

그러나 김규식은 달랐다. 12월 13일 기자들과의 문답이다. "소련이 북조선의 총선거를 거절하고 유엔위원단의 입경을 거절하면?" "남북에 구역을 나누어 구역선거 방법을 취할지도 모른다." "남조선 단독정부가 수립되는 경우를 예상할 수 있는가?" "유엔대표단이 자행(恣行, 마음대로) 처리하기보다는 유엔소총회에 보고하여 그 결재를 요청해야 하고, 설혹 단독정부가 수립된다고 할지라도 나의 견해로는 그 명칭만은 단독정부가 아니고 한국중앙정부 혹은 한국정부라 부를 것이다."

하지의 후광을 등에 업은 김규식이 군소단체를 규합해 중도노선의 '민족자주연맹'을 만들고 12월 20일 주석으로 취임하자, 이승만과 김구는 통합을 위한 노력을 다시 기울였지만 결국 UN위원단이 먼저 도착했다. 이승만이 주장한 '자체총선'이 이번에는 전혀 먹히지 않았다.

미국 방문을 마친 이승만이 1947년 4월 귀국한 직후 하지 미군정사령관과 만난 장면. 이때도 이승만과 하지는 매우 불편한 관계였다(출처: 국사편찬위원회).

1946년의 김규식(1881~1950). 중도파의 리더였다.

75
1948년 1월 유엔한국임시위원단, 소련의 입경 거부로 난관 봉착

유엔한국임시위원단 도착 전에 한국인을 대표할 기구를 만들어야 한다는 이승만의 조바심에도 불구하고, 1948년 새해가 시작되자 위원단을 구성하는 8개국 대표들이 속속 입국하기 시작했다. 1월 8일 오스트레일리아·인도·시리아 대표 및 위원단의 사무총장으로 임명된 유엔 사무차장 호세택(胡世澤), 11일 캐나다, 12일 프랑스·필리핀, 마지막으로 29일 엘살바도르 대표가 입국했다. 중국 대표 유어만(劉馭萬)은 이미 한국에서 활동하고 있었다.

이들의 도착을 한국민은 열렬히 환영했다. 1진이 도착한 1월 8일 김포공항에는 하지를 비롯한 미군정 간부는 물론이고, 민정장관 안재홍을 비롯한 과도정부 간부·입법의장 김규식을 비롯한 과도입법의원·대법원장 김용무를 비롯한 대법원 간부 그리고 환영위원회의 이승만·김성수·이청천·조병옥·정일형 등부터 여성계 대표 고황경·모윤숙·이묘묵까지 각계각층이 총출동했다.

임시위원단이 이동하는 공항부터 회현동 숙소까지의 도로 연변에는 무려 25만 명으로 추산되는 환영인파가 태극기를 흔들었다. 1월 14일 서울 운동장에서 개최된 '유엔위원단환영전국대회'에도 수십만 명의 인파가 몰렸다. 단체마다 지도자마다 환영 성명을 냈다. 이승만은 환영사에서 특히 1933년 제네바 국제연맹 회의에서 맺은 호세택과의 인연을 강조했다.

마지막 주자인 엘살바도르 대표가 도착하기 전부터 위원단의 공식활동이 시작됐다. 위원단은 1월 12일 오후 늦게 미소공동위원회 회의를 하던 덕수궁 석조전에서 1차 전체회의를 열고 인도 대표 메논(K. P. S. Menon)을 임시의장으로 선출했다. 메논은 2차대전 기간 중경(重慶)에서 주중국 인도 대사를 역임했고, 현재는 유엔 총회의 인도 대표로 활동하고 있었다. 메논은 2월 4일 열린 8차 전체회의에서 정식 의장으로 선출됐다.

3차 전체회의 결의에 따라 메논은 1월 16일 남북을 분할해 관할하고 있는 하지 미군 사령관과 코르트코프(Gennadii P. Kortokov) 소련군 사령관에게 각각 협조를 구하는 편지를 발송했다. 1월 20일 하지는 환영과 함께 적극 협조 의사를 밝혔다. 그러나 소련군 사령관 코르트코프는 아무런 반응이 없었다. 대신, 소련은 1월 22일 외상대리 그로미코(Andrei Gromyko)가 유엔 사무총장에게 편지를 보내 거부 의사를 밝혔다.

유엔 총회의 결의문이 불명확했던 만큼 어느 정도 예견된 일이기는 했지만, 막상 일이 벌어지자 위원단의 활동은 시작부터 벽에 부딪힐 수밖에 없었다. 한국인들의 열화와 같은 기대는 물론 위원단의 넘치는 의욕도 난관에 봉착했다. 위원단은 1월 19일 6차 전체회의를 마지막으로 당분간 전체회의를 열지 않기로 했다.

대신, 위원단은 3개의 분과 설치에 합의했다. 1분과는 총선거의 자유 보장 방법, 2분과는 한국인들로부터 의견수집, 3분과는 남북한에서 이미 실시했거나 실시할 예정인 선거법을 비교 검토하는 임무를 각각 맡았다. 이에 따라 2분과는 1월 22일 한국인 의견수집 대상 9명의 명단을 발표했다. 이승만·김구·조만식·김규식·김성수·박헌영·김일성·허헌·김두봉이었다. 물론 북한에 있는 박헌영·김일성·허헌·김두봉 4인은 희망 사항일 뿐이었다.

2분과는 1월 26일부터 2월 3일까지 덕수궁 회의실에서 한국인 의견수집을 위한 면담을 실시했다. 총 16명을 선정하여 면담의 일정을 잡았다. 1월 26일 오전 이승만 오후 김구, 27일 오전 김규식 오후 한경직(평북도민회 회장)·여운홍(입법의원), 29일 오전 김성수(한민당 위원장) 오후 박순천(독촉애국부인회 부회장)·황애덕(애국부인회)·조평재(인권옹호위원회 사무장), 2월 2일 안재홍(민정장관)·조병옥(경부부장)·김용무(대법원장), 2월 3일 장건상(근로인민당 부위원장)이었다.

이 면담에서 이승만은 통일정부 수립이 어려우면 남한만이라도 단독정부를 수립해 통일을 도모하는 방식이 최선이며, 미군정이 지금도 중간파를 후원해 공산분자가 다시 활약할 기회를 얻고 있다고 우려하며 미군정 후원을 받는 김규식을 견제했다. 김구는 '선 미소 양군 철수, 후 총선'을 주장해 이승만과 반대 목소리를 냈다. 김규식은 위원단의 북한 입경이 불가능하면 한국 문제를 유엔소총회에 다시 회부해야 한다는 의견을 피력했다. 김성수는 북한에서 선거를 못 하는 일은 천재지변과 다름없으니 선거가 가능한 남한만이라도 선거를 해야 한다고 주장했다(손세일, 2015, 《이승만과 김구》 제7권, pp. 129-136).

이승만의 걱정대로 면담한 사람들의 입장은 모두 달랐다. 각자 그동안 주장하던 입장을 면담에서 반복하는 동시에, 장외에서도 각자의 주장을 홍보하는 활동에 전념했다. 이 과정을 거치며 소련의 거부로 문이 닫힌 북한을 뚫기 위한 노력으로 김구와 김규식이 제안한 '남북지도자회담' 방안이 위원단의 관심사로 떠올랐다.

두 사람은 2월 6일 메논 의장, 호세택 사무총장, 2분과 위원장 오스트레일리아 대표 잭슨(S. H. Jackson)과 면담하면서 이 문제에 관한 합동 의견서를 제출했다. 2월 9일에도 두 사람은 남북지도자회담 추진계획을 추가로 밝히며 위원단의 협조를 다시 한번 당부했다. 북한 입경이 불가능한 문제를 두고 위원단의 의견은 세 갈래로 나뉘었다. 1) 유엔소총회에 보고하고 한국에서 철수, 2) 임무수행이 가능한 남한에서 계속 활동, 3) 소총회에 알리고 앞으로의 행동 지침을 받아 활동.

2월 6일 11차 전체회의에서 유엔소총회에 보고하는 문제를 두고 투표가 이루어졌다. 인도·캐나다·오스트레일리아·시리아 4개국 대표가 보고에 찬성했다. 남한에서만이라도 총선거를 실시해야 한다는 입장의 중국·프랑스·필리핀 3개국 대표는 반대했다. 엘살바도르 대표는 기권했다. 이 결정에 따라 메논과 호세택이 유엔소총회에 상황을 보고하고 앞으로의 활동에 관한 지침을 받아오는 임무를 맡게 됐다.

이승만은 위원단의 의견불일치로 총선거가 지연되는 것이 불안했다. 김구와 김규식 또한 위원단을 상대로 서로 다른 입장을 개진하며 다투는 모습을 드러내는 사실이 개운할 리 없었다. 이 난관을 지켜보던 중국 대표 유어만이 나섰다. 유엔소총회에 보고하러 가는 메논과 호세택에게 이승만·김구·김규식 3인의 의견이 완전히 분열되어 있다고 생각하게 만드는 일은 결코 바람직한 모습이 아니라는 조언을 했다.

이 조언에 따라 이승만·김구·김규식 세 사람과 유어만은 2월 10일 중국 영사관에서 오찬을 같이 하며 말을 맞추는 노력이 필요하다고 동의했다.

세 사람이 메논과 호세택을 만나 같은 말을 하는 자리가 필요하다는 판단이었다. 유어만이 자리를 만드는 일에도 적극 나섰다. 그러나 유엔본부로 가는 두 사람의 일정이 워낙 빡빡해 2월 14일 출발 전까지 5인 모임이 가능한 시점은 10일 당일 오후밖에 없었다. 부랴부랴 10일 오후 늦게 3인 플러스 2인 모임이 성사됐다. 그러나 이 자리에서도 세 사람이 말을 맞추기란 결코 쉽지 않았다.

논란 끝에 김규식과 김구가 소련이 선거 제의를 거절했기 때문에 남한 총선거를 주장하는 이승만에 찬성한다고 말했다. 그러나 선거를 실시하기 전 [소련이 아닌] 북쪽의 지도자들과 이 문제를 토의해 보아야 한다는 것이 의견의 차이점이라고 설명했다. 이승만도 남북지도자회의가 총선거를 지연시키지 않는다면 반대하지 않겠다고 동의했다. 합의에 도달한 듯한 모습이었지만, 회의를 마친 후 기자들의 질문에 답하면서 또다시 발언이 갈렸다. 우익 분열의 예고편이 전개되고 있었다(손세일, 2015, 《이승만과 김구》 7권: 139-141).

1948년 1월 8일 유엔한국임시위원단이 입국해 숙소로 이동하는 길목인 김포에 설치된 환영 조형물 뒤로 환영 인파가 길가에 줄지어 있음이 보인다(출처: 행정안전부/뉴스1).

1948년 1월 유엔한국임시위원단의 입국 및 활동을 환영하는 포스터로, 사진 왼쪽 아래에 보이듯 중앙청 공보부가 발행한 조선화보(朝鮮畫報) No. 24이다. 위원단 사무총장 호세택(胡世澤, Victor Chi-Tsae Hoo)과 위원단 의장 인도 대표 메논(K. P. S. Menon)을 중심으로 위원단을 구성하는 8인의 대표들 사진과 이름을 싣고 있다. 반원형의 인물 사진 아래로는 1월 12일 덕수궁에서 개최된 1차 회의 및 1월 14일 서울운동장에서 개최된 위원단 환영대회 사진과 이를 설명하는 문구도 보인다(출처: 대한민국역사박물관).

76

1948년 1월 12일 유엔위원단 연회에서 처음 만난 모윤숙과 메논

유엔한국임시위원단은 유엔소총회에 지금까지의 전개된 상황을 보고하고 앞으로의 활동지침을 받아오는 임무를 부여한 메논과 호세택이 한국을 떠나기로 예정된 1948년 2월 14일 전날까지도 제출할 보고서의 내용은 물론 소총회에 결정을 요청할 사항을 두고 갑론을박을 이어갔다. 예컨대 2월 11일 열린 12차 전체회의에서 소총회에 결정을 요구할 결의문을 채택했지만(손세일, 2015, 《이승만과 김구》 7권: 148-149), 이 결의문은 외교적인 수사가 지나쳐 무엇을 어떻게 하자는 것인지 이해하기 어려웠다.

이 결의문의 내용을 최대한 쉽게 정리하면 다음과 같다. '1947년 11월 14일의 총회 결의문과 그 이후 전개된 상황의 추이에 비추어 1) 미군 점령하의 남한에서만 선거를 하는 것이 위원단의 자의에 맡겨진 것인가 혹은 의무인가? 2) 만약 자의 혹은 의무가 아니라면 a) 자유로운 선거가 가능하다면 선거를 관리할 것인가? b) 다른 방법을 생각해 볼 것인가?'

결의문에서 말하는 '다른 방법'이란 말할 것도 없이 '남북지도자회의'를 뜻하는 것이었다. 그러나 소총회의 답변을 얻어야 할 위원단의 질문은 여전히 너무나 포괄적이어서 구체적으로 무엇을 어떻게 해 달라는 질문인지 판단하기 어려웠다. 국가별로 여러 가지 쟁점에 대한 의견이 엇갈려 합의점을 찾을 수 없는 상황이 만들어낸 결과였다.

위원단은 메논 출발 하루 전인 2월 13일의 14차 전체회의까지 계속해서 여러 가지 쟁점에 관한 토론을 이어갔지만 뚜렷한 결론을 얻을 수 없었다. 위원단은 결국 모든 것을 메논 의장에게 위임하기로 결정했다. 메논의 재량권이 상한가를 치던 이 시점, 물밑에서는 또 다른 차원의 엄청난 건국투쟁이 전개되고 있었다. 다름 아닌 메논을 둘러싼 이승만과 모윤숙의 합동작전이었다.

이승만과 35년 나이 차가 나는 모윤숙(1910~1990)은 원산 출신으로 1931년 이화여전 영문과를 졸업하고, 용정에 있는 명신여학교 교사로 일하면서 시인으로 등단한 후, 1932년 서울의 배화여고 교사로 돌아와, 춘원 이광수의 소개로 보성전문 교수 안호상과 1934년 결혼해 딸을 하나 얻고 이혼한 여류 시인이었다. 극예술연구회 동인으로 활동하며 1935년 경성중앙방송국에서 일하기도 했고, 1937년에는 《렌의 애가(哀歌)》를 출간해 엄청난 인기를 누리기도 했다.

이런 배경을 가진 모윤숙이 이승만을 처음 만난 것은 해방 후 한 군중대회에서였다. 말석에 있던 모윤숙은 해외에서 독립운동한 지도자들이 연설하는 것을 들으며 '그들을 덮어놓고 영웅이요, 민족의 지도자로 부추기며 연구나 분석도 없이 해방과 독립의 주인공으로 만드는 것에 의아심도 났고 위험하게도 생각했다(모윤숙, 1968, 《회상의 창가에서》 중앙출판공사: 251-252)'.

대회의 마지막 연사인 이승만의 연설이 끝나자 모윤숙이 손을 들고 말했다. "저는 아무것도 모르는 여성입니다. 그러나 이 자리에서 지도자 어른들께 한마디 하겠습니다. 해외에서 생각하셨던 우리 국민은 모두가 믿을 수도 없고 약해 빠져서 무슨 일을 시킬 수도 없으려니 하셨을 줄 압니다마는 36년간 고초를 겪느라고 죽고 감옥에 간 사람도 허다하오며, 지금도 많은 지도자 어른들이 마음은 살아있어 할 일을 많이 하고 계십니다. 국내에 계신 여러 어른께도 똑같은 기회와 일을 주시고 직위나 명예보다 누가 더 잘 희생하여 이 난국을 바로잡나 하는 데 주력을 두시기 바랍니다 (위의 책: 254)."

같은 날 오후 이승만은 비서를 시켜 모윤숙을 자택으로 불렀다. 시인 모윤숙의 이런저런 신상을 파악한 이승만은 그 자리에서 "해외에서 온 사람이나 나라 안에 있던 사람들이나 다 뭉쳐야 해. 내가 어려운 일이 있을 땐 여자들도 나라를 생각해서 나를 도와야 해. 늘 좀 와서 좋은 의견을 말해 줘(위의 책: 256쪽)." 이렇게 시작된 모윤숙과 이승만의 인연은 시간이 가면서 모윤숙이 이승만을 인간적으로 또한 정치적으로 따르는 관계로 발전했다. 그 이유를 모윤숙은 다음과 같이 회상했다.

"미소공동위원회가 깨지고 반탁의 기운찬 소리가 온 남한을 휘몰았을 때, 유엔 총회에선 이 사태를 수습하기 위한 유엔위원단을 한국에 보냈다… 이승만 박사의 고집은 그때 정세를 수습하는데 약이 될만한 것이었다. 소련의 야욕이 무엇인 것도 알아차린 것 같고, 미국의 너그러운 듯하나 속이 좀 비어 있는 민주주의의 협조자로서의 뜻도 잘 알아차린 듯하였다. 나는 김구, 김규식 두 분을 다 숭배했다. 그러나 더욱 이유있게 숭배한 분은 이 박사였….

하지 중장은 한국의 왕이나 다름없이… 권세나 세도가 높았다… 그를 호되게 비판하고 배격까지 한 사람은 이 박사였다. 모든 혼란을 주재하지 못하는 책임이 하지 중장의 얼떨떨한 통일론이라는 것이었다. 물과 기름을 분간하지 못하는 사람이 어찌 남북한을 통일하겠다는 것이냐는 것이 이 박사의 논지였다. 김규식 씨의 이북(以北)론은… 서로 의논해서 하자는 선의의 학자 정치관을 늘 내놓아 이 박사와의 충돌을 면치 못하였다. 이 박사는 현실과 정치를 분리하지 않았다. 나는 은근히 이 박사가 하지 중장을 떳떳이 상대하여 비판하는 개성미가 좋았다… 무슨 일이 있더라도 그때의 이 박사의 결의에 도움을 드리고 싶었다(위의 책: 273-274)."

모윤숙의 이승만에 대한 호감과 지지가 동지적인 관계로 성숙하고 있던 즈음이었던 1947년 12월 15일 눈 오는 밤 김활란과 박순천을 비롯해 모윤숙을 포함한 전문학교 이상을 나온 신여성 그룹이 창덕궁 인정전에 모여 "기생에게 외국 손님을 시중들게 하지 말자"는 결의를 했다. '어학이 능한 여자, 음식 만들기에 재주 있는 여자, 왔다 갔다 하며 심부름할 여자'가 필요했는데, 모윤숙은 스스로를 마지막 카테고리에 넣으며 이 모임에서 적극적인 역할을 맡기로 했다(위의 책: 276쪽).

이들이 활약할 자리는 머지않아 찾아왔다. 1948년 1월 12일 인도 대표 메논이 임시의장으로 선출된 날 저녁에 베풀어진 인정전의 유엔위원단 연회였다. 자리를 주도하던 조병옥 박사가 모윤숙을 시인으로 소개하자 메논은 인도의 시인 '사로지니 나이두' 그리고 '타고르'를 아느냐는 질문을 던졌다. 중학교 때 '부러진 날개' 그리고 '등산지기'를 읽었다는 모윤숙의 대답을 들은 메논은 그 자리에서 연회를 마치면 집으로 데려다주겠다는 약속까지 했다.

우연히도 회현동에 있는 모윤숙의 집은 메논의 숙소인 국제호텔 바로 앞이었다. 모윤숙을 내려 준 메논은 호텔로 돌아갔다. 그러나 잠을 청하는 대신 그는 호텔 로비에서 같은 숙소에 머무는 동료 대표들과 파티를 이어갔다. 그날 밤 11시 메논은 결국 조심스럽게 모윤숙을 다시 초대했다. 외교관들의 파티 문화에 익숙하지 않은 모윤숙은 부담스러웠지만 정중한 초대를 거절할 수 없었다.

시와 문학에 관한 이야기를 이어가는 메논을 보며 모윤숙은 갈등했다. "이런 기회를 어떻게 이용해야 자연스럽게 현재 한국의 사태를 바로 인식시킬 수 있을까 곰곰 생각했다… 그러나 혹시 내가 어떤 지도자의 정략적인 이용이 되어 있다는 인상을 그에게 주는 것은 한국이나 나 개인에게 마이너스요, 그만큼 오해를 살 염려도 없지 않다"며 고심하던 모윤숙은 결국 간디와 타고르를 좋아한 춘원 이광수에 관한 이야기를 나누다 12시쯤 헤어져 돌아왔다(위의 책: 283-285).

모윤숙이 돌아가겠다는 마지막 인사를 하자 메논은 다음 날 아침 덕수궁 회의 방청을 하지 않겠냐는 제안을 했고, 모윤숙은 이 기회를 놓치면 안 된다는 생각에 가겠다는 약속을 했다. 이렇게 시작된 메논과의 관계를 모윤숙은 "팽팽한 운명의 줄에 감기는 듯한 기분이었다"고 회상한다. "너무 자연스러운 풍정(風情)의 사나이, 메논! 그러나 한국은 그와 줄다리기를 하지 않으면 안될 사태에 빠지고 있다"는 모윤숙의 그날 밤 예감은 정확했다(위의 책, 288-289).

1948년 1월 12일 첫 만남부터 서로에게 특별한 관심을 기울인 시인 모윤숙과 유엔한국위원단 의장 인도 대표 메논.

모윤숙의 책《회상이 창가에서》표지
(중앙출판공사, 1968).

77
1948년 2월 유엔소총회, 미국 안 '감시 가능 지역 선거' 통과시켜

1948년 1월 12일 시작된 모윤숙과 메논의 특별한 관계는 조금씩 주변에 소문이 나기 시작했다. 유엔위원단의 활동에 온 신경을 집중하던 이승만이 이 사실을 놓칠 리 없었다. 이승만은 모윤숙을 다리로 메논과 사적으로 이야기할 기회를 갖고 싶어했다. 이승만의 관심을 모를 리 없는 모윤숙도 자연스러운 기회가 찾아오기를 기다렸다.

그러나 직업외교관 메논은 만남을 이어가면서도 정치적으로 민감한 주제에 관한 이야기는 일절 거론하지 않았다. 참다못한 모윤숙이 어느 날 빈정거렸다. "한국에 오신 것은 마치 문학 토론이나 하시러 온 것 같군요. 덕수궁 회의에서도 더러 문화나 문학에 관한 논의가 나오나요?" 이 질문에 너털웃음을 터트린 메논이 대답했다.

"사실 한국 문화 토론이나 덕수궁에서 하랬으면 좋겠소. 그런데 참 머리 아프도록 복잡하군요. 당신은 지금 한국은 어느 방향으로 가야 제 갈 길을 간다고 생각하시오? 또 누가 거기 길잡이가 될 수 있을까요? 김규식 같은 이는 참 침착한 학자 정치가입니다. 영어 실력도 있고 또 남북한 국민의 의사도 정당히 조화시킬 수완이 있는 듯하오."

이승만을 지지하는 모윤숙의 억양이 다급해졌다.

"이 박사는요?"

"훌륭하지요. 그런데 하지 중장과 잘 어울리지 않는 모양이더군요, 나로서는 어느 개인 주장에 따르기보다 한국 국민 전체가 열망하는 초점이 무엇인가를 알아내는 책임을 잊어서는 안 되지요. 일일이 이 국민을 모두 만날 수는 없으나 그들을 진실로 대변하는 지도자는 모두 만나고 싶습니다."

자신이 마주하고 있는 정치적 고민을 진솔하게 털어놓는 메논에게 모윤숙도 마침내 자신의 속마음을 드러냈다.

"대개의 국민이 다 이 박사의 주장이 옳다고 믿고 따르는 것 같습니다. 저도 그중의 한 사람입니다."

모윤숙은 이북에 친정 가족이 살고 있지만 나라가 둘로 나뉘어 갈 수 없는 현실을 개탄한 후

"소련은 이 기회에 기어이 이 나라를… 빈부가 없는 공동사회의 복리… 공산국가로 만들고자 하지만… 그것은 그들의 세계 적화 정책에 휘말려 들어가도록 만들어 논 각본에 불과한 것"이라 열변을 토했다.

모윤숙의 진지한 의견에 메논의 표정이 밝았다 어두웠다 종잡을 수 없이 오갔다. 그러나 막상 속마음을 털어놓고 나니 둘은 오히려 서로에 대한 신뢰가 두터워졌다. 그 후로 메논은 덕수궁을 오가는 길에 매일 모윤숙의 집에 들러 아침이면 모윤숙의 딸에게 굿모닝 키스를 했고, 저녁이면 초콜릿을 가져다주었다. 둘에 관한 소문은 더욱 흉흉해졌지만, 이승만은 '내가 다 책임지지' 하며 모윤숙의 정치적 역할에 대한 기대를 접지 않았다.

메논이 유엔소총회 보고를 위해 서울을 떠나기로 예정된 2월 14일보다 2, 3일 전의 일이다. 그 사이 모윤숙은 메논이 하지 중장과 K(김규식)와의 빈번한 만남을 통해 '남북협상을 통한 총선거'에 기울고 있음을 알고 있었다. 소련 때문에 '남한만의 총선거'라도 해야 한다고 생각하던 모윤숙은 이승만이 신신당부하던 자리를 만들기 위해 하지 중장과 저녁 약속이 있다는 메논을 끌고 반강제로 이승만의 거처로 향했다. 차라도 한잔하자며 떼를 쓴 결과였다.

모윤숙이 메논을 데리고 온 사실이 이승만은 신통방통했다. 소년같이 기뻐하는 이승만을 보며 모윤숙은 한 걸음 더 나갔다. 하지 비서에게 전화를 걸어 메논의 비서를 사칭하며 '급한 일 때문에 오늘 저녁 약속을 지킬 수 없게 됐다'는 거짓말을 했다. 생전 처음 한 거짓말로 얼굴이 붉어진 모윤숙은 다소곳이 메논 곁으로 돌아왔다. 그리곤 하지와는 늘 만나는 사이니 '오늘 저녁은 여기서 하면 좋겠다'고 조용하지만 단호한 목소리로 말했다.

메논은 모윤숙의 무례한 행동을 이해할 수 없었다. 어이없어하는 메논에게 모윤숙은 잘못했다는 사과 대신, 어머니의 꾸지람을 기다리는 아이의 눈빛과 같은 시선으로 답했다. 모윤숙의 덫에 걸린 메논은 그날 밤 꼼짝없이 이승만과 함께 저녁 식사를 했다. 물론 식사 자리에서는 이승만의 구구절절한 설명이 이어졌다. 식사를 마치고 저녁 늦게 자리를 뜨는 메논의 표정은 그러나 도착할 때와 완전히 달라져 있었다. 대성공이었다.

그래도 이승만은 안심이 되지 않았다. 단도리를 해야 했다.

"전보를 쳐야 해, 우리가 원하는 바를 그가 잊어버리지 않도록 전보를 쳐야 해. 그런데 윤숙이 이름으로 쳐야 그가 받아보고 또 그걸 참고해 줄 거야. 윤숙이 어릴 때, 세례받을 때 교회 이름이 뭐지?"

이 박시는 디이프를 쳐서 원문을 미치면 미리안 모(Marion Mo)라는 모윤숙의 사인을 요구했다. 이렇게 보낸 전보가 1주일에 열통이 넘었다. 메논은 번번이 회답했다.

"한국 국민이 원하는 대로 힘쓰고 있소. 써니(모윤숙의 딸)에게 쵸콜렛을 전해주기 바라오."

모윤숙의 회고록《회상의 창가에서》(1968, 중앙출판공사: 291-306)에 나오는 이야기다. 이 합동작전은 유효했다. 1948년 2월 19일 메논은 유엔한국위원단 의장으로 유엔소총회에서 길지만 매우 인상적인 연설을 통해 한국의 사정을 설명하고 남한에서의 선거를 승인해 줄 것을 요청했다. 연설 전문은《메논박사연설집》(정인섭 옮김, 1948, 문화당)에 실려 있다. 최근 최종고 교수가 출판한 책《이승만과 메논 그리고 모윤숙》(2012, 기파랑: 109-136)에도 같은 글에 게재되어 있다.

"…결론을 맺기 전에 본인이 말한 바를 요약하려고 합니다… 유엔은 빈손으로 조선을 떠날 수 없습니다. 또 본 위원단은 남조선에 수립될 수 있는 별개 정부가 총회의 결의에서 규정된 바와 같은 중앙정부일 수 있다고 생각하는 데 보다 의견이 일치합니다. 선거 문제에 관해서는… 실행될 수만 있다면 남조선에서 선거를 실행하는 것이 정치적으로 편이할 것이요 행정적으로 유리할 것입니다…(최종고, 2012: 134-136)."

메논은 하지의 의도, 1947년 독립해 비동맹 외교의 중심으로 진입하고 있던 인도 네루 정부의 훈령, 그리고 무엇보다 스스로의 애당초 생각에서 벗어나 유엔소총회에서 이승만의 노선이 채택되도록 연설했다(김용삼, "건국을 도와준 '고마운 인도인' 메논 그리고 모윤숙" 뉴데일리 2015년 5월 18일). 메논의 연설은 다음 날 유엔소총회에서 미국 대표 제섭(Phillip C. Jessup)이 제안한 '감시 가능 지역 선거 안'이 2월 26일 통과되는 데 결정적 역할을 했다. '찬성 33, 반대 2, 기권 11'이었다. 미국 안을 적극 지지한 나라에는 중국, 필리핀, 엘살바도르 외에도 인도가 포함되어 있었다.

마침내 하지는 3월 1일 본국의 훈령에 따라 5월 9일 총선거를 실시한다고 발표했다('경무대 4계' 《남기고 싶은 이야기들》 중앙일보·동양방송, 1977: 63). 메논은 서울을 떠난 지 2주일 후인 3월 6일 김포공항에 도착했다. 3월 8일 덕수궁 회의에서 유엔소총회 출장에 관한 보고를 마친 메논은 그러나 3월 19일 인도로 돌아가야만 했다. 인도 수상 네루가 그를 인도의 초대 외무장관으로 임명했기 때문이었다. 후임자로 아누프 싱(Anup Singh)이 왔지만, 그는 메논이 총 10주 동안 의장으로 닦아 놓은 길을 가기만 하면 되었다.

메논은 1965년 출판한 회고록 《많은 세계들(Many Worlds, Oxford U Press)》 18장에서 당시 상황을 회고하고 있다. "모윤숙은 시인뿐만 아니라 애국자였다… 그녀에게는 남한이 한국이었고, 북한은 아데나워의 동독처럼 하나의 저주일 뿐이었다. 그녀의 눈에는 남한에 주권 공화국을 세우려 투표하는 것은 나라 전체의 독립을 위해 투표하는 것이고, 그것을 반대하는 것은 나라에 대한 배반이었다… 만일 나의 나라가 유엔 결의를 거부한다면 그녀는 심장이 터질 것이다. 그리고 나는 한국으로 돌아올 때 그녀의 얼굴을 볼 수 없었을 것이다… 이것은… 나의 공직 가운데 나의 심장이 나의 두뇌를 지배하게 한 유일한 경우였다(최종고, 2012: 235)."

1948년 2월 19일 유엔소총회에서 한국정세를 보고하는 유엔한국위원단 의장 메논(앞줄 중앙의 안경 낀 인물). 그 오른쪽에는 Secretary General이란 명패를 앞에 둔 유엔 사무총장 리(Jrygve Lie)가 앉아 있고, 왼쪽에는 유엔한국위원단 사무총장 호세택(胡世澤)이 앉아 있다.

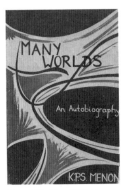

Many Worlds, KPS Menon, 1965, Oxford U Press.

《메논박사연설집》 (정인섭 옮김) 1948, 문화당.

《이승만과 메논 그리고 모윤숙》 최종고, 2012, 기파랑

"메논과 모윤숙 그리고 이승만의 관계를 증언하는 책들. 왼쪽부터 KPS Menon, Many Worlds(1965, Oxford U Press);《메논박사연설집》《정인섭 옮김, 1948, 문화당); 최종고,《이승만과 메논 그리고 모윤숙》(2012, 기파랑).

78

남(南) 양김 1948년 2월 16일 남북지도자회의 제안…
북(北) 양김 3월 15일 답신

메논이 유엔 소총회로 떠나기 전 이승만·김구·김규식은 중국 대표 유어만의 주선으로 서로 다른 의견을 좁혀 보기 위한 모임을 1948년 2월 10일 낮 중국 영사관에서 가졌었다. 그러나 김구는 이 자리에 나오기 전 당일 아침 발표한 장문의 성명서 "3천만 동포에게 읍고함"에서 이승만의 단독 정부 수립 안에 대한 반대를 이미 분명히 하고 있었다. 모임의 성과가 나올 수 없는 상황이었다.

"나는 통일된 조국을 건설하려다가 삼팔선을 베고 쓰러질지언정 일신에 구차한 안일을 취하여 단독정부를 세우는 데에는 협력하지 아니하겠다"는 문장이 등장하는 바로 그 성명서였다(손세일, 2015, 《이승만과 김구》 7권: 148). 그러나 이 성명서에는 북한을 점령한 소련의 비협조를 어떻게 극복할 것인지 아무런 설명이 없었다. 알맹이가 전혀 없는 성명서였지만 통일 지상주의자들은 지금까지도 여기에 등장하는 문구를 인용하며 김구의 '진정성'을 높이 사고 있다. 그러나 김구는 현실에 눈감은 '감성팔이' 통일론자였을 뿐이었다.

2월 19일 하지는 이승만·김구·김규식을 경무대로 초청해 다시 한번 유엔소총회에 '공동메세지'를 보낼 수 있는지 즉 '세 사람의 지도자가 남한에서 선거를 실시할 것에 합의해 줄 수 있는지' 타진했다. 이 자리에서 이승만은 김구와 김규식을 설득하다 못해 마지막에는 자리를 박차고 나오며 하지의 부질없는 노력에 '성공을 빈다'는 냉소를 던지기까지 했다.

하지의 노력에도 불구하고 이 모임 역시 성공할 수 없었던 이유는 따로 있었다. 김구·김규식이 이미 2월 16일 공동명의로 김일성·김두봉에게 '남북지도자회의'를 제안하는 편지를 보냈기 때문이었다. 북의 두 김과 남의 두 김을 중심으로 '애국정당대표회의'를 소집해 협상을 하자는 제안이 하지를 만나기 3일 전 북쪽에 건네진 상황이었다(손세일, 위의 책: 158-162).

2월 26일 유엔소총회가 '감시 가능한 지역 선거' 결의문을 최종 통과시키기까지, 국내에서는 '남한만의 총선거라도 빨리 실시하자'는 주장과 '남북지도자회의가 우선'이라는 주장이 맞서며 논란이 이어졌다. 과도입법의원에서 벌어진 일이 대표적이다. 2월 19일 신익희 등이 제출한 '선거 가능 지역 총선을 감시할 유엔위원단 임무 완수 요청' 긴급동의안이 파행 끝에 결국 2월 23일 '40 대 0'으로 통과되자, 김규식은 2월 27일 의장직 사임서를 제출했고 한민당은 이에 맞서 김규식 불신임안을 제출했다.

이 와중에 이승만은 2월 23일 '반대파들을 제외하고라도 남한의 총선거를 서둘러야 한다'는 강경한 입장의 성명을 발표했다. 자신을 지지한 19일의 유엔소총회 메논 연설 그리고 '40 대 0'이라는 입법의원 동향에서 자신감을 얻은 결과였다. 이승만은 "이말 저말 듣고 아무것도 하지 못하고 앉았다가는 다 공산화되고 말 것"이라며, "미국이 독립할 적에 전 민족이 다 한마음 한뜻으로 된 것이 아니요… 영국에 충성해야 한다… 미국이 독립해야 한다… 하면서 부자 간과 형제 간에 전쟁"한 사실을 지적했다(손세일, 위의 책: 163-165).

2월 29일의 유엔 결정이 국내로 전해지자 각 정파는 서로 다른 성명을 발표했다. 득의만만한 이승만은 "우리가 당초에 민족자결주의를 발휘하여 총선거를 진행했더라면 벌써 이 문제가 해결되었을 것인데… 지금부터는 전 민족이 일심협력하여 모범적 선거를 진행해서… 앞으로 조국통일책을 여러 우방의 원조로 속히 해결"하자는 환영 성명을 냈다.

유엔에 기대를 걸었던 김구는 "유엔소총회가 일개 소련의 태도도 시정하지 못하고서 한국문제에 대한 유엔의 결정에 위반되는 남한에서만의 단독선거를 실시한다는 것은 민주주의의 파산을 세계적으로 선고"하는 말이라 하며 소련을 비난하는 동시에 맥락 없이 민주주의 파산론을 들고나왔다.

곤혹스러운 김규식은 "과도입법의원 일만 끝나면 남북의 통일한 총선거라 할지라도 참가할 생각이 없으니까, 남조선 선거에는 물론 불참하겠다. 그러나 남조선 선거에는 반대하지는 않겠고, 앞으로 아무런 정치행동에도 불참하겠다"며 정치불참을 선언했지만, 그 와중에도 중도에서 방황하는 어정쩡한 모습을 저버리지 못했다.

유엔의 결정이 났음에도 남한의 여론은 여전히 두 동강이였다. 하지가 총선거를 5월 9일 할 것이란 발표를 한 3·1절에도 두 진영은 경축 행사를 따로 했다. 유엔의 결정을 반대하는 세력에는 물론 좌익도 포함되어 있었다. 남로당과 그 외곽세력인 민전과 전평 등은 2월 7일부터 파업과 폭동을 주도하며 미군정과 우익을 흔들었고, 유엔소총회 결정이 전해진 후로는 '유엔한국위원단 축출'까지도 선동했다.

흥미롭게도 이들은 남한 단정을 반대하면서 북한에 남북지도자회의를 제안한 김구·김규식을 이때까지만 해도 이승만과 한 덩어리로 묶어 비판했다. 이 사실은 당시 남한의 좌익이 남북지도자회의와 관련해 북한 당국과 아무런 협의도 하지 않고 있었음을 시사한다. 이들의 태도가 바뀌는 건 북에서 온 두 김의 답신이 도착한 3월 15일 이후였다.

북의 답신을 기다리는 김구는 치욕의 시간을 보내야 했다. 그는 1947년 12월 벌어진 장덕수 암살의 배후로 의심받으며 미군 군사법정에 증인으로 1948년 3월 12일 그리고 15일 두 번이나 출두해야 했다. 말이 증인이지 피의자나 다름없었다. 김구가 법정에서 다리를 꼬고 앉아 '재판에 협조하지 않겠다'고 오만하게 발언한 사실 또한 당시 김구가 처한 어려움을 역으로 드러내는 모습일 뿐이었다.

김구가 법정 출석을 마친 3월 15일 오후 김규식의 집으로 김일성과 김두봉의 답신이 마침내 도착했다. 거물 간첩 성시백이 전한 편지였다. 그러나 남에서 북으로 간 편지가 예의를 갖춘 정중한 문투였음에 비해, 북에서 온 편지는 전혀 예의를 갖추지 않은 사무적인 문투였다. 문투뿐만이 문제가 아니었다.

편지는 김구와 김규식을 대놓고 질책하는 내용으로 시작하고 있었다. "당신들은 모스크바 3상결정과 미소공동위원회를 적극적으로 반대하여 거듭 파열시켰습니다. 당신들은 조선에서 미소 양군이 철거하고 조선문제 해결을 조선인 자체의 힘에 맡기자는 소련 대표의 제의를 노골적으로 반대하기도 하였으며… 조선에 대한 유엔총회의 결정과 소위 유엔조선위원단의 입국을 당신들은 환영하였습니다."

이어서 편지는 "양위 선생이 제의하신 남북조선지도자연석회의 소집을 반대하지 않습니다. 그러나 당신들은 어떤 조선을 위하여 투쟁하시는 지 그 목적과 기획을 충분히 알 수 없기 때문에, 우리는 연석회의의 성과에 대하여 완전한 확신을 가질 수 없다"고 말해, 두 사람의 의도에 북이 확신을 갖지 못하고 있음을 드러냈다.

마지막으로 편지는 그렇기 때문에 두 사람이 제안한 남북지도자회의는 1948년 4월 초 북조선 평양에서 개회되어야 하며, 남조선 15명 그리고 북조선 5명의 참가자 명단을 특정해 나열한 후, 회의의 순서 또한 구체적으로 지정한 내용을 결론으로 제시하고 있었다(손세일, 위의 책: 186-189). 매우 모멸스러운 일방적인 통고였다. 김구와 김규식은 당황했다.

두 사람은 김일성·김두봉의 위압적 답신을 공개도 하지 못한 채 미리 준비한 잔치에 들러리만 서는 것 아닌가 하는 의구심을 떨치지 못했다. 그럼에도 두 사람은 북한이 지명한 남측 인사 13명과 연쇄 접촉을 가진 후, 3월 31일 "우리 두 사람은… 좌우간 가는 것이 옳다고 생각한다"는 감상적 성명을 발표했다. 실제 성명의 제목도 '감상(感想)'이었다. 추종자들의 반대를 무릅쓰며 결국 김구는 4월 19일 그리고 김규식은 4월 21일 각각 삼팔선을 넘었다.

1948년 4월 19일 남북협상을 위해 38선을 넘기 전 경기도 여현 38도선 표지판 앞에 선 김구 일행. 왼쪽부터 비서 선우진(鮮于鎭), 민족자주연맹 정치위원 정이형(鄭伊衡), 김구, 김구 아들 김신(金信), 조선통신 기자 유중렬(출처: 미디어한국학).

'양김씨 이미 항복' '북조선의 모략선전'이라는 제목을 단 현대일보 1948년 4월 15일 2면 기사. 김구·김규식이 남북협상을 위해 북으로 출발하기도 전에 북한은 이미 두 사람이 항복했다고 선전하고 있는 사실을 잘 보여주는 기사다. 기사 마지막에는 '이승만 박사도 항복할 것'이란 말도 등장한다.

79
1948년 5·10선거,
김구·김규식과 좌익의 저항에도 불구 준비 순항

　5·10 선거를 포기한 김구가 1948년 4월 19일 삼팔선을 넘기까지 많은
일이 있었다. 2월 26일 유엔 소총회가 '감시 가능 지역 선거'를 통과시킴
에 따라 하지는 5월 9일 총선거를 실시한다고 3월 1일 발표했다. 그러나
9일이 일요일이었기 때문에 선거일은 곧 10일로 변경되었다. 한편, 남한
의 총선거 사실이 알려지자 개성, 의정부, 춘천, 주문진 등지의 수용소를
통해 38선을 넘어오는 북한 동포의 숫자가 갑자기 늘어났다. 하루 천 명
을 넘겼다(동아일보 1948년 3월 4일, '봄 따라 남하하는 동포 하루에 천명도 넘어').

　3월 17일에는 5·10 선거에 적용될 '국회의원 선거법'이 공포되었다.
1947년 9월 3일 공포한 '입법의원 선거법'을 준용하면서 일부를 개정한
법이었다. 가장 크게 달라진 것은 '본적이 이북인 남한 거주자'들을 대표
하는 '특별선거구' 제도를 폐지한 것이었다. 입법의원 선거에서 특별선거
구는 남한 전 지역을 하나의 선거구로 총 266석 가운데 36석을 할당하고
있었다. 그러나 이 제도는 월남한 사람이 지역구와 특별선거구에서 두 번
투표할 수 있도록 허용하고 있어 1인 1표 보통선거 원칙에 어긋나고 있었

다(손세일, 2015, 《이승만과 김구》 7권: 197).

이 개정에 대해 당시 증가하고 있던 월남 주민들은 엄청나게 저항했다. "특별선거구 없이 소선거구제로만 투표한다면 월남 이주민 460만의 대표는 한 사람도 선출 못될 것인즉, 5분의 1 주민의 투표는 사표가 될 것"이라는 우려 때문이었다(조선일보, 1948년 3월 17일, '이북인 선거 거부 기세'). 이승만을 비롯한 독촉국민회, 한민당, 대동청년단 등도 특별선거구 폐지를 재고해야 한다고 주장했지만, 선거의 기본원칙을 바꿀 수는 없는 일이었다.

5·10 총선거를 앞두고 미군정이 취한 가장 획기적인 조치는 '귀속농지(歸屬農地: 해방 이전 일본인이 소유하던 농지)'를 소작 농민에게 '불하(拂下: 국가나 공공재산을 민간인 소유로 넘기는 일)'한 일이었다. 3월 22일 미군정은 귀속농지 관리를 담당하던 '신한공사'를 해산시키고 귀속농지 매각업무를 담당할 '중앙토지행정처' 설치를 공포했다. 딘 군정장관은 기자회견을 하며 이 조치로 조선의 소작농이 대부분 자작농이 되어 스스로 토지를 소유하고 지주의 지배에서 벗어나 세금만 내면 다른 부담이 없게 될 것이라 말했다(손세일, 위의 책: 203).

신한공사가 관리하는 귀속농지는 임야와 과수원 등을 제외하고도 1947년 현재 28만여 정보로 남한 총 경지면적의 13%에 이르고 있었다. 미군정은 이 농지를 총경작지가 2정보를 넘지 않는 범위 안에서 해당 경작지 소작농에게 우선적으로 매각한다고 발표했다. 농지의 가격은 평년 소출의 3배로 하고, 해마다 소출의 20%를 15년 동안 나누어 현물로 갚게 했다. 소유권은 즉시 이전 등기를 하되, 권리행사는 상환이 완료된 시점부터 하도록 했다(신병식, 1992, "한국의 토지개혁에 관한 정치경제적 연구" 서울대 박사논문, p. 146). 시장경제 원칙을 유지한 '유상몰수 유상분배' 방식이었다.

농민들의 호응은 열광적이었다. 1948년 4월 1일부터 시작된 귀속농지 매각은 4월 13일 기준 양도 수속이 완료된 건수가 서울 8,162, 대구 8,343, 부산 937, 그리고 이리는 무려 20만5천775 건에 이르렀다. 급속도로 추진된 귀속농지 불하는 총선거 이틀 후인 5월 12일에 전 농가의 44.6%가 귀속농지를 분양받았고, 8월이 되면서는 87%에 이르렀다(신병식, 앞의 논문, p. 153).

미군정이 이 시점에서 농지개혁을 서둘러 실시한 이유에 관해서는 여러 가지 입장의 해석이 공존한다. 미 국무부의 번스(Arther C. Bunce)는 이승만을 포함한 민족주의 진영이 선거에서 승리하도록 도우려는 의도에서 시행한 것이라 주장한다(손세일, 위의 책: 207). 그러나 귀속농지 불하에 가장 반발한 당사자는 역설적이게도 민족주의 진영의 리더 이승만이었다.

이승만은 올리버에게 3월 20일 보낸 편지에서 귀속농지가 한국 국민의 재산이므로 처분하려면 국회의 동의가 필요한 일인데, 매각을 시작하는 4월 1일로부터 6주밖에 남지 않은 국회 구성을 앞두고 미군정이 무슨 이유로 서두르는지 이해할 수 없다고 지적했다. 이승만의 지시를 받은 올리버는 번스 등 국무부 요로를 찾아가 강력히 항의했다(Oliver, 1978, Syngman Rhee and American Involvement in Korea, pp. 152-153).

"우리가 우리 정부를 갖게 되면 우리더러 한국의 파시스트, 반동, 극우파라 말하는 모든 사람들이 우리가 우리나라를 자유화시키는 일에 얼마나 진취적인가를 보고 깜짝 놀랄 것입니다. 토지개혁법이 제일 먼저 제정될 것이고, 그 밖에 많은 다른 자유화 운동이 차례로 자리 잡게 될 것입니다 (Oliver, 위의 책: 152-153)." 이승만이 올리버에게 보낸 편지에 등장하는 이 문구는 결국 자신의 손으로 해야 할 토지개혁을 미군정이 먼저 한 사실에 이승만이 매우 언짢아했음을 드러낼 뿐이다.

좌익도 반대했다. 그러나 이유는 전혀 달랐다. 민전의 논평이 이를 잘 드러낸다. "전답을 방매 처분한 것은… 남조선 단선을 앞두고 농민의 표를 노리자는 것이고… 지주의 특권 옹호적 반동 토지개혁을 실시하여… 봉건적 지주 토지제도를 영구화하여 지주를 미제의 침략과 식민지화의 앞잡이로 충실화"하기 위한 술책이라 비난했다(노력인민, 1948년 4월 9일, '농민을 채무노예화하는 적산소유지 방매를 반대'). 복잡한 선동 문구로 도배가 되어 있지만, 결국은 북한이 1946년 3월 시행한 사회주의 방식의 '무상몰수 무상분배'여야 한다는 주장에 다름 아니었다. 공산주의자들이 시장경제 원칙을 적용한 농지개혁을 찬성할 리 없었다.

1948년 3월 30일부터 선거인 및 입후보자 등록이 시작되었다. 국회선거위원회는 1946년 8월 30일 인구통계를 사용해 유권자 총수를 813만 2,571명으로 확정했다. 이중 선거인 등록을 한 사람만이 투표를 할 수 있도록 했다. 그렇기 때문에 선거에 참여하는 단체들은 선거인 등록에 많은 공을 들였다. 그 결과 선거인 등록은 매우 순조로웠다. 등록 첫날 유권자의 15%가 등록했고, 4월 9일 마감일에는 유권자의 96.4%인 784만 871명이 등록했다.

국회의원 선거구는 소선거구제로 서울의 10개 구를 포함해 전국적으로 모두 200개였다. 새로 건국되는 나라의 헌법을 만드는 일을 주된 과제로 한 국회 즉 '제헌국회' 선거였기 때문에 임기는 2년으로 제한했다. 정당공천은 필요 없었고, 선거구 유권자 200인 이상의 추천을 받으면 입후보할 수 있었다. 입후보자 등록이 시작되자 우익 민족주의 계열의 후보가 난립하는 동시에 선거를 거부하던 중도파 후보 또한 대거 입후보했다.

김구·김규식 등과 좌익이 총선거를 거부하고 있음에도 이승만은 선거 참여율이 매우 높을 것으로 내다보고 있었다. 3월 19일 올리버에게 보낸 편지에서 이승만은 "심지어 좌익들과 좌우합작파들까지도 선거에 참여할 것으로 우리는 알고 있습니다"라고 예측했었다(손세일, 위의 책: 181-182).

　그러나 선거를 반대하는 남로당의 투쟁은 4월 들어 더욱 거세졌다. 남로당은 선거가 다가오자 단선단정 반대를 표방하는 대중선전에서 폭력투쟁으로 노선을 전환했다. 대표적인 사례가 제주도의 '4·3 폭동'이다. 남로당 제주도당 책임자 김달삼이 북에 있는 박헌영의 지령을 받아 주동한 이 사건으로 제주도는 결국 선거를 치를 수 없었다. 1년이 지난 1949년 5월에서야 3개 선거구 중 2개에서 겨우 선거를 치를 수 있었다.

　제주만이 아니었다. 4월 4일 밤부터 전국 각지에서 봉화가 오르며 선거사무소를 비롯한 관공서와 경찰서 습격, 입후보자와 선거관계자 테러, 교량 및 철도와 통신시설 파괴, 전신주 뽑기, 방화 등 온갖 형태의 폭력이 난무했다. 남로당 기관지 '노력인민'에 선거를 거부하고 폭력투쟁을 부추기는 박헌영의 글 '인민들에게 고함'이 실린 것은 4월 12일이었다(손세일, 위의 책: 216-218). 이 와중에 김구는 추종자들의 반대를 무릅쓰며 4월 19일 아침 북으로 출발했다.

1948년 5월 10일로 예정된 총선거를 홍보하는 포스터.

1948년 4월 19일 아침 경교장에 모여 북한 출발을 저지하는 추종자
들을 향해 2층 베란다에서 '나의 길을 막지 말라'고 소리치는 김구.

80
소련 기획·연출, 김일성 주연, 정치쇼
=1948년 4월 남북연석회의

김구·김규식은 '단독정부·단독선거'를 반대하며 '우리민족끼리' 대화를 통해 '통일정부'를 향한 돌파구를 열어 보겠다며 북으로 갔다. 김구는 4월 19일 그리고 김규식은 4월 21일 각각 38선을 넘었다. '5·10 선거'를 한 달도 채 남기지 않은 시점이었다. 북은 그들을 극진히 대접했지만, 얻어 낼 수 있는 건 사실 아무것도 없었다.

이들은 애초부터 북행에 상당한 위험이 도사리고 있음을 인지하고 있었다. 두 사람은 모두 북의 김일성 그리고 그 배후의 소련에 이용만 당하는 건 아닐까 하는 우려를 떨치지 못했다. 두 사람의 친서를 휴대한 안경근과 권태양을 연락원 자격으로 4월 7일부터 10일까지 미리 북에 보내 '활동의 자유 보장' 등 몇 가지 조건을 요구한 사실도 그러한 고심의 결과였다(손세일, 2015, 《이승만과 김구》 7권: 230).

그러나 우려는 결국 현실이었다. 소련이 해체되면서 당시 상황을 기록한 문서의 봉인이 풀리자 드러난 사실이다. 소련 군정은 결코 '우리민족끼리 열린 자세로 통일을 의논'하는 기회를 제공할 생각이 없었다. 소련의 기획과 연출에 따른 김일성 주연의 정치쇼에 조연이 필요했을 뿐이었다. 두 사람은 남한 총선거를 무력화하려는 소련의 꼭두각시 노릇만 하다 돌아왔다.

이러한 사실을 확인해 주는 대표적 문헌이 《레베데프 비망록》이다. 레베데프(Nokolai Georgievich Levedev) 소장은 1945년 말 북한 소련점령군사령부 '정치사령관'으로 부임해서 1947년 중반부터는 '민정사령관'까지 겸임한 북조선 군정의 최고 실력자 중 하나였다. 그는 1947년 5월 14일부터 1948년 12월 26일까지 약 1년 반에 걸친 자신의 활동을 일기형식으로 기록한 비망록을 남겼다. 김구·김규식의 방북을 전후한 기간이 포함된 기록이다.

소련의 해체와 함께 이 비망록을 발굴한 대구 매일신문은 1995년 1월 1일부터 2월 28일까지 총 24회에 걸쳐 비망록 전체를 연재하며 해설까지 덧붙였다. 제주 4·3 사건 전문가 김영중은 2016년 이 연재물 전체를 정리해 '레베데프 비망록'이란 제목을 달아 비매품으로 출판하는 동시에 인터넷에 파일을 공유했다. 이 문헌은 2023년 현재도 인터넷 접근이 가능하다.

김구·김규식의 방북 관련 활동을 이 문헌과 교차시켜 살펴보자. 1948년 4월 8일 레베데프 비망록에는 안경근·권태양 두 연락원이 가지고 온 김구·김규식의 편지를 모스크바에 있는 스티코프(Terentii F. Stykov)에게 발송한다는 기록이 등장한다. 이어서 12일 비망록에는 스티코프가 남북협상과 관련해 김일성이 북한 신문에 발표할 성명문을 레베데프에게 보냈다는 기록도 등장한다. 무엇을 의미하는가?

스탈린의 모스크바가 '스티코프→레베데프→김일성' 라인을 통해 김구·김규식의 방북과 관련해 모든 사항을 철저히 관리·통제하고 있었던 사실을 여지없이 보여주는 기록이다. 특히 이 대목은 김구·김규식이 비밀리에 김일성과 김두봉 앞으로 쓴 편지를 스티코프가 열람하고 그에 대한 대응으로 김일성이 공개적으로 어떤 발언을 해야 하는지까지도 매우 세심하게 구체적으로 '지도'하고 있음을 드러낸다.

애초에 김구·김규식은 북한의 김일성·김두봉과 '4김회담' 혹은 '남북지도자회담'을 원했다. 그러나 소련은 전체 참가자 숫자가 5백 명을 상회하는 정치쇼 '남북조선제정당사회단체대표자연석회의'를 우선하는 일정을 밀어붙였다. 김일성은 김구·김규식 일행이 평양에 도착하기도 전인 4월 19일 오전 남북한 대표 31명이 참석하는 '연석회의 예비회담'을 개최했다.

남한에서 올라온 인민공화당 김두봉, 근로인민당 백남운, 남로당 허헌 등을 앞세운 김일성은 이 예비회담에서 회의의 일정은 물론 자신의 평소 지론인 '4대 원칙' 즉 1) 유엔임시위원단 추방과 유엔결의 무효, 2) 단선·단정 반대, 3) 미소 양군 철수, 4) 자주적 선거에 의한 정부수립을 주장해 전폭적 동의를 받아냈다. 연석회의의 나머지 일정은 이를 실현하고 정당화하는데 필요한 요식행위일 뿐이었다.

같은 날(19일) 저녁부터 개최된 연석회의 본회의는 21일, 22일, 23일, 26일까지 총 5번에 걸쳐 진행되었다. 그 사이 평양에 도착한 김구는 한독당의 조소앙·조완구·엄항섭 그리고 민주독립당의 홍명희 등과 상의해 22일 3차 회의에서 인사말을 하기로 했다. 김구를 맞이한 사회자 백남운은 즉석에서 '김구·조소앙·조완구·홍명희 네 사람을 주석단에 추대'하고 박수로 승인받았다.

그 자리에서 김구는 나름 '뼈있는' 말을 했다. 당면한 민족적 과제가 '단선단정 분쇄'라 말하며 '어느 시기 어느 지역에 있어서도 우리는 이것을 철저히 방지하지 않으면 안 된다'고 덧붙였다. 남한의 이승만뿐 아니라 북한의 김일성에게도 견제구를 날린 셈이었다. 그러나 김구의 발언에 박수치는 사람은 없었다. 뻘쭘해진 김구는 바로 퇴장했다(손세일, 위의 책: 263-264).

23일 4차 회의는 각본에 따라 '전 조선 정치정세에 관한 결정서'를 채택했다. 결정서는 '유엔소총회 결정은 조국에서 남조선을 영원히 분리하여 미국 식민지로 변화시키려는 기도'이고 이에 앞장서는 '이승만·김성수 등은 매국노'라 평가한 후, '북조선은 소련군이 인민들에게 창발적 자유를 주어… 민주주의적 자주독립 국가로 발전하는 성과를 거두고 있다'고 미화했다. 물론 결정서의 결론은 '남한 단독선거를 파탄시켜야 한다'였다(손세일, 위의 책: 264-266).

26일의 5차 회의는 '4월 23일 레베데프 비망록'에 기록되어 있듯이 스티코프의 긴급 지시에 따라 5·10 선거를 저지할 '남조선단선반대투쟁위원회'를 결성하는 회의였다. 위원장 허헌, 부위원장 백남운·엄항섭 등 남쪽에서 올라온 인사 50여 명을 세웠다. 이 회의는 또한 미소 양군 즉시 철수를 요구하는 메시지를 채택하고, 이를 남쪽의 하지 사령관에게 전할 인물로 사회민주당의 여운홍 등 3명을 결정했다. 이들은 메시지를 전하기 위해 4월 29일 서울로 돌아왔다.

김구와 김규식이 원하던 '4김회담' 혹은 이를 조금 확대한 '남북지도자협의회'는 4월 26일부터 30일 사이에 이루어졌지만, 자세한 진행 상황은 확인되지 않는다. 관련 기록에 따르면 협의회에 참가할 남북의 대표 구성 문제부터 삐걱거렸다고 한다(손세일, 위의 책: 275-276). '지도자협의회'의 성과는 '연석회의' 명의의 '남북조선제정당사회단체 공동성명서'로 4월 30

일 발표되었다. 결국 '지도자협의회'도 '연석회의'의 들러리일 뿐이었다.

5월 1일 김구·김규식은 북한의 노동절 행사를 참관해야 했고, 다음 날인 5월 2일 일요일에는 김일성 외가 쪽 강량욱 목사의 안내로 평양의 유서 깊은 장대현 교회를 방문했다. 서울로 출발하기 바로 전날인 5월 3일 오후가 되어서야 두 사람은 비로소 김일성과 각각 개별 회담을 가질 수 있었다. 대략 2주간의 방북 일정에서 김구는 90분, 김규식은 40분을 겨우 할애받았을 뿐이었다(손세일, 위의 책: 284-286).

그러나 《레베데프 비망록》이 보여주듯이 이 자리에서 오간 대화가 연석회의를 통해 미리 짜 놓은 각본을 뒤집을 만큼 특별할 수 없었다. 대화 중 가장 주목되는 것은 신변을 걱정하는 김일성에게 김구가 했다는 다음 발언이다. "남조선에서 정 못살게 되면 다시 올 테니 그때 과수원이나 하나 주기 바란다(조선로동당출판사, 1979, 《김일성 저작집》 4권, 1959년 7월 1일 '제7차 세계청년학생축전에 참가한 예술인과 한 담화'; 박병엽 구술, 2010, 《조선민주주의인민공화국의 탄생》 선인: 333)." 김구의 발언은 투항에 다름 아니었다.

다음 날인 5월 4일 오전 평양을 출발한 이들은 5일 저녁 서울로 돌아왔다. 총선 5일 전이었다. 이들의 방북은 3월 31일 두 사람의 방북 발표를 듣고 한탄한 이승만의 발언과 한 치도 어긋남이 없는 모습이었다. "소련을 직접 가서 담판하겠다면 모를까, 김일성을 백번 만나야 무슨 소용이 있다고(손세일, 위의 책: 223)." 4월 6일 '남북협상에서 남조선을 대표할 사람을 북조선 공산정권 조선인 수뇌자가 지명한 사실'을 비꼰 하지의 발언 역시 정곡을 찌른 발언이었다(손세일, 위의 책: 228). 결국 이들은 이용만 당하고 돌아왔다.

1948년 4월 22일 평양의 남북연석회의장 입장을 위해 김일성의 안내를 받는 김구(오른쪽).

김영중이 2016년 비매품으로 출판해 인터넷에 떠 있는 《레베데프 비망록》 표지.

81

1948년 5·10 총선거, 이승만 지지세력이
전체 의석의 3/4 차지

김구·김규식이 서울로 돌아온 지 5일 만에 치러진 1948년 5월 10일 총선거 이야기를 할 차례다. 그러나 양 김의 방북과 관련해 꼭 전해야 할 이야기가 아직 하나 남아 있다. 다름 아닌 북한에 주저앉은 사람들에 관한 문제다. 5월 4일 양 김의 귀환이 시작되자 도합 70여 명이나 되는 사람들이 남으로 돌아가지 않겠다는 입장을 밝혔다. 물론 김일성 공작의 결과였다. 이들 중 상당수는 북한 정권의 고위직으로 직행했다. 그리고 이들은 불과 2년 후인 1950년 6·25 남침을 통해 대한민국의 생존을 위협하는 주역으로 활동했다. 대표적인 경우만 나열해 본다.

소설 임꺽정을 쓰고 이광수·최남선과 함께 일제시대 조선의 3대 천재라 불렸던 민주독립당 위원장 홍명희는 부수상 및 최고인민회의 상임위원회 1대 및 3대 부위원장을 맡았다. 경제사학자이자 근로인민당 부위원장인 백남운은 초대 문교상과 최고인민회의 의장을 지냈다. 국어학자이자 건민회 위원장인 이극로는 무임소상(무임소장관)과 최고인민회의 상임위원회 부위원장을 역임했다. 민전 공동의장 출신의 김원봉은 국가검열상과 노동상 그리고 최고인민회의 상임위원회 부위원장을 지냈다. 전평 의장 출신으로 1946년 9월 총파업을 주도한 허성택은 노동상 및 석탄공업상을 역임했다.

해방정국 남한에서 활동하던 극렬 좌익부터 중도 좌익까지의 민낯이다. 김구·김규식의 방북은 이들의 월북을 남북협상이란 명분으로 포장해주었을 뿐이다. 이를 두고 두 사람에게 비교적 우호적인 사람들은 김일성에 '이용당한 증거'라고 평가한다. 그러나 비판적인 사람들은 김일성에 '협조한 증거' 아니냐며 냉소한다. 어찌 됐든 김구·김규식은 남한으로 돌아와 총선거를 거부했다. 대한민국 건국의 정당성을 확보하는 첫 단추를 두 사람은 외면했다.

이제 본격적으로 5·10 선거 이야기로 넘어가도록 한다. 좌익세력의 선거 거부 그리고 김구·김규식의 불참에도 불구하고 5·10 선거는 대성공이었다. 대성공이란 평가를 뒷받침하는 근거는 두 가지다. 첫째는 선거 거부 그리고 불참 운동이 대대적으로 이루어졌음에도 불구하고 선거에 출마한 후보들의 경쟁률이 상당히 높았기 때문이다. 둘째는 역시 선거 거부와 불참 운동에도 불구하고 선거에 투표한 사람들의 비율 즉 투표율이 엄청나게 높았기 때문이다.

우선 입후보 현황을 살펴보자. 4월 16일 등록을 마감한 입후보자는 총 948명으로, 정원 200명 기준 4.7 대 1의 경쟁률이었다. 이승만의 대한독립촉성국민회 235명, 김성수의 한국민주당 91명, 이청천의 대동청년단 87명, 이범석의 조선민족청년단 20명, 대한노동총연맹 10명 등이 정당 및 사회단체 소속이었고, 나머지 절반가량인 471명은 무소속이었다(손세일, 2015, 《이승만과 김구》 7권: 299).

무소속이 많았던 까닭은 김구의 한국독립당, 김규식의 민족자주연맹, 그리고 기타 중도좌파 정당이나 단체가 공식적으로는 선거에 불참했지만, 이들 단체의 구성원 중 상당수가 개인 자격으로 입후보했기 때문이다. 말을 바꾸면 선거 거부와 불참은 큰 호응을 받지 못했다. 선거 입후보를 독려한 이승만의 승리였다.

다음, 투표율을 살펴보자. 국회선거위원회는 총 784만871명의 유권자 가운데 95.5%가 투표했고, 그중 유효투표는 96.4%였다고 기록하고 있다《대한민국선거사》 제1편: 615-616). 선거 거부와 불참이 전혀 먹히지 않은 모습이 너무도 확실히 드러난다. 이승만의 대승이었다. 한민당을 포함해 선거에 참여한 세력은 모두 이승만 지지세력이었고, 선거를 거부하거나 불참한 세력은 모두 이승만 비토세력이었다. 그러므로 5·10 선거는 어찌 보면 이승만 노선에 대한 신임투표를 해준 셈이기도 하다.

5·10 선거의 의의와 결과는 현재 사용 중인 중등 역사 교과서에 잘 정리되어 있다(금성출판사). "5·10 총선거는 21세 이상 성인 남녀의 투표권을 인정한 우리나라 최초의 보통선거였다. 그리고 직접, 평등, 비밀, 자유 원칙에 따른 민주 선거였다. 총선거는 북한 지역에 배정된 100석을 남겨두고, 남한 지역 총 200석의 의석 중에서(선거를 방해하기 위한 목적으로 남로당 제주지부장 김달삼이 주동한 '4·3 사건' 때문에 선거가 시행될 수 없었던) 제주도의 두 곳을 제외한 198명의 제헌 국회의원을 선출하였다."

이들 당선자 198명이 건국의 다음 단계인 헌법을 만들 제헌 국회의원들이었다. 이들의 소속 정당과 단체의 분포가 궁금하지 않을 수 없다. 공식 발표에 따르면 "당선자는 무소속이 85명으로 가장 많고, 다음으로 대한독립촉성국민회가 55명, 한국민주당이 29명, 대동청년단이 12명, 조선

민족청년단이 6명, 대한독립촉성농민총연맹이 2명의 순이었고, 그 밖에 대한 노동총연맹 등 11개 단체가 각각 1명씩이었다(손세일, 2015, 이승만과 김구 7권: 308)."

얼핏 보기에는 무소속의 약진 그리고 한민당의 실패가 가장 큰 특징으로 다가온다. 그러나 당선자 구성을 심층 분석한 당시의 보도는 전혀 다른 해석을 제공한다(동아일보, 1948. 5. 20. '영도권 장악에 포섭공작활발'). 이 기사는 '무소속이 85명이지만, 순수한 무소속은 10명 내외에 불과하고, 여기에 다시 한독당과 중간 진영 계열의 무소속 30명을 제외하면, 나머지 45명은 한민당원 혹은 한민당과 노선을 같이하는 의원들'이라 분석하고 있기 때문이다. 따라서 이 기사는 한민당이 실제로는 74석을 차지해 결코 실패라 말할 수 없다고 정리한다.

공식적인 집계와는 별도로 미군정 정보보고서 또한 한민당의 실제 의석수를 76석으로 추산했다(손세일, 위의 책: 310; G-2 Weekly Summary, no. 141, 1948. 5. 28). 성균관대 교수 김일영 또한 2004년 저서 《건국과 부국》(생각의 나무: 70-71)에서 "국회가 열린 후 원내에서 이루어진 여러 가지 활동을 근거로 종합적으로 평가해 보면, 무소속 85명 중에는 위장한 한민당계가 약 35명 정도 포함되어 있다"고 분석해 같은 흐름의 해석을 제공한다. 김일영은 한민당 의석수를 대략 64석 정도로 추산했다.

종합적으로 정리해 보자. 5·10 선거로 당선된 198명 중에는 이승만의 직계 조직으로 분류되는 독촉국민회 55석 그리고 독촉농민총연맹 2석 및 독촉노동총연맹 1석이 포함된다. 그러므로 이승만 직계 조직 당선자는 총 58석에 이른다. 여기에 더해 독촉국민회 소속임에도 무소속으로 출마해 당선된 몇몇 인사들과 더불어 이승만의 남한 단독선거 노선에 줄곧 협력해 온 한민당 계열로 분류될 수 있는 당선자 70석 내외 그리고 역시 크게 보아 이승만 노선을 따라온 지청천의 대동청년단 12석 및 이범석의 조선민족청년단 6석을 합치면 총 150석 내외의 의석이 친이승만 당선자로 분류된다. 전체 198석의 3/4 대략 75% 비중이다. 당선자에 대한 심층분석 결과는 이승만의 압승을 확인해 준다. 선거의 결과는 다가오는 시간이 이승만의 시간임을 예고하고 있었다.

이승만은 5·10 선거에서 '동대문 갑' 선거구에 출마해 경쟁자 없이 무투표로 당선되었다. 제헌의회 선거의 전반적인 경쟁률은 앞에서 살펴본 바와 같이 결코 낮은 수준이 아니었지만, 동시에 5·10 선거는 경쟁을 거치지 않은 무투표 당선자를 기록적으로 많이 배출한 선거이기도 했다. 전국적으로 12명이나 됐기 때문이다. 이승만도 그중 한 명이었다(양동안, 2001, 《대한민국 건국사》 현음사: 519).

이승만의 무투표 당선을 두고 대한민국 건국을 흠집 내는 세력은 이승만에 도전한 최능진의 존재를 언급하며 "그 기세가 대단하여 이승만 후보가 위태롭게 되자 수도경찰청장 장택상의 지휘하에 후보등록 무효화 작업을 벌였다"고 비난한다(서중석, 1996, 《한국현대민족운동연구》 2권, 역사비평사: 171-172). 그러나 실상은 입후보에 필요한 추천인 200명의 서명도 못 채워 타인 명의를 도용하고 인장을 위조한 사실 때문에 선거관리위원회가 등록을 무효화한 경우였다(양동안, 앞의 책: 518-519).

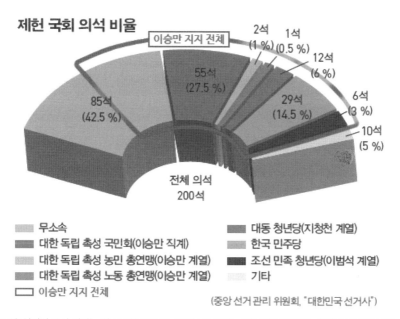

제헌 국회 의석 비율

이승만 지지 전체

- 85석 (42.5 %)
- 55석 (27.5 %)
- 2석 (1 %)
- 1석 (0.5 %)
- 12석 (6 %)
- 29석 (14.5 %)
- 6석 (3 %)
- 10석 (5 %)

전체 의석
200석

- ▨ 무소속
- ▪ 대한 독립 촉성 국민회(이승만 직계)
- ▨ 대한 독립 촉성 농민 총연맹(이승만 계열)
- ▪ 대한 독립 촉성 노동 총연맹(이승만 계열)
- ☐ 이승만 지지 전체
- ▪ 대동 청년당(지청천 계열)
- ▨ 한국 민주당
- ▪ 조선 민족 청년당(이범석 계열)
- ▨ 기타

(중앙 선거 관리 위원회, "대한민국 선거사")

5·10 선거의 공식 결과는 이 도표와 같지만, 심층분석 결과는 이승만을 지지하는 정당과 단체의 구성이 전체 의석의 3/4을 차지한 것으로 드러난다. 그래프의 왼쪽 끝 무소속 범주의 대략 절반부터 부채의 오른쪽 끝까지가 모두 이승만을 지지하는 당선자들로 구성돼 있기 때문이다.

1948년 5·10 선거는 여성에게 완벽한 참정권을 보장한 선거였다. 유럽의 선진국 스위스조차 1971년 그리고 사우디아라비아는 2015년이 되어서야 가능한 일이었다.

82

1948년 5월 31일 개원한 제헌의회,
건국헌법을 50일 만에 공포하다

앞에서 제헌의회 당선자의 대략 3/4이 이승만 지지세력으로 구성돼 있음을 설명했다. 제헌의회가 헌법을 만드는 과정은 이와 같은 정치적 역학이 가장 먼저 관철된 정치 일정이었다. 의원들 각자 개별적으로 혹은 소속 정당이나 단체의 입장을 대변하면서 헌법을 만드는 일에 나름 최선을 다했지만, 쟁점이 생길 때마다 결국에는 이승만의 개입과 판단을 따랐기 때문이다.

이를 확인하기 위해서는 우선 제헌의회가 건국헌법을 만든 절차에 관한 이해가 필요하다(유수현, 1986, "제1공화국 헌법제정과정" 한국정신문화연구원 《한국의 사회와 문화》 7집: 181-243). 제헌의회는 5월 31일 중앙청 홀에서 개원식을 하고 의장에 이승만, 부의장에 신익희·김동원을 선출하며 출발했다. 바로 다음 날인 6월 1일 제헌의회는 국가를 만드는 일의 기본이 되는 '헌법 및 정부조직법을 기초할 의원들' 및 이를 전문적인 지식으로 도울 '헌법기초 전문위원들'을 선발할 '전형의원'을 도별로 1명씩 총 10명을 선출했다.

'전형의원'은 당시 존재하던 8개 도(경기·강원·충북·충남·전북·전남·경북·경남)에서 서울과 제주를 따로 떼어내 전국을 10개로 구분한 국회의 각 지역 대표들로 구성되었다. 이들은 이틀 후인 6월 3일 '국회의원 30명'으로 구성된 '기초의원' 그리고 '국회 외부 전문가 10명'으로 구성된 '전문위원'을 각각 선발했다.

기초의원들과 전문위원들은 선발 당일인 6월 3일부터 22일까지 약 3주간에 걸쳐 16번의 회의 끝에 '전문, 10장, 102조'로 구성된 헌법 초안을 작성해 6월 23일 국회 본회의에 제출했다. 본회의는 6월 23일부터 7월 12일까지 3차에 걸쳐 제출된 초안을 독회하며 '대체토론·축조심의·자구수정'을 하여 '전문, 10장, 103조'로 구성된 최종 헌법을 통과시켰다. 국회의장 이승만은 7월 17일 이 건국헌법을 공포했다.

건국헌법은 제헌국회가 출발한 지 두 달도 채 되지 않는 기간에 만들어져 공포됐다. 어떻게 이렇게 초고속으로 헌법을 만들 수 있었는가? 건국헌법의 제정은 심지어 국호를 포함한 헌법의 모든 조항과 조문을 '제로 베이스'에서 시작해 하나하나 만들어 가는 지난한 작업일 수밖에 없는 일 아니었던가? 그런데 제헌의회는 그 일을 두 달도 걸리지 않고 해치웠다. 이 불가사의(不可思議)의 배경에는 건국헌법에 대한 이승만의 관심과 역할이 자리 잡고 있다.

헌법을 기초하는 작업은 제헌의회가 구성되기 이전부터 이미 두 갈래로 진행되고 있었다(유수현, 위의 글). 한 갈래는 일제 고등문관 출신들로 구성된 행정연구회 작업이다. 이승만은 환국한 지 두 달밖에 되지 않은 1945년 12월 임시정부 내무부장 신익희를 움직여 행정연구회를 가동시켜 1946년 3월 1단계 초안을 만들도록 했다. 그로부터 대략 2년 후인 5·10 선거 직후에 행정연구회는 고려대 법학 교수 유진오를 참여시키며 1

난세 초안을 재심의해서 2단계 초안을 마련하고 있었다.

다른 갈래는 미군정청 남조선과도정부 안에서 이루어진 작업이다. 2차 미소공위가 난항을 거듭하던 1947년 6월 미군정청은 조선인 기관을 '남조선과도정부'라 개칭하고 '과도정부 사법부' 안에 '법전편찬위원회'를 두고 다시 그 안에 '헌법기초분과위원회'를 설치해 유진오를 초빙했다. 유진오는 1947년 겨울 방학부터 헌법 초안 작성에 본격 착수했다. 1948년 3월이 되자 김성수도 한민당의 헌법 초안 작성을 유진오에게 부탁했다.

그 사이 이승만이 총재로 있는 독립촉성국민회의 부총재가 된 신익희는 행정연구회가 작성하던 헌법 초안과 과도정부가 작성하던 초안을 합동시키자는 제안을 유진오에게 1948년 4월 했다. 유진오는 1948년 5월 초 사법부 법전편찬위원회의 독촉을 받고 자신이 만든 헌법 초안을 제출한 후, 5월 중순부터는 행정연구회 회원들과 자신의 안을 합작시키는 작업을 진행했다. 유진오의 안을 기본으로 다소의 수정과 가필이 이루어졌다.

건국헌법이 신속하게 만들어진 배경에는 바로 이 두 갈래 헌법 초안 작성에 동시에 간여한 유진오의 역할 그리고 이를 뒤에서 관리하던 이승만의 관심이 있었다. 당연히 유진오는 이승만이 의장이 된 제헌국회의 헌법 전문위원으로 위촉되었고, 헌법 제정에 중심적 역할을 맡게 되었다(유진오, 1980, 《헌법기초회고록》 일조각).

그러나 국회의 헌법 기초위원회가 유진오의 통합안을 심의하면서 여러 가지 쟁점이 불거졌다. 첫 심의에서는 국회의 '단원제 혹은 양원제' 그리고 정부의 '내각제 혹은 대통령제' 등의 쟁점과 더불어 '자유경제 혹은 통제경제' 중 어떤 체제를 선택할 것인가 하는 문제도 도마에 올랐다. 논란 끝에 기초위원회는 모두 유진오 원안을 따르기로 결정했다. 즉 양원제, 내각제, 통제경제를 채택했다.

그러나 두 번째 심의에서는 원안에 많은 수정이 이루어졌다. 국호를 원안인 '한국'에서 '대한민국'으로, 주권을 가진 유권자를 원안인 '인민'에서 '국민'으로, 그리고 첫 심의에서 채택한 '양원제'와 '내각제'를 '단원제'와 '대통령제'로 각각 수정했기 때문이다.

기초위원회가 올린 안을 놓고 본회의에서는 대통령제에 내각제를 가미하는 수정안이 다시 만들어졌다. '국무총리는 대통령이 임명하고 국회의 승인을 받아야 한다'는 내각제적 조항과 함께 '국무위원에 대한 국무총리의 추천권을 삭제'하는 재수정안이 통과되었기 때문이다. 이에 따라 혼합형 권력구조 즉 내각제가 가미된 대통령제가 건국헌법으로 최종 채택되었다.

헌법의 내용이 이렇게 뒤바뀌면서도 국회가 결론을 신속히 낼 수 있었던 까닭은 어디에 있었는가? 이 역시 의석의 3/4 지지를 받는 이승만의 개입과 독촉이 있었기 때문에 가능한 일이었다. 가장 극적인 상황 하나만 예를 들어 본다. 권력구조를 둘러싼 문제였다.

국회의장 이승만은 부의장 신익희를 대동하고 헌법기초의원 회의장을 두 번이나 방문해 내각제를 반대했다. 6월 15일의 첫 번째 반대에도 불구하고 내각제가 유지되자 이승만은 21일 두 번째 방문에서 매우 격한 어조로 '내각책임제 초안이 국회에서 확정되면 나는 어떠한 지위에도 취임하지 않고 민간에 남아 국민운동이나 하겠다'고 선언하며 바로 퇴장해 버렸다(유수현, 위의 글: 206; 권기돈, 2022, 《오늘이 온다》 소명출판: 62).

이에 놀란 허정, 윤길중, 유진오 3인이 당일 오후 이화장을 방문해 이승만을 설득했으나 묵묵부답이었다. 이 소식을 전해 들은 김성수는 그날 밤

11시 한민당 간부들과 계동 자책에서 대책을 숙의하면서 유진오에게 급히 방문을 요청했다.

자리에 나타난 유진오에게 김성수는 대통령으로 모셔야 할 단 한 분밖에 없는 후보자 이승만이 내각책임제를 절대 반대하니 한민당도 더 이상 내각제를 고집할 수 없다고 말하며 대통령제로 바꾸는 작업에 도움을 요청했다. 김준연이 현장에서 급히 고친 내용이 앞뒤로 연결이 되는지 유진오가 마지못해 확인해 주면서 헌법은 결국 대통령제로 돌아섰다(유수현, 위의 글: 206-207).

이뿐만이 아니었다. 논란이 되었지만 결국 채택된 유진오의 통제경제 조항들도 사실은 이승만이 이미 1946년 2월 서울중앙방송을 통해 발표한 '모범적 독립국을 건설하자: 과도정부 당면정책 33항'에 모두 포함된 내용이었다. 방송 직후인 2월 25일 이승만은 미군정 자문기구 '민주의원' 의장으로 선출되어, 3월 19일 '33항'을 축약한 '임시정책 대강'을 민주의원에서 의결 및 공포한 바 있다.

올리버는 이를 '1948년 헌법의 기초가 된 자료'라고 지적한다(Oliver, 1954: 365). 실제로 '임시정책 대강'에 나타난 농지개혁 그리고 친일청산 등의 정책안들은 대부분 건국헌법에 순서와 표현만 달리했을 뿐 그대로 반영되었다. 그러므로 '유진오 안'이라 알려진 헌법 초안은 내각제·양원제 둘을 빼곤 모두 '이승만 안'이었다(유영익, 2006, "이승만 국회의장과 대한민국 헌법 제정" 《역사학보》 189호: 115-116; 손세일, 2015, 6권: 473-475). 제헌의회는 이승만의 시간과 공간이었다.

1948년 5월 31일 열린 제헌국회 개원식에서 이승만 의장이 태극기 아래 단상에 서서 발언하고 있다.

1948년 7월 17일 공포 직전 건국헌법에
서명하는 제헌의회 의장 이승만.

83

1948년 7월 '김구·유어만 대화 비망록'에 드러난 김구의 위선

1948년 5월 31일 대한민국 제헌국회가 개원하자, 북조선로동당은 6월 2일 대책회의를 열고 4월 말에 북조선인민위원회가 채택한 북한의 헌법에 근거해 남북한 전체의 통일적인 최고입법기관을 건설한다는 명분으로 총선거 실시를 결의했다. 이에 따라 북조선민주주의통일전선은 다음날 총선거 실행을 위한 2차 남북지도자협의회를 소집하기로 결정했다. 이 결정에는 4월 방북에서 체류를 선택한 남쪽 민족전선 대표들도 참석했다.

북한은 2차 남북지도자협의회에 김구와 김규식 등 남한 지도급 인사들의 참석이 절실했다. 서울에서 활동하던 공작원 성시백에게 6월 5일 이들의 참여를 요청하는 북의 서신이 전달됐다. 이를 전해 받은 김구와 김규식은 주어진 상황이 4월 입북 때와 비교해 많이 변화했고 또 서신만으로는 이해가 잘 안 되니 홍명희를 서울로 보내 상의하자는 취지의 회답을 했다. 북에서는 논란 끝에 안전을 이유로 홍명희를 보내지 않겠다고 결정했다.

이어진 밀서 교환과정에서 6월 20일 북의 김일성과 김두봉이 보낸 협조 요청 편지에 김구와 김규식은 답장을 보내며 '이남에서 단정이 수립되니 이북에서도 단정을 수립하겠다'고 하는 것은 민족분열행위 아니냐며 주저하는 태도를 보였다. 그러자 북은 두 사람이 불참하더라도 2차 남북지도자협의회를 강행하기로 결정했다. 결국 2차 협의회는 그들만의 잔치로 6월 29일부터 7월 5일까지 북에서 개최됐다(손세일, 2015, 《이승만과 김구》 7권: 380-385).

제헌국회가 한창 건국헌법을 만들어 가고 있던 시기, 김구와 김규식은 이같이 북과 비밀리에 소통하며 2차 남북지도자협의회를 추진하고 있었다. 그러나 뜻밖의 암초가 등장했다. 김구의 한독당과 김규식의 민족자주연맹이 5차례의 회의 끝에 6월 15일 공개적으로 추진하기로 합의한 '통일독립운동자협의회(통협)'에서 주도적 역할을 하던 독립노동당 당수 유림(柳林)이 입바른 발언을 쏟아냈기 때문이다.

유림은 "양 김 씨를 비롯한 남북협상파를 주동으로 하는 '통협'에 독립노동당 계열은 참가하지 않는다"면서 두 김 씨의 주석 및 부주석 추대를 반대했다. 유림은 그 이유를 "양 김 씨가 평양회의에서 신탁통치를 지지하였으니, 그러한 사람들이 협의회 헤게모니를 잡는다면 우리는 그 사람들과 같이 일하기 어렵다"고 설명했다. 유림은 남북협상에 참가했던 인사들이 서울로 돌아오자 이들을 "공산당 제5열(간첩)"이라 비난하기도 했었다(손세일, 위의 책: 376-379).

북에서 진행된 2차 남북지도자협의회가 종결된 직후인 7월 8일 유림은 또다시 김구와 김규식을 맹비난하는 성명을 발표했다. "나는 자주와 민주를 조건으로 하는 통일운동자이므로 신탁통치와 독재를 주장하는 공산당 영역의 확대를 환영할 의무가 없으며, 협의회를 변질시키거나 파괴하려는 의도를 달게 받아들일 자유가 없다(경향신문, 1948년 7월 10일, '찬탁에 서명한 양

김 씨 통협 영도권 없다)." 유림이 뿌린 고춧가루는 치명적이었다.

이즈음 김구는 되는 일이 없었다. 이승만의 단독정부 노선을 반대했으나 UN은 1947년 11월 이승만의 손을 들어주었다. 1947년 12월 발생한 장덕수의 죽음은 그를 법정에 세우기도 했다. UN이 감시하는 5·10 선거를 반대하며 추진한 남북협상도 완전히 실패했다. 마침내 제헌의회가 건국헌법을 만드는 동안 추진한 2차 남북협상마저 신탁통치 찬성 세력이라는 비난에 시달리며 좌초했다. 김구는 깊은 수렁에 빠져 있었다.

당시 김구가 겪었던 좌절의 원인에 대한 분석은 지금까지 비교적 우호적인 기조를 유지하여 왔다. 김구의 순수한 통일에 대한 열망과 의지가 당시의 주어진 조건 즉 남북을 분할 점령한 국제정치의 현실에 희생된 불운한 결과일 뿐이라는 해석이 주를 이루었기 때문이다. 외세를 등에 업은 현실주의자들과 비교해 김구는 낭만적인 이상주의자였기 때문에 겪어야 했던 아픔이었다는 동정론이다.

그러나 실상은 전혀 그렇지 않다는 새로운 해석이 제기되고 있다. 이 해석은 최근 발견된 결정적 사료 하나를 근거로 한다. A4 용지 두 장 분량의 매우 짧고 단순한 사료지만, 그것이 가진 함의는 무엇보다 폭발적이다. '김구·유어만(劉馭萬) 대화 비망록'이다. 이 영문문서는 당시 주한 중국공사 유어만이 1948년 7월 11일 오전 11시 예고 없이 김구의 경교장을 방문해 이승만과 협력할 것을 권유한 장개석 총통의 뜻을 전하면서 평양 방문에 관해 두 사람이 나눈 대화까지 기록한 '극비' 문서다.

이 문서는 장개석이 김구를 각별히 생각한다는 유어만의 수인사로 시작해, 김구의 아들 김신과 유어만 자신이 가까운 친구이기 때문에 남들이 못 하는 듣기 거북한 말조차 나눌 수 있다는 유어만의 친밀감 표현 후, 본

론인 장개석의 메시지 즉 이승만 정권에 김구가 협조하면 다음 차례에 기회가 생기지 않겠냐는 조언을 유어만이 김구에게 전한 사실을 기록하고 있다.

이에 대해 김구는 그럴 수 없는 이유를 설명한다. 이승만이 한민당의 포로가 되어 있기 때문에, 자신이 정부에 들어가면 반드시 갈등이 일어나서 차라리 바깥에 있는 것이 낫다는 김구의 해명이 제시된다. 그러나 유어만은 그럴수록 정부에 들어가서 한민당을 견제하는 신익희, 이범석, 지청천을 지원하는 역할을 김구가 해야 한다고 강조한다.

이에 대해 김구는 반미주의자로 낙인찍힌 자신이 정부에 들어가면 국가건설에 필요한 미국의 원조마저 막힐 수 있다고 반론한다. 그러나 유어만은 이승만도 한때 반미주의자라는 비난을 받았다고 지적하며 재차 김구를 설득하는 노력을 기울인다. 이러한 대화 끝에 김구는 자신의 북한 방문 동기를 설명하며 다음과 같이 속내를 드러내는 발언을 한다.

"내가 남북지도자회의에 갔던 동기의 하나는 북한에서 실제로 일어나고 있는 일들을 알아보기 위해서였습니다. 비록 공산주의자들이 앞으로 3년 동안 북한군의 확장을 중지하고, 그동안 남한에서 모든 노력을 기울이더라도 공산군의 현재 수준에 대응할만한 병력을 건설하기란 불가능합니다. 소련인들은 비난받지 않고 아주 손쉽게 그 병력을 남한으로 투입시켜 한순간에 여기에서 정부를 수립되고 인민공화국을 선포할 것입니다."

놀라운 발언이다. 김구는 북한에 가 봤더니 소련의 지원을 받는 북한군이 남침해 남한을 무너뜨리라는 것을 확신하게 되었다고 유어만에게 말하고 있기 때문이다. 이 발언은 김구가 북을 떠나며 발표한 공식 성명과 완전히 배치된다. 김구와 김규식은 4월 30일 4개 항으로 구성된 '남북조선

제정당 사회단체 공동성명서'를 발표하며 남북협상의 엄청난 성과라고 자화자찬했었다.

성명의 제2항은 "남북지도자는 우리 강토에서 외국 군대가 철거한 이후에 내전이 발생될 수 없다는 것을 확인"이라고 말하고 있다(손세일, 위의 책: 276-277). 그렇다면 이 극비 문서는 김구가 '순수한 이상주의자'는커녕, 겉과 속이 완전히 다른 위선자 나아가서 북의 군사적 우위에 투항하는 기회주의적 행태를 보여주는 사실까지도 적나라하게 드러내는 셈이다. 김구는 머지않아 북이 남침할 걸 알고 돌아와서는 대중을 향해서는 절대 그럴 일 없을 거라 거짓말을 했다.

이 문서는 현재 연세대 이승만연구원이 보관하고 있다. 유어만은 이 문서를 작성해 대만 본국에 보고하고, 복사본 한 부를 이승만에게도 전한 것으로 추정된다. 이승만이 보관한 이 문서는 경무대를 거쳐 이화장으로 옮겨졌다가, 연세대가 이승만연구원을 설치하면서 '이화장 소장 이승만 문서' 일체를 기증받게 되면서 함께 넘어왔다.

원장으로 재직하면서 이 문서를 처음 읽었을 때의 떨림이 지금도 생생하다. 원문 스캔본은 이영훈 교장이 운영하는 '이승만학당' 홈페이지 '연구자료' 버튼을 통해 접근이 가능하다. 원문 전체를 번역한 한글본은 《월간조선》 2009년 9월호에 실린 조갑제의 글 "'김구, 공산군 곧 남침, 공화국 세울 것'이라면서 주한미군 철수 주장"에 실려 있다.

The following is the gist of the talks carried on between Mr. Kim Koo and Minister Liu Yü-man, Chinese Minister at Seoul, over an hour beginning from 11:00 a. m., July 11th, 1948, in a surprise visit made by the Minister.

Liu: I have been holding you in great esteem as an honest man, more than for any other reason. I myself am a plain outspoken man, though I am diplomat, my appointment to Seoul being the very first job of official character. I have come to talk with you as between an honest man and an honest man, even if I have to offend you sometimes.

Kim: (merely nods appreciation.)

independence.

Kim: One of the motives for going to the Leaders Conference was to see the actual things happening in North Korea. Even if the Communists stop expanding the Korean Red Army for three years to come, all the efforts in South Korea will hardly be able to build up an army to the present strength of the red army. The Russians will easily set it on its southward swoop without incurring the blame, for the moment a government is set up here, the People's Republic will be proclaimed.

'김구·유어만 대화 비망록' 첫부분과 끝부분을 떼어내 연결시킨 이미지다. 특히 주의를 기울여 읽어야 할 부분은 회색 마킹을 입혔다(출처: 연세대 이승만연구원).

유어만 씨
중국대표 (中國代表)

유어만(劉馭萬).

84

7월 20일 선출된 대통령 이승만,
8월 5일 건국의 인적 구성 마무리

1948년 7월 17일 공포된 헌법과 함께 국회를 통과한 정부조직법에 따라 대통령과 부통령을 선출하는 국회 본회의는 1948년 7월 20일 열렸다. 오전에는 대통령 그리고 오후에는 부통령을 각각 선출하는 일정이었다. 입후보하는 절차 없이 제헌의회 의원 전원이 참여해 각자가 선택한 후보를 적는 무기명 비밀투표 방식이었다.

오전에 실시된 대통령 선거에는 재적의원 198명 가운데 196명이 참여했다. 개표 결과 180표라는 압도적 다수가 이승만을 선택했다. 이어서 김구 13표, 인재홍 2표, 서재필 1표가 나왔다. 서재필 1표는 미국 국적을 이유로 무효처리되었다. 투표에 참여하지 않은 2명 가운데 1명은 대통령 당선이 유력하던 이승만이었고, 나머지 1명이 누구였는지는 지금까지 확인되지 않고 있다(권기돈, 2022, 《오늘이 온다》 소명출판: 124).

당선자 이승만은 오후에 실시될 부통령 선거를 앞두고 기자회견을 했다. '부통령에 누가 당선되기를 희망하는가'는 기자들 질문에 이승만은 물밑에서 이시영을 낙점하고 있었음에도 오세창·이시영·조만식 등의 장단점을 언급하며 누구라도 좋다는 연막을 피웠다(손세일, 2015, 《이승만과 김구》 7권: 399).

기자들은 '부통령 김구와도 합작할 의사가 있는가'를 이어서 물었다. 이승만의 대답은 단호했다. "그것은 불가능한 것이다. 김구 씨의 태도는 아직 동포들에게 알려지지 않았다… 대통령과 부통령이 서로 의사가 맞지 않으면 정부는 자연적으로 흔들려지는 것이다(동아일보, 1948년 7월 21일, "1주일 내에 조각")."

비록 구체적으로 언급하지는 않았지만, 이승만의 김구에 대한 이 발언은 앞에서 소개한 '김구·유어만 대화 비망록'이 드러내는 김구의 위선을 염두에 둔 발언이 틀림없다. '동포들에게 알려지지 않은 김구의 태도'를 언급하며 '서로 의사가 맞지 않는다'고 강조하고 있기 때문이다. '남한은 건국해 봐야 북한군의 남침에 무너질 것'이란 김구의 입장 때문에 대통령이 된 자신과는 도저히 같이 일할 수 없는 사람이라고 이승만은 기자들에게 완곡하지만 분명하게 전하고 있다.

이북통신(以北通信)이 발행한 '대한민국 초대 각료' 구성 경축 기사다. 대통령 이승만, 부통령 이시영, 국무총리 겸 국방부장관 이범석 등 17명으로 구성된 각료의 사진과 약력을 기술하고 있다(출처: 충북 옥천 소재 '가산박물관' 소장 자료, 국사편찬위원회 전자사료관에서 이미지 내려받음).

기자들은 이어서 "그렇다면 김구 국무총리설도 낭설인가?"라고 물었다. 이승만은 퉁명스럽게 대답했다. "국무총리를 준다는 사람은 누구인가?" 미군정 아래에서 반공투사로 이승만과 한배를 타고 '형님·아우님' 하며 신탁통치에 반대하던 김구는, 한반도 독립 문제가 유엔으로 넘어가며 소련 점령지역을 제외한 단독정부 수립이 현실로 다가오자 통일정부를 세워야 한다는 명분 아래 결구에는 북한과 소련에 투항하는 노선으로 갈아 탔다. 신생 대한민국이 북한의 침략으로 곧 무너질 것이라 생각하는 김구를 대통령이 된 이승만이 포용할 수는 없는 노릇이었다.

이승만이 의원 자격으로 부통령 선거에 참여하면서 총투표자는 1명이 늘어난 197명이 되었다(권기돈, 위의 책: 127-128). 부통령 선거 개표 결과는 이시영 113표, 김구 65표, 조만식 10표, 오세창 5표, 장택상 3표, 서상일 1표였다. 최고 득표자인 이시영의 표가 출석의원 2/3를 넘지 못해 재투표에 부쳐졌다. 그 결과 이시영이 20표가 늘어난 133표로 부통령에 당선되었다. 김구는 3표가 줄은 62표였다. 부통령 선거는 결국 이승만의 의도가 관철되기는 했지만, 이승만과 협력이 불가능한 김구를 지지하는 세력이 의회의 1/3을 차지하고 있는 현실도 함께 드러냈다.

의회, 헌법에 이어 대한민국을 건국하는 3번째 단계인 정·부통령 취임식은 7월 24일 토요일 오전 중앙청 광장에서 열렸다. 이승만은 헌법 54조 규정에 따라 "나 이승만은 국헌을 준수하며 국민의 복리를 증진하며 국가를 보위하여 대통령의 직무를 성실히 수행할 것을 국민에게 엄숙히 선서한다"고 말하고 선서문에 서명했다.

이어 이승만은 "여러 번 죽었던 이 몸이 하느님 은혜와 동포들의 애호로 지금까지 살아 있다가 오늘에 이와 같이 영광스러운 추대를 받는 나로서는 일변 감격한 마음과 일변 감당키 어려운 책임을 지고 두려운 생각을 금하기 어렵습니다"로 시작하는 감동적인 취임사를 읽었다. 이승만은 취임 당일 오후부터 집무를 시작했다. 중앙청 3층의 200호실이었다.

그날 이승만은 '대한민국 정부와 미국 정부 간의 재정 및 재산에 관한 최초 협정' 안을 검토했다. 1945년 12월부터 미군정이 관리하던 구 일본

정부 및 일본인 소유 재산 즉 귀속재산의 이양에 관한 문제를 따지기 위해 이승만은 당일 한국은행의 최준수와 백두진 그리고 식산은행의 장봉호를 집무실로 불러 이 문제에 관한 의견을 청취했다(손세일, 위의 책: 412).

대통령 취임식이 끝나자 온 나라의 관심은 국무총리 이하 내각 구성으로 옮겨 갔다. 이승만은 이미 7월 22일 기자들과 문답하며 '의외의 인물'이 국무총리가 될 것이라 예고한 바 있었다(동아일보, 1948년 7월 24일, "총리 문제에 정·부통령 합의, 의외 인물은 누구?"). 당시 한민당은 김성수, 독촉은 신익희, 무소속 구락부는 한독당 조소앙을 각각 총리로 밀고 있었다(권기돈, 위의 책: 133).

7월 27일 국회에 출석한 이승만은 위의 세 사람이 국무총리가 되면 안 되는 이유를 길게 설명한 후, 이윤영을 국무총리로 지명한다고 깜짝 발표했다. 이윤영은 이승만이 5·10 선거에서 김성수를 설득해 종로 선거구를 양보하도록 만들어 당선시킨 월남한 감리교 목사 출신의 정치인이었다. "조만식 선생의 유일한 정치단체인 조선민주당 부위원장으로… 남북통일 촉성을 위하여 누구나 이의가 없을 것입니다"는 이승만의 강력한 호소에도 불구하고, 이윤영 동의안은 재석의원 193명 가운데 '가 59표, 부 132표, 기권 2표'로 처참히 부결됐다.

잘 나가던 이승만의 첫 패배였다. 그러나 이승만의 계산은 따로 있었는지도 모른다. 이승만의 당시 비서 윤석오는 회고록 '경무대 4계'의 '조각 비화 ②'에서 이승만은 이윤영의 부결을 내다보고 있었다고 말하고 있기 때문이다. 이북 동포에 대한 이승만의 배려를 상징하기 위한 수단으로 지명했을 뿐 선출을 기대하지는 않았다는 설명이다(《남기고 싶은 이야기들》 1977: 88-90).

사실, 이승만의 전략은 이로부터 한 걸음 더 나간 것인지도 모른다. 이윤영 총리 안의 예견된 실패는 김성수를 총리로 미는 한민당의 요구를 우회하기 위한 전략일 수도 있었기 때문이다. 이윤영 안이 부결되자 이승만은 지체없이 이범석을 총리로 지명하는 작업에 들어갔다. 김성수를 미는 한민당과 조소앙을 미는 무소속 대표들을 이화장으로 불러 이승만은 자신의 의지가 국회에서 두 번이나 꺾일 수는 없는 것 아니냐며 이범석에 대한 지지를 간곡히 호소했다(윤석오, 《남기고 싶은 이이야기들》 1977: 92).

　다른 한편 이범석은 7월 30일 김성수를 따로 만나 협조를 요청하면서 장관 임명과정의 반대급부를 약속하기도 했다. 김성수가 각료 가운데 6석을 한민당에 배정하지 않으면 당을 설득하기 어렵다고 설명하자, 이범석은 적극 공감하며 최선을 다하겠다고 말했다(손세일, 위의 책: 427-428).

　이승만의 호소 그리고 이범석의 약속에 마음이 움직인 김성수의 설득으로 마침내 한민당이 돌아섰다. 8월 2일 197명의 의원이 참석한 투표에서 이범석 총리 안은 '가 110표, 부 84표, 무효 3표'로 통과됐다. 이승만은 그날 저녁부터 이범석과 조각(組閣)을 서둘렀다. '재무 김도연, 법무 이인, 농림 조봉암, 교통 민희식'이 당일 밤늦게 발표됐다.

　다음 날 3일에는 '내무 윤치영, 사회 전진한, 문교 안호상'이 임명됐다. 4일에는 '외무 장택상, 상공 임영신, 국방 총리 겸임, 체신 윤석구, 공보 김동성, 법제 유진오'를 발표했다. 같은 날 국회는 이승만 의장 후임으로 신익희를, 신익희 부의장 후임으로 김약수를 각각 선출했다. 8월 5일 국회는 김병로 대법원장에 대한 인준을 가결했다. 이렇게 하여 대한민국이라는 신생 국가의 인적 구성이 대부분 마무리됐다.

이북통신(以北通信)이 발행한 '대한민국 초대 각료' 구성 경축 기사다. 대통령 이승만, 부통령 이시영, 국무총리 겸 국방부장관 이범석 등 17명으로 구성된 각료의 사진과 약력을 기술하고 있다(출처: 충북 옥천 소재 '가산박물관' 소장 자료, 국사편찬위원회 전자사료관에서 이미지 내려받음).

중요 회담을 하는 정·부통령 이승만과 이시영(출처: 동아일보 1948년 7월 24일).

건국 대통령 이승만 취임사(1948년 7월 24일)

여러 번 죽었던 이 몸이 하느님 은혜와 동포들의 애호로 지금까지 살아 있다가 오늘에 이와 같이 영광스러운 추대를 받는 나로서는 일변 감격한 마음과 일변 감당키 어려운 책임을 지고 두려운 생각을 금하기 어렵습니다.

기쁨이 극(克)하면 웃음이 변하여 눈물이 된다는 것을 글에서 보고 말로 들었던 것입니다. 요즘 나에게 치하하러 오는 남녀동포가 모두 눈물을 씻으며 고개를 돌립니다. 각처에서 축전 오는 것을 보면 모두 눈물을 금하기 어렵습니다.

나는 본래 나의 감상(感想)으로 남에게 촉감될 말을 하지 않기로 매양 힘쓰는 사람입니다. 그러나 목석간장(木石肝腸)이 아닌 만치 나도 뼈에 사무치는 눈물을 금하기 어렵습니다. 이것은 다름 아니라 40년 전에 잃었던 나라를 다시 찾은 것이요, 죽었던 민족이 다시 사는 것이 오늘에야 표명(表明)되는 까닭입니다.

오늘 대통령으로서 선서하는 이 자리에 하느님과 동포 앞에서 나의 직책을 다하기로 한층 더 결심하며 맹서합니다. 따라서 여러 동포들도 오늘 한층 더 분발해서 각각 자기의 몸을 잊어버리고 민족 전체의 행복을 위하여 대한민국의 시민으로서 영광스럽고 신성한 직책을 다하도록 마음으로 맹서하기를 바랍니다.

여러분이 나에게 맡기는 직책은 누구나 한 사람의 힘으로 성공할 수 없는 것입니다. 이 중대한 책임을 내가 감히 부담할 때에 내 기능이나 지혜를 믿고 나서는 것이 결코 아니며 오직 전국 애국남녀의 합심 합력으로써

만 수행할 수 있을 것으로 믿는 바입니다.

이번 우리 총선거의 대성공을 모든 우방(友邦)들이 축하하기에 이른 것은 우리 애국남녀가 단단한 애국성심(愛國誠心)으로 각각의 책임을 다한 때문입니다. 그 결과로 국회 성립 또한 완전무결한 민주제도로 조직되어 2, 3정당이 그 안에 대표가 되고 무소속과 좌익 색채로 지목받는 대의원이 또한 여럿이 있게 된 것입니다.

기왕의 경험으로 추측하면 이 많은 국회의원 중에서 사상 충돌로 분쟁 분열을 염려한 사람들이 없지 않았던 것입니다. 그러나 중대한 문제에 대하여 극렬한 쟁론(爭論)이 있다가도 필경 표결(表決)될 때에는 다 공정한 자유 의견을 표시하여 순리적으로 진행하게 되므로 헌법과 정부조직법을 다 민의대로 종다수로 통과된 후에는 아무 이의 없이 다 일심(一心)으로 복종하게 되므로 이 중대한 일을 조속한 한도 내에 원만히 해결하여 오늘 이 자리에 이르게 된 것이니 국회의원 일동과 전문위원 여러분의 애국성심을 우리가 다 감복하지 않을 수 없는 것입니다.

나는 국회의장의 책임을 이에 사면(辭免)하고 국회에서 다시 의장을 선거할 것인데 만일 국회의원 중에서 정부 부처장으로 임명될 분이 있게 되면 그 후임자는 각기 소관 투표구역에서 재선(再選) 보결(補缺)하게 될 것이니 원만히 보결된 후에 의장을 선거하게 될듯하며 그동안은 부의장 두 분이 사무를 대임(代任)할 것입니다. 따라서 이 부의장 두 분이 그동안 의장을 보좌해서 각 방면으로 도와 협조 진행케 하신 것을 또한 감사히 생각합니다.

국무총리와 국무위원 조직에 대해서 그동안 여러 가지로 낭설이 유포되었으나 이는 다 추측적 언론에 불과하며 며칠 안으로 결정 공포될 때에는 여론상 추측과 크게 다를 것이니 부언낭설(浮言浪說)에 현혹되지 않기를 바랍니다.

우리가 정부를 조직하는 데 제일 중대히 주의할 바는 두 가지입니다. 첫째는 일할 수 있는 기관을 만드는 것입니다. 둘째는 이 기관이 견고히 서서 흔들리지 않아야 할 것입니다. 그러므로 그 사람의 사회적 명망(名望)이나 정당단체의 세력이나 간에 오직 국회에서 정하는 법률을 민의(民意)대로 준행해 나갈 기능 있는 사람끼리 모이는 기관이 되어야 할 것이니 우리는 그런 분들을 물색하는 중입니다. 어떤 분은 인격이 너무 커서 작은 자리에 채울 수 없는 이도 있고 혹은 작아서 큰 자리에 채울 수 없는 이도 있으나 참으로 큰 사람은 큰 자리에도 채울 수 있고 작은 자리에도 채울 수 있을 뿐 아니라 작은 자리 차지하기를 부끄러워하지 않습니다. 이렇게 참 큰 인물들이 있어 무슨 책임을 맡기든지 대소(大小)와 고하(高下)를 구별치 않고 적은 데서 성공해서 차차 큰 자리에 오르기를 도모하는 분들이 많아야 우리의 목적이 속히 도달될 것입니다.

이런 인격들이 함께 책임을 분담하고 일해 나가면 우리 정부 일이 좋은 시계(時計) 속처럼 잘 돌아가는 중에서 이재(理財)를 많이 나타낼 것이요, 세계의 신망과 동정이 날로 증진될 것입니다. 그런즉 우리가 수립하는 정부는 어떤 부분적이나 어떤 지역을 한하지 않고 전(全) 민족의 뜻대로 전국을 대표하는 정부가 될 것입니다.

기왕에도 말한 바이지만 민주 정부는 백성이 주장하지 않으면 그 정권이 필경 정객과 파당의 손에 떨어져서 전국이 위험한 데 빠지는 법이니 일반 국민은 다 각각 제 직책을 행해서 먼저 우리 정부를 사랑하며 보호해야 될 것입니다. 내 집을 내가 사랑하고 보호하지 않으면 필경은 남이 주인

노릇을 하게 됩니다. 과거 40년 경험을 잊지 말아야 할 것입니다. 의(義)로운 자를 보호하고 불의(不義)한 자를 물리쳐서 의(義)가 서고 사(邪)가 물러가야 할 것입니다. 전에는 임금이 소인(小人)을 가까이 하고 현인(賢人)을 멀리하면 나라가 위태하다 하였으나 지금은 백성이 주장이므로 민중(民衆)이 의(義)로운 사람과 불의(不義)한 사람을 명백히 구별해야 할 것입니다.

승인(承認)문제에 대하여는 그 권리가 우리에게 있는 것이 아니므로 우리가 판단할 수는 없으나 우리의 순서가 이대로 계속된다면 모든 우방의 호의 속히 승인을 얻을 줄로 믿는 바입니다.

그러나 우리가 주시하는 바는 승인을 얻는 데 있지 않고 먼저 국위(國威)를 공고히 세우는 데 있나니 모든 우방이 기대하는 바를 저버리지 아니하고 우리가 잘만 해나가면 우리의 요청을 기다리지 않고 자발적으로 후원할 것이니 이것도 또한 우리가 일 잘하기에 달린 것입니다.

9월에 파리에서 개회하는 유엔 총회에 파견할 우리 대표단은 특별히 긴급한 책임을 가지니만치 가장 외교상 적합한 인물을 택하여 파견할 터인데 아직 공포는 아니하였으나 몇몇 고명(高名)한 인격으로 대략 내정되고 있으니 정부 조직 후에 조만간 완정(完定) 공포될 것입니다.

우리의 대표로 레이크 석세스에 가서 많은 성적을 내고 있는 임영신 여사에 대해서는 우리가 다 고맙게 생각하는 바입니다. 여기서 우리가 재정후원(財政後援)도 못하고 통신상으로 밀접히 후원(後援)도 못하는 중에 중대한 책임을 그만치 진취시킨 것을 우리는 다 영구히 기념하게 될 것입니다.

이북(以北) 동포 중 공산주의자들에게 권고하노니 우리 조국을 남의 나라에 부속(附屬)하자는 불충한 사상을 가지고 공산당을 빙자하여 국권을 파괴하려는 자들은 우리 전(全) 민족이 원수로 대우하지 않을 수 없나니 남의 선동을 받아 제 나라를 결단내고 남의 도움을 받으려는 반역(反逆)의 행동을 버리고 남북의 정신통일로 우리 강토를 회복해서 조상의 유업을 완전히 보호하여 우리끼리 합하여 공산(共産)이나 무엇이나 민의를 따라 행하는 것이 좋을 것입니다.

기왕에도 누누이 말한 바와 같이 우리는 공산당을 반대하는 것이 아니라 공산당의 매국주의(賣國主義)를 반대하는 것이므로 이북(以北)의 공산주의자들은 이것을 절실히 깨닫고 일제히 회심해서 우리와 같이 같은 보조를 취하여 하루바삐 평화적으로 남북을 통일해서 정치와 경제상 모든 복리를 다 같이 누리게 하기를 바라며 부탁합니다.

대외적으로 말하면 우리는 세계 모든 나라와 다 친린(親隣)해서 평화를 증진하여 외교 통상에 균평한 이익을 같이 누리기를 절대 도모할 것입니다. 만일 교제상(交際上) 친소(親疎)에 구별이 있다면 이 구별은 우리가 시작하는 것이 아니고 타동적(他動的)으로 되는 것입니다.

다시 말하자면 어느 나라든지 우리에게 친선(親善)히 한 나라는 우리가 친선히 대우할 것이요, 친선치 않게 우리를 대우하는 나라는 우리가 친선히 대우할 수 없을 것입니다. 과거 40년간 우리가 국제상 상당한 대우를 받지 못한 것은 세계 모든 나라가 우리와 접촉할 기회가 없었던 까닭입니다.

일본인들의 선전만을 듣고 우리를 판단해 왔었지만 지금부터는 우리 우방들의 도움으로 우리가 우리 자리를 찾게 되었은 즉 우리가 우리말을 할 수 있고 우리 일도 할 수 있나니 세계 모든 나라들은 남의 말을 들어 우리를 판단하지 말고 우리가 하는 일을 보아서 우리의 가치를 우리의 습관대로만 정해 주는 것을 우리가 요청하는 바입니다. 우리 정부와 민중은 외국의 선전을 중요히 여겨서 자유와 평화를 사랑하는 각국 남녀로 하여금 우리의 실정을 알려 주어서 피차에 양해를 얻어야 정의가 상통하여 교제가 친밀할 것이니 이것이 우리의 권리만 구함이 아니요, 세계 평화를 보증하는 방법입니다.

새 나라를 건설하는 데는 새로운 헌법과 새로운 정부가 다 필요하지만 새 백성이 아니고서는 결코 될 수 없는 것입니다. 부패한 백성으로 신성한 국가를 이루지 못하나니, 이런 민족이 날로 새로운 정신과 새로운 행동으로 구습(舊習)을 버리고 새 길을 찾아서 날로 분발 개진하여야 지나간 40년 동안 잃어버린 세월을 다시 회복해서 세계 문명국에 경쟁할 것이니, 나의 사랑하는 3,000만 남녀(男女)는 이날부터 더욱 분투용진(奮鬪勇進)해서 날로 새로운 백성을 이룸으로써 새로운 국가를 만년반석(萬年盤石) 위에 세우기로 결심합시다.

85

1948년 8월 15일 정부수립 기념식에
맥아더를 초청한 이승만의 혜안

대통령 이승만이 1948년 8월 초 마무리 한 새 국가의 인적 구성은 후유
증이 없지 않았다. 조각(組閣) 작업에서 소외된 부통령 이시영은 8월 4일 수
원의 친지 집으로 잠적해 8월 5일 첫 국무회의부터 참석하지 않았다. 그
는 8월 10일 5차 국무회의에서야 돌아왔다.

김성수 총리 자리를 이범석에게 양보하고 공동정부 수준의 내각 참여
를 기대한 한민당은 김도연 재무장관 1명 입각으로 판명이 나자, 8월 6일
야당과 다를 바 없는 성명을 발표했다. 앞으로 '국정에 대해 시시비비로
임하며 편달과 감시를 게을리하지 않겠다'고 날을 세웠다.

총리에 낙마한 이윤영의 조선민주당을 중심으로 한 이북 출신 인사들
도 이승만이 '이북인'에 대한 약속을 지키지 않았다고 반발했고, 상공장관
임영신에 대해서는 대한상공회의소가 능력이 '미지수'라는 성명을 냈다.

뒤숭숭한 분위기를 잠재우기 위해 이승만은 8월 5일 김성수, 이청천,
이윤영 세 사람을 무임소 국무위원으로 내정하고 정국을 다독이는 노력을
기울였다. 이청천·이윤영 두 사람은 8월 12일 취임했으나, 김성수는 끝내

고사했다(손세일, 2015, 《이승만과 김구》 7권: 437-438).

8월 15일이 왔다. 오전 11시 중앙청 광장에서는 해방 3년을 기념하는 동시에 우리 민국(民國)이 새로 탄생한 것을 아울러 경축하기 위해 '대한민국정부수립국민축하식'이 성대하게 거행됐다. 3·1운동 민족대표 33인 중 한 사람인 오세창을 회장으로 한 '대한민국정부수립국민축하준비위원회'가 주관하는 이 행사에서 대통령 이승만은 '대한민국'이 수립되었음을 세계만방에 선포했다.

이승만의 기념사는 다음과 같이 시작했다. "외국 귀빈 여러분과 나의 사랑하는 동포 여러분, 8월 15일 오늘에 거행하는 이 식은 우리 겨레의 해방을 기념하는 동시에 우리 민족이 새로 탄생한 것을 아울러 경축하는 것입니다. 이 자리에 미국 극동 최고사령장관 맥아더 장군과 그 부인을 환영하게 되는 것은 우리에게 큰 영광입니다(동아일보. 1948년 8월 16일, "우방과는 친선을 도모, 국력보강에 노력")."

이어서 이승만은 건국의 기초가 될 6가지 조건을 천명했다(우남전기편찬위원회, 1958, 《우남노선》 명세당: 109-113). 1) 민주주의 실현, 2) 민권과 자유 보장, 3) 한도 내에서 행하는 자유권의 정당한 행사, 4) 정부와 국민의 상호협조, 5) 근로인 보호(근로하며 고생하는 동포들의 생활을 개량하기 위해 모든 사람에게 균일한 기회와 권리를 보장하고 법 앞의 평등을 보호하며 국제통상과 공업발전으로 생활 향상), 6) 우호원조 감수(평화와 친선을 목적으로 한 외국의 경제원조가 필요하며 감사).

이승만 기념사의 결론은 다음과 같았다. "오늘에 지나간 역사는 마치고 새 역사가 시작되어… 새 정부가 나서게 되므로… 가장 중대한 바는 일반 국민의 충성과 책임심과 굳센 결심입니다. 이것을 신뢰하는 우리로는 모든 어려움에 주저하지 않고… 이 정부가 대한민국에 처음으로 서서 끝까지 변함이 없이 민주주의의 모범적 정부임을 세계에 표명되도록 매진할 것"을 선언했다(손세일, 위의 책: 446-447).

새 민국(民國)의 출발을 알리는 기념사로서 전혀 손색이 없다. 그러나 4·19세대를 대표하는 정치학자 진덕규는 이 기념사를 엄청나게 비난했다. 그는 우선, 기념사 앞부분이 맥아더에 대한 감사뿐이라며 문제를 제기했다. '독립운동가에 대한 고마움과 일제에 고통받았던 민중들의 노고에 대한 위로 없이 오직 대한민국 수립이 맥아더의 태평양 전쟁 승리에 의해 이루어진 것이라 표현했다'고 비판했다(진덕규, 2000, 《한국현대정치사서설》 지식산업사: 31-32).

그렇다면 이승만 본인이 고통받으며 독립운동한 것을 기념사에서 자화자찬해야 옳다는 말인가? 설마 이승만이 독립운동가가 아니란 말을 하는 건 아닐 거라 믿는다. 그렇다면 김일성이나 홍범도같이 소련 공산 전체주의 앞잡이 노릇 하느라 일제에 의해 고통받은 사람들에게도 고마워해야 한다는 말인가?

소련의 거부로 북한이 대한민국의 관할지역을 벗어난 사실을 누구보다 원통하게 생각하던 이승만에게 진덕규는 공산주의 국가 수립을 위해 일제와 싸운 사람들을 기리지 않았다고 맹비난했다. 딱히 좌익이라 분류하기 애매한 김구나 김규식조차 북에 이용만 당하며 실현 가능성 없는 남북협상을 빙자해 대한민국의 출발을 외면하던 당시 상황에 대한 고려는 전혀 없다.

진덕규는 한 걸음 더 나갔다. 이승만이 기념사에서 민주주의를 강조하였음에도 '독재자로 영구집권을 획책하면서 민주주의를 압살하고 관권 부정선거로 시종[해]… 독재자라는 오명을 쓴 채 몰락'했다고 비아냥했다(진덕규, 위의 책: 32-33).

그러나 이승만은 4·19로 스스로 하야했다. 하야 3일 전인 4월 23일에는 85세의 이승만이 사태의 실상을 뒤늦게 깨닫고 부상당한 학생들을 위로하기 위해 병원으로 달려갔다(대한뉴스 262호, 1960년 4월 29일). "부정을 보고 일어서지 않는 백성은 죽은 백성이지. 이 젊은 학생들은 참으로 장하다 (김정렬 회고록, 2010.《항공의 경종》대희: 233).

이렇게 말하는 이승만의 모습은 오히려 기념사에 등장하는 '민주주의의 모범'을 최악의 상황에서도 확실하게 실천하고 있음을 보여주는 증거 아닌가. 4·19는 '이승만의 꿈'을 실현하는 과정에서 벌어진 불행한 일이라는 해석이 힘을 얻는 이유다(임명신, 자유일보, 2023년 4월 19일).

6·25전쟁이 벌어진 지 3달 후인 1950년 9월 15일 맥아더가 온갖 반대를 무릅쓰고 대한민국을 살리기 위해 인천상륙작전을 감행한 사실을 인정한다면, 이승만이 해방을 겸해 정부수립을 경축하는 자리에 맥아더를 초대한 사실은 역으로 미래를 내다본 혜안이라고 박수받아야 할 일이다. 시간의 흐름에 따라 변화하는 상황을 파악하는 안목이야말로 4·19세대 학자들이 역사에 대해 반드시 가져야 할 덕목이다.

이승만은 극동군 사령관 맥아더의 중요성을 진작부터 깨닫고 있었다. 그렇다면 이승만과 맥아더는 도대체 언제부터 친교를 맺어왔나? "평소에 대통령은 맥아더 장군을 그의 소령 시절부터 잘 알고 있다고 말했다. 이름은 기억에 없지만 맥아더 장군의 장인이 '한국친우회(League of Friends of Korea)' 고참 멤버로 대통령의 독립운동 시절부터 도움을 주었다는 것이다 (프란체스카의 난중일기, 2010,《6·25와 이승만》기파랑: 23)."

그러나 이 대목에 관해서는 논란이 존재한다. 프란체스카의 증언을 검증하는 노력이 성과를 얻지 못했기 때문이다(이상호, 2008, "이승만과 맥아더 그리고 대한민국 정부수립"《정신문화연구》31권 3호: 108-111). 이 문제에 대한 상세한 논의는 다음 기회로 미룬다. 검토할 자료가 많아 논의가 길고 복잡하다.

여기서는 다만 기념식에서 확인된 이승만과 맥아더의 친분이 그로부터 채 2년이 지나지 않아 벌어진 6·25전쟁에서 나라를 구하는 동력이 되었다는 사실만은 분명히 하고자 한다. 기념식에서 맥아더는 이승만에게 말했다. "만약 북한이 공격해 온다면 나는 캘리포니아를 방어하는 것과 똑같이 한국을 방어하겠노라"(올리버 저·박일영 역,《이승만 비록》한국문화출판사: 248-249). 그러나 손세일은《이승만과 김구》(2015) 제7권 484쪽에서 이는 올리버의 착오라 지적한다. '캘리포니아를 방어하듯 한국을 방어하겠다'는 맥아더 말은 대한민국 정부가 출범하고 두 달만인 1948년 10월 19일 일본을 방문한 이승만을 맥아더가 배웅하면서 한 말이었다(John Gunther, 1951, The Riddle of MacArther, Harper & Brothers, p.168).

아닌 게 아니라 북한이 공격하자 이승만은 다음날인 6월 26일 새벽 3시에 맥아더에게 전화를 걸었다. "전속 부관이 전화를 받았다. 그는 장군을 깨울 수 없으니 나중에 걸겠다고 대답했다. 대통령은 벌컥 화를 내며 '한국에 있는 미국 시민이 한 사람씩 죽어갈 터이니 장군을 잘 재우시오'라고 고함쳤다… [그 말에] 정신이 들었는지… 맥아더 사령관을 깨우겠다고 했다(프란체스카의 난중일기, 위의 책: 23)." 대한민국을 지킨 친분을 비난할 이유가 없다.

1948년 8월 15일 11시 중앙청 광장에서 개최된 '대한민국정부수립국민축하식' 모습.이 자리에서 대통령 이승만은 '대한민국'이 건국되었음을 세계만방에 선포했다.

1948년 8월 15일 정부수립 축하식에 참석해 이승만 대통령과 담소하는 맥아더 사령관.

건국 대통령 이승만 정부수립 기념사(1948년 8월 15일)

건국의 기초 되는 여덟 가지 요소

8월 15일, 오늘에 거행하는 이 식은 우리의 해방을 기념하는 동시에 우리 민국(民國)이 새로 탄생한 것을 겸하여 경축하는 것입니다. 이날에 동양의 한 고대국(古代國)인 대한민국 정부가 회복되어서 40여 년을 두고 바라며 꿈꾸며 투쟁하여 온 결실이 실현되는 것입니다.

이 건국 기초에 요소(要素)될 만한 몇 조건을 간략히 말하려 하니,

1) 민주의 실천

민주주의를 전적으로 믿어야 될 것입니다. 우리 국민 중에 혹은 독재제도가 아니면 이 어려운 시기에 나갈 길이 없는 줄로 생각하며 또 혹은 공산분자의 파괴적 운동에 중대한 문제를 해결할 만한 지혜와 능력이 없다는 관계로 독재권이 아니면 방법이 없다고 생각하는 이도 있으니 이것은 우리가 다 큰 유감으로 생각하는 것입니다.

역사의 거울이 우리에게 비추어 보이는 이 때에 우리가 민주주의를 채용하기로 30년 전부터 결정하고 실행하여 온 것을 또 간단(間斷)없이 실천해야 될 것입니다.

2) 민권과 자유

민권과 개인 자유를 보호할 것입니다. 민주정체(民主政體)의 요소는 개인의 근본적 자유를 보호하는 것입니다. 국민이나 정부는 항상 주의해서 개인의 언론과 집회와 종교와 사상 등 자유를 극력 보호해야 될 것입니다. 우리가 40여 년 동안을 왜적의 손에 모든 학대를 받아서 다만 말과 행동뿐 아니라 생각까지도 자유롭지 못하게 되었던 것입니다. 그러나 우리는 개인 자유활동과 자유판단권을 위해서 쉬지 않고 싸웠던 것입니다.

3) 자유의 인식

자유의 뜻을 바로 알고 존숭(尊崇)히 하며 한도 내에서 행해야 할 것입니다. 어떤 나라에든지 자유를 사랑하는 지식계급의 진보적 사상을 가진 청년들이 정부에서 계단을 밟아 진행하는 일을 비평하는 폐단이 종종 있습니다. 그러나 사상의 자유는 민주국가의 기본적 요소이므로 자유권을 사용해 남과 대치되는 의사를 발표하는 사람들을 포용해야 할 것입니다.

4) 지유와 반동(反動)

국민은 민권의 자유를 보호할 담보(擔保)를 가졌으나 이 정부에는 불복(不服)하거나 전복(顛覆)하려는 권리는 허락한 일이 없나니 어떤 불충분자(不忠分子)가 있다면 공산분자(共産分子) 여부를 막론하고 혹은 개인으로나 도당(徒黨)으로나 정부를 전복하려는 사실이 증명되는 때에는 결코 용서가 없을 것이니 극히 주의해야 할 것입니다.

5) 근로자 우대

정부에서 가장 전력(專力)하려는 바는 도시에서나 농촌에서나 근로하며 고생하는 동포들의 생활 정도를 개량하는 데 있는 것입니다. 노동을 우대하여 법률 앞에서는 다 동등(同等)으로 보호할 것입니다. 이것이 곧 이 정부의 결심(決心)이므로 전에는 자기들의 형편을 개량할 수 없던 농민과 노동자들에게 특별히 주지하려 하는 것입니다.

6) 통상(通商) 공업

이 정부가 결심하는 바는 국제통상과 공업발전을 우리나라의 필요에 따라 발전시키는 것입니다. 우리가 우리 민족의 생활정도를 상당히 향상시키려면 모든 공업에 발전을 실시하여 우리 농장과 공장 소출(所出)을 외국에 수출하고 우리가 우리에게 없는 물건은 수입해야 될 것입니다. 그런즉, 공장과 상업과 노동은 서로 떠날 수 없이 함께 병행불패(竝行不悖)해야만 될 것입니다. 경영주들은 노동자들을 이용만 하지 못할 것이요, 노동자는 자본가를 해롭게 못 할 것입니다.

7) 경제적 원조

우리가 가장 필요를 느끼는 것은 경제적 원조입니다. 기왕에는 외국의 원조를 받는 것이, 받는 나라에 위험스러운 것은 각오하지 않을 수 없었던 것입니다.

그러나 지금 와서는 이 세계 대세가 변해서 각 나라 간에 대소강국(大小強國)을 막론하고 서로 의지해야 살게 되는 것과 전쟁과 평화에 화복안위(禍福安危)를 같이 당하는 이치(理致)를 다 깨닫게 되므로 어떤 작은 나라의 자유와 건전(健全)이 모든 큰 나라들에 동일히 관계(關係)하게 되는 것입니다.

그러므로 그 우방들이 우리에게 많은 도움을 주는 것이요, 또 계속해서 도움을 줄 것인데 결코 사욕이나 제국주의적 야망이 없고 오직 세계평화와 친선을 증진할 목적으로 되는 것이니 다른 의심이 조금도 없을 것입니다.

8) 통일의 방략(方略)

우리 전국이 기뻐하는 이 날에 우리가 북편(北便)을 돌아보고 원감(怨感)한 생각을 금하기 어렵습니다. 거의 1천만 우리 동포가 우리와 민국건설에 같이 진행하기를 남북이 다 원하였으나 '유엔' 대표국을 소련군이 막아 못하게 된 것이니 우리는 장차 소련 사람들에게 정당한 조치를 요구할 것이요, 다음에는 세계 대중의 양심에 호소하리니 아무리 강한 나라라도 약한 이웃의 영토를 무참히 점령케 하기를 허락케 한다면 종차(終此)는 세계의 평화를 유지할 나라가 없을 것입니다. 기왕에 말한 바이지만 소련이 우리에 접근한 이웃이므로 우리는 그 큰 나라로 더불어 평화와 친선을 유지하려는 터입니다. 그 나라가 자유로이 사는 것을 우리가 원하는 만치 우리가 자유로 사는 것을 그 나라도 또한 원할 것입니다. 언제든지 우리에게 이 원하는 바를 그 나라도 원한다면 우리 민국(民國)은 세계 모든 자유국과 친선히 지내는 것과 같이 소련과도 친선한 우의를 다시 교환키 위해 노력할 것입니다.

결론

가장 중대한 바는 일반 국민의 충성(忠誠)과 책임심(責任心)과 굳센 결심(決心)입니다. 이것을 신뢰하는 우리로는 모든 어려운 일에 주저하지 않고 이 문제를 해결하며 장애를 극복하여 이 정부가 대한민국의 처음으로 서서 끝까지 변함없이 민주주의의 모범적 정부임을 세계에 표명(表明)되도록 매진(邁進)할 것을 우리는 이에 선언합니다.

86
이승만·맥아더 연결고리는
반소(反蘇) 이념 공유한 필리핀의 로물로

1948년 8월 15일 대한민국 정부수립 기념행사의 가장 이채로운 모습은 태평양지역 연합군 사령관이자 미 극동군 사령관인 맥아더(Douglas MacArthur) 원수 내외가 동경으로부터 날아온 사실이다. 맥아더의 한국 방문은 이때가 처음이었다. 모두가 알다시피 맥아더는 이승만의 후원자로서 대한민국의 건국 과정은 물론 6·25 남침 전쟁으로부터 나라를 구하는 호국 과정에서도 결정적 도움을 준 인물이다. 자타가 공인하는 이승만 인맥의 최고봉이다.

그렇다면 이승만과 맥아더는 도대체 언제부터 어떻게 친교를 맺게 되었나? 앞에서도 밝혔지만, 영부인 프란체스카는 이승만이 '맥아더 장군을 그의 소령 시절부터 알고 있었다'고 말하며 그 인연이 '맥아더 장인이 한국친우회(League of Friends of Korea) 멤버로 독립운동 시절부터 도움을 준 사이였기 때문'에 비롯되었다고 회고했다(중앙일보, 1983년 6월 23일, "프란체스카 비망록").

그러나 국방부 군사편찬연구소 이상호 박사는 2008년 발표한 논문 "이승만과 맥아더 그리고 대한민국 정부수립(《정신문화연구》 31권 3호)"에서 프란체스카의 위 증언이 검증되지 않는다고 보고했다. 이상호는 우선 軍에서 맥아더의 계급이 소령인 시기를 추적하여 그것이 1915년부터 1917년까지라는 사실을 밝히고, 같은 시기 이승만은 하와이에서 각종 한인학교 운영에 매진한 사실을 근거로 두 사람의 교제 가능성을 부인한다(이상호, 위의 글: 108-109).

다음, 이상호는 두 번 결혼한 맥아더의 장인 이름 모두가 '한국친우회' 명단(고정휴, 2004, 《이승만과 한국독립운동연구》 연세대 출판부: 363-371)에 등장하지 않는 사실을 확인하고 역시 두 사람의 교류 가능성을 부인한다(이상호, 위의 글: 109-110). 그러나 이상호가 인용한 고정휴의 연구성과가 '한국친우회' 명단을 모두 망라한 것은 아니기 때문에, 프란체스카의 증언이 완전한 '착오'라고 단정할 수는 없다.

대신, 이상호는 프란체스카의 또 다른 증언에 주목한다. "적극적으로 우리 한국을 위해 유엔에서 활약하고 있는 필리핀의 '로물로' 외상은 대통령과 각별한 친분이 있고 서로 마음이 통하는 반공투사다. 독립운동하던 시절 워싱턴에서 '로물로' 씨와 우리는 바로 이웃에 살면서 가족처럼 가까이 지냈다… 대통령은 맥아더 장군을 만날 때 로물로 씨와 동행하기도 하고, 연설을 하러 다닐 때도 로물로 씨, 임병직 씨 등 셋이 동반하는 경우가 많았다(중앙일보, 1983년 8월 13일. "프란체스카 비망록")."

이를 근거로 이상호는 "맥아더와 이승만의 관계는 직접적 관계보다는 제3자였던 [필리핀의] 로물로를 통해 이루어졌다"고 추론한다(이상호, 위의 글: 110). 그렇다면 로물로(Carlos P. Romulo, 1899~1985)는 어떤 인물인가? 필리핀 출신 로물로는 20대에 필리핀 대학(UP) 영문학 교수와 기자 그리고 미국령 필리핀 자치국(Commonwealth) 상원의장 케손의 비서로 활약한 인물이다. 30대에는 Philippine Herald 발행인이자 편집장을 역임했다.

1941년 태평양전쟁이 시작되면서 입대한 로물로는 소령 계급을 달고 맥아더 참모로 일했으나, 필리핀이 일본에 점령당하자 호주로 탈출해 미국으로 넘어갔다. 미국에서 그는 군인 신분으로 '자유의 소리' 선무방송을 담당하면서 1942년 퓰리처상을 받기도 했다. 케손이 이끄는 필리핀 망명 정부의 공보장관을 맡은 로물로는 1944년부터 1946년까지 필리핀의 미국 하원 주재 판무관(Resident Commissioner to the Unites States Congress)으로 일했다.

필리핀을 탈출하면서 '나는 돌아올 것이다(I shall return)'라고 약속한 맥아더가 1944년 10월 레이테(Leyte) 상륙작전을 통해 필리핀을 수복할 때 로물로는 맥아더의 부관으로 작전에 참여했다. 로물로는 1945년 4월 샌프란시스코에서 50개국 대표들이 모여 UN 헌장을 입안할 때 필리핀 대표단장으로 활약하며 '조선의 절대 독립을 주장'해 '아시아 민족의 대언(言)자'라는 극찬을 받기도 했다(주간신문 《독립》 1945년 5월 9일).

1947년 11월 UN이 한국의 독립을 결의할 때도 로물로는 필리핀 대표로 한국을 도왔다. 1949년 가을부터 1년간 UN 총회 의장으로 선출된 로물로는 1950년 6·25 전쟁이 벌어지자 UN 이름으로 군사원조를 권고하는 6월 27일 안보리 결의도 이끌었다. 이상호는 이와 같은 로물로의 경력에 주목하며 이승만과 맥아더가 긴밀한 관계를 맺게 된 배경에는 '아시아 우선주의'가 자리 잡고 있다고 분석한다.

"1903년 소위로 임관하여… 필리핀으로 파견되었던 그[맥아더]는 여러 차례에 걸쳐 필리핀 지역에서 사령관, 군사고문 직을 거쳤고… 1951년 4

월 해임될 때까지 약 20여 년을 아시아 지역에서 근무했다(이상호, 위의 글: 111)." 맥아더의 경력은 미국이 유럽의 전쟁에 휘말리지 말아야 한다는 공화당 고립주의자들의 지지를 받았다. "일본의 진주만 기습 이후에도 고립주의자들은 유럽 전선보다는 태평양 전선에 미국의 노력을 집중해야 한다고 주장하고 있었다… 고립주의자들의 상징적 인물이 바로 맥아더였다(이상호, 위의 글: 111)."

"태평양 전선에서 주요 역할을 담당한 맥아더는 전후 필리핀, 일본, 대만, 한국 등 아시아 반공주의 국가의 지도자들과 긴밀한 유대관계를 맺고 있었다. 대표적으로 필리핀에서는 케손(Quezon)과 로물로, 대만에서는 장개석, 일본에서는 요시다(吉田), 한국에서는 이승만 등이었다(이상호, 위의 글: 111)."

정병준도 같은 주장을 전개한다. "맥아더와 이승만이 연계되는 것은 두 가지 계기를 통해서였는데, 하나는 이승만의 철저한 반소·반공 노선의 표방 때문이었고 다른 하나는 맥아더의 고문이자 필리핀의 실력자인 로물로를 통해서였다… 로물로는 1944년 8월 29일 한미협회가 뉴욕에서 개최한 디너 파티에 참가했으며, 샌프란시스코 회담에 필리핀 대표단장으로 참석해 한국의 독립을 옹호하기도 했다(정병준, 2005, 《우남이승만연구》 역사비평사: 268-269)."

이승만의 UN 외교 대리인 임병직도 같은 맥락의 증언을 했다. "필리핀의 거성 로물로 씨는 유엔 창립 이래 필리핀 대사로 유엔에 체류하고 있었고… 유엔 총회 의장으로 피선되어 특히 한국 문제에 깊은 관심과 협조를 아끼지 않았다… 한국의 유엔가입 문제 및 한국동란에 있어서 기민한 활동, 또 소련 등 공산국 대표들의 집요한 방해 공작이 있을 때마다 그들은

[필리핀 대표들은] 소련 측을 공박하면서 한국에 유리한 방향으로 문제를 전환시키도록 온갖 노력을 경주했다(《임병직 회고록》1964, 여원사: 476-477)."

이승만 지시로 1946년 10월 국제연합 총회에 참석하기 위해 뉴욕에 도착한 임영신 또한 같은 맥락의 기록을 남겼다. "로물로 장군은 정열적이고 체구가 작은 사람인데 친절하게 맞아 주었다. 그는… '로하스(Roxas) 대통령에게 전문을 보내시오. 그가 이승만 박사의 좋은 친구란 것을 알고 있소. 나는 우리들이 당신의 결의문을 통과시킬 수 있으리라는 것을 확신하오'《승당 임영신의 나의 40년 투쟁사》2008, 민지사: 306-307)."

로물로 등장 이전부터 이승만과 맥아더의 관계가 있었는지는 모르지만, 로물로가 두 사람의 관계를 가깝게 한 사실은 의심의 여지가 없다. 아시아주의자 맥아더가 1948년 8월 15일 정부수립 기념식에 온 이유다.

AT KOREAN DINNER—Col. Carlos P. Romulo (left), resident commissioner of the Philippines, chats with Mrs. Syngman Rhee, wife of Dr Rhee, first president of the Korean republic, and former Senator William H. King, who introduced the bill for Philippine independence. The occasion was a dinner given at the Waldorf-Astoria in New York by the Korean-American Council

1944년 9월 25일 알래스카 신문 '놈 너겟(The Nome Nugget)' 6면에 실린 사진으로, 왼쪽부터 필리핀 로물로 대령, 프란체스카, 필리핀 독립 법안을 제출한 미국 전직 상원의원 킹(William H King) 세 사람이 뉴욕 왈도프 아스토리아 호텔에서 8월 29일 개최된 한미협회 저녁 식사 자리에서 담소하는 모습을 담고 있다. 사진을 발굴한 김덕영 감독에게 감사한다.

1944년 10월 22일 필리핀 레이테(Leyte) 섬에 상륙하는 맥아더와 참모들. 왼쪽 원이 필리핀 대통령 오스메냐(Osmena), 다음 인물이 민사참모 휘트니 준장, 가운데 원이 현지 부관 로물로 준장, 오른쪽 원이 연합군 총사령관 맥아더 대장, 그 오른쪽 모자 쓴 인물이 연합군 참모장 서더랜드 중장이다(유튜브 조시철TV 참조). 인천상륙작전 모습으로 오인되곤 하는 사진이다.

87

1948년 한반도, 이승만 주도 자유민주 국가 '대한민국' 건국은 기적

오늘날 대한민국이 누리는 자유와 번영이 세계 10위권 수준이라는 평가에 우리는 전혀 거부감이 없다. 민주주의라는 정치적 기준이나 자본주의라는 경제적 기준은 물론이고 복지수준과 같은 사회적 기준, 나아가서 과학·기술 수준과 생활양식 등으로 드러나는 문화적 기준에서도 대한민국은 세계 최상위권 국가에 속한다.

그렇다면 이러한 번영의 기초는 언제 누가 놓았는가? 말할 것도 없이 이승만이 주도한 대한민국이 1948년 출발하면서부터다. 전통 국가 조선이 자주 국가임을 말로만 주장하던 대한제국 시기도 아니었고, 한반도가 일본 제국의 일부였던 식민 시기도 아니었으며, 일본과 싸워 이겼지만 소련과 합작을 통해 신탁통치를 추진했던 미군정 시기도 아니었다.

'자유민주주의'와 '시장경제'를 국가의 기본 운영 원리로 내세운 이승만이 1948년 국회, 헌법, 정부를 순차적으로 만들며 대한민국이란 새 나라를 세우면서부터였다. 같은 해 12월 이승만은 새로운 나라 대한민국의 주권을 UN을 통해 국제적으로도 인정받았다. 이와 같은 일련의 과정을 주도한 이승만 덕분에 대한민국은 국제사회의 당당한 일원이 되어 오늘날 자유와 번영을 누리며 상위 10위권 국가로 도약했다.

한반도 남쪽에 1948년 새로이 등장한 나라 대한민국은 이승만 주도하에 3가지 동력을 발전의 발판으로 삼았다. 첫째는 전통 국가를 근대 국가로 탈바꿈시키고자 한 '근대화' 의지다. 둘째는 일본 제국주의로부터 독립을 추구한 '항일(抗日)' 의지다. 셋째는 소련 공산 전체주의에 반대한 '반공(反共)' 의지다. 이 세 가지 동력 가운데 어느 하나라도 빠졌다면 오늘날 번영하는 대한민국은 결코 세워질 수 없었다.

근대화 의지가 없었다면 새 나라는 전통 왕조 국가로 회귀하는 복벽(復辟)의 길을 걸어야만 했다. 시대착오일 수밖에 없는 선택이다. 일본으로부터의 독립이 조선 왕조로 돌아가는 수단이었다면 '자유민주주의'와 '시장경제'라는 근대의 가치는 발을 붙일 수 없었을 것이다. 여기에 더해 반공이 없었다면 오늘날 대한민국은 북한과 같은 기괴한 공산주의 왕조 국가가 되었을 뿐이었다. '근대화+항일+반공'이라는 동력의 결합이 중요한 이유다.

잠시 역사를 되돌려보자. 항일의 결과로 1945년 해방이 되자 한반도에는 공산주의라는 유령이 수면 위로 등장했다. 북한을 점령한 소련의 스탈린은 남로당 박헌영과 북로당 김일성을 막후에서 조종하며 북한은 물론 남한까지도 적화시키는 작업에 몰두했다. 그러나 당시 남한을 통치하던 미군정은 공산주의라는 유령의 위험성을 전혀 인지하지 못하고 있었다.

미군정은 오히려 사상의 자유를 보장한다며 이들이 실정법을 위반하지 않는 한 통제의 대상으로 삼지 않았다. 소련이 점령한 북한에서 공산 전체주의 국가가 스탈린의 지령에 따라 만들어지는 과정을 목격하면서도 미군정은 좌우합작을 통해 신탁통치를 추구하며 이를 비판하는 이승만을 견제했다. 이승만은 '고집불통 늙은이'라는 미군정의 비난을 감수해야 했다.

그러나 이승만은 동구에서의 좌우합작이 결국 소련 공산주의 위성국 건설을 위한 시간벌기일 뿐이라는 사실을 꿰뚫어 보고 있었다. 그래서 그는 1946년 6월 정읍에서 자유민주주의와 시장경제를 기반으로 하는 남한만의 단독정부라도 우선 만들어야 한다고 주장했다. 북한이 기만적인 이름을 가진 '임시인민위원회'라는 사실상의 정부를 1946년 2월 출범시키고, 다음 달 3월에 들어서면서는 토지개혁을 시행하며 공산국가 건설에 몰두하고 있었기 때문이었다.

동구의 실패를 겪으며 다행히 미국이 정신을 차렸다. 2차 대전 이후 세계 곳곳에서 팽창하는 공산주의를 마주하며 미국 대통령 트루먼은 1947년 3월 자유세계를 지키기 위한 소련과의 냉전을 공식 선언했다. 이 선언이 한반도에서 구체화 되면서 미군정의 좌우합작은 비로써 동력을 잃었다. 동시에 반공을 내세운 이승만 노선이 국제질서의 흐름을 타게 되었다.

소련과의 합작을 포기한 미국이 한국 문제를 UN으로 넘기자 국제사회는 마침내 1947년 11월 한반도에서 인구 비례에 따른 총선을 결의했다. 공산주의 북한은 물론 이를 거부했다. 그냥 단순히 거부만 한 것만이 아니었다. 1948년 5월 10일로 예정된 선거를 방해하기 위해 소련과 북한은 남로당과 좌익 계열을 총동원해 남한 전역에서 제주도 4·3 사건과 같은 살인, 방화, 파업, 폭동을 일으켰다.

동시에 소련과 북한은 '남북협상'이라는 이름의 기만전술까지 동원해 남한의 통일지상주의자들을 부추겼다. 일부 민족주의자들이 공산주의자들의 장단에 춤을 췄다. 김구와 김규식이 대표적이었다. 이승만의 반공은 바로 이와 같은 어려움을 내다보고 또 극복하기 위한 선택이었다. 그러므로 근대화 동력을 차치하고 나면 반공은 항일만큼이나 대한민국 건국에 중요한 동력이다.

건국 동력에서 반공을 지우고 항일만을 내세우면 어떤 결과가 나오는가? 잘 알려진 바와 같이 김원봉은 해방 전 공산주의 계열의 항일 투쟁을 이끌며 임시정부 좌파의 핵심 인물로 활동하던 인물이었다. 해방 후 남한으로 돌아온 그는 결국 북한으로 넘어가 노동상(노동부 장관)까지 맡으며 자유민주 국가 대한민국을 부정했다. 그는 끝내 6·25 남침 전쟁을 일으킨 김일성의 조력자 역할에 충실했다.

김구 역시 해방 전 독립을 향한 항일에 적지 않은 역할을 한 인물이다. 기울어 가던 임시정부를 끝까지 지킨 김구는 해방되어 환국한 후 1947년까지 이승만과 더불어 반탁·반공 투쟁에 앞장서기도 했다. 그러나 그는 1948년 자유 대한민국 건국의 첫 단추인 5·10 선거를 거부하고 북의 공산 세력과 타협한다면서 결국 대한민국 건국 대열에서 이탈하고 말았다. 반공을 뺀 항일만으로 자유 대한민국을 지키고 가꿀 수 없는 사실은 김구와 김원봉의 사례에서 잘 드러난다.

이 문제는 자유를 강조하는 윤석열 정부가 문재인 좌익 정권이 비틀어 놓은 국가 정체성 문제를 도마에 올리지 않을 수 없는 이유가 되기도 한다. 반공이 항일에 자리를 뺏기는 순간, 레닌의 볼셰비키 공산당 정권에 충성한 홍범도는 물론 중공군과 북한군의 군가를 만들어 대한민국 안보를 위협한 정율성마저 대한민국이 기려야 하는 황당한 상황을 만들어내기 때문이다. 반공을 뺀 항일만으로는 결코 오늘날 번영하는 대한민국을 만들수 없었다.

시·공간적인 기준 모두에서 1948년 한반도 남쪽의 대한민국 출발은 기적과 같은 일이었다. 대한민국은 한반도라는 공간에서 역사적인 시간을 거치며 아래로부터의 투쟁을 통해 쌓아 올린 근대적 가치 위에 세워진 나라가 아니었다. 대부분 국민이 신분적 질서를 중시하는 중화사상에 머물고 있을 때 이승만이 주도해 자유민주주의와 시장경제라는 보편적 가치를 받아들이며 나라를 세웠기 때문이다. 전통이라는 누적된 시간과 싸우며 이승만은 자유 대한민국을 건설했다.

동시에 대한민국은 같은 시간대에 공간적 연속성을 가진 가치 위에 세워진 나라도 아니었다. 2차 대전이 끝나면서 유라시아 대륙은 동유럽부터 동아시아까지 공산주의라는 붉은 가치로 물들고 있었다. 그 넓고도 긴 공간의 끝자락 한 귀퉁이에 이승만은 자유민주 국가 대한민국을 세웠다. 공산주의자들의 문제를 내다보고 그들과 싸우며 그들을 막아선 이승만 덕택에 만들어진 기적이었다. 이승만 없었으면 대한민국도 없었다. 이승만에 감사해야 한다.

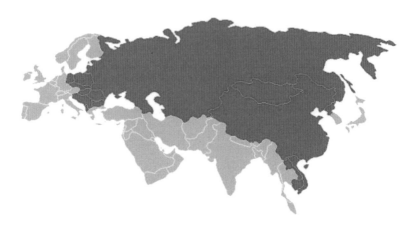

1917년 러시아에서 집권에 처음 성공한 공산주의는 1945년 2차대전이 끝나면서 유라시아 대륙 전체를 붉게 물들이고 있었다. 1948년 한반도 남쪽에서 이승만이 반공을 내세우며 자유민주 국가 대한민국을 건국한 사건은 그 자체로 세계사적 기적이었다.

조선을 입헌군주국으로 바꿔야 한다고 주장하다 투옥된 28세 청년 이승만(1903년).
그로부터 45년 후 자유민주 국가 대한민국을 세워 대통령으로 취임한 73세 이승만(1948년).

우남 이승만 연보

1875.3.26	황해도 평산군 마산면 능내동에서 아버지 이경선(李敬善), 어머니 김해 김씨 사이에서 3남 2녀 중 막내로 출생. 두 형이 이승만 출생 이전 사망, 6대 독자
1877.	서울로 이사. 남대문 밖 염동, 낙동을 거쳐 도동 우수현(雩守峴)에서 성장. 그의 호 우남(雩南)은 이 지명에서 유래
1895.4.2	신긍우(申肯雨)의 권유로 Henry Appenzeller가 설립한 배재학당에 입학
1897.1.1	양홍묵(梁弘黙) 등과 함께 순한글 주간신문《협성회회보》창간, 주필로 활동. 한국 최초의 현대시 "고목가(枯木歌)"를 이 회보에 게재하여 열강의 대한 침략에 대한 경각심을 일깨움
4.9	《협성회회보》를 토대로 최초의 일간지《매일신문》창간, 주필로 활동
8.10	이종일(李鍾一)과 함께《뎨국신문》창간, 주필로 활
11.29	남궁억(南宮檍) 등과 함께 중추원 의관(종9품)으로 임명
1899.1.9	전제군주정의 개혁을 통해 독립을 보전하려는 정치활동을 벌이다가 체포되어 투옥
1.30	주시경(周時經, 본명 周相鎬)이 건네준 총을 들고 최정식(崔廷植), 서상대(徐相大)와 함께 탈옥 시도, 실패 후 태형 100대와 종신징역 판결
7.11	옥중에서 상하이 주재 미국인 선교사 Young J. Allen과 청국인 채이강(蔡爾康)이 쓴《중동전기본말》을 순한글로 편역, 저술(1917년 하와이에서 《청일전긔》로 출판)
1901.2~ 1904.7	옥중 생활 중에서도《뎨국신문》과《신학월보》에 수시로 논설을 기고
1902.10	옥중학교를 설립하여 어른 및 어린이 죄수들에게 성경과 찬송가를 가르치고, 한글, 한문, 영어 등을 교육
1903.1	옥중 도서실을 개설하여 운영

1904.6	러일전쟁이 발발하자 영한사전 집필을 중단하고, 《독립정신》 집필(1910년 2월 로스앤젤레스에서 초판 출판, 1917년 호놀룰루에서 제2판 출판, 해방 이후 여러 차례 중복 출판)
8.9	형집행이 정지되어 출옥
10.15	남대문 인근 상동교회의 상동청년학원 교장으로 취임
11.4	대한독립 보전을 위한 미국의 지원을 호소하기 위해 고종황제의 측근 민영환의 밀명을 받고 미국으로 출국. 일본 고베를 거쳐 호놀룰루에 도착, 윤병구와 합류
12.31	샌프란시스코, 로스엔젤레스, 시카고 등을 경유하여 워싱턴, D.C.에 도착
1905.2	조지워싱턴대학에 2학년 장학생으로 입학
2.20	미국 하원의원 Hugh A. Dinsmore의 주선으로 John M. Hay 국무장관 면담
8.4	뉴욕 동쪽 Oyster Bay의 Sagamore Hill의 'Summer White House(여름 백악관)'에서 윤병구와 함께 Theodore Roosevelt, Jr. 미국 대통령을 면담. 러일전쟁 종전을 위한 포츠머스회담에서 대한제국의 독립을 지원해 줄 것을 요청. 주미 대한제국 공사관의 비협조로 외교공문 발송 좌절
1907.6.5	George Washington University 학부 졸업
6.9	Harvard University 석사과정 입학
7.10~15	Colorado주 Denver에서 열린 애국동지대표자대회(The Korean Patriots' Delegation Convention)에서 의장으로 선출
7.9	Princeton University 박사과정 입학
1910.7.18	Princeton University에서 박사학위(Ph.D.)를 받음. 그의 학위논문 〈미국의 영향을 받은 중립(Neutrality as Influenced by the United States)〉은 1912년, Princeton University Press에서 출간
10.10	귀국(Liverpool, London, Paris, Berlin, Moscow, Manchuria를 거쳐 서울역에 도착. 5년 11개월 6일 만의 귀국)
1912.3	YMCA 청년학교 학감에 취임하여 교육, 전도 활동. John Raleigh Mott의 Work for New Students를 번역, 출판. 37일(1911.5.16~6.21)간 전국 순회전도 여행
5.1	미국 Minnesota주 Minneapolis에서 개최된 Quadrennial General Conference of the Methodist Episcopal Church에 평신도 대표로 참석

6.19	Princeton University 은사인 Thomas Woodrow Wilson(당시 민주당 대통령 후보)을 Sea Girt, New Jersey의 summer home에서 만나 대한 독립 지원을 호소. 월슨의 추천서를 가지고 워싱턴 등지를 다니면서 대한 독립을 호소
1913.1.28~ 2.3	샌프란시스코에서 출발하여 하와이 호놀룰루 도착
2.8	한인기숙학원(Korean Boarding School for Boys) 교장에 취임
4.	105인 사건을 다룬 《한국교회핍박》을 저술, 발간
9.20	월간 《태평양잡지》 창간(나중에 《태평양주보》로 제호를 바꿈)
1914.7.29	한인여자(성경)학원(Korean Girls' Seminary)를 설립
1917	호놀룰루에서 《청일전긔》와 《독립정신》 제2판을 출판
10.29	뉴욕에서 개최된 25개 약소민족대표회의(League of Small and Subject Nationalities)에 코리아대표로 참석
1918.12.1	대한인국민회에서 정한경, 민찬호와 함께 Paris Peace Conference에 파견될 대표로 선출
1919.1.6	Paris Peace Conference에 참석하기 위해 호놀룰루에서 미국 본토로 출발
3.3	정한경의 제의에 따라 국제연맹(League of Nations)이 일제를 대신해서 코리아를 위임통치한 후 독립하는 방안을 윌슨 대통령에게 청원
3.21	노령 임시정부에서 국무경(국무 및 외무총장)으로 추대
4.11	상해 프랑스조계의 임시의정원이 이승만을 국무총리로 추대
4.14~16	서재필, 정한경과 함께 필라델피아 시내 '소극장'에서 대한인총대표회의(The First Korean Congress)를 개최. Independence Hall까지 행진
4.23	13도 대표들이 국민대회를 열어 한성임시정부 수립을 선포하고 집정관총재로 추대
4.23	워싱턴, D.C에 대한공화국(The Republic of Korea) 활동본부 설치
6.14~27	'대한공화국' 대통령 이름으로 미국, 영국, 프랑스, 이탈리아, 일본의 국가원수들과 Paris Peace Conference 의장 Georges Clemenceau에게 대한 독립 선포를 알리는 공문 발송
7.4	국내외 동포에게 독립을 위한 헌신을 촉구하는 '대통령 선언서' 발표

7.17	워싱턴 D.C.에 대한공화국 임시공사관 설치
8.25	워싱턴 D.C.에 구미위원부(The Korean Commission to America and Europe for the Republic of Korea)를 설치하고 김규식을 위원장으로 임명
9.1	상해 프랑스조계의 대한민국 임시정부에서 대통령으로 선출
1919.10~ 1920.6	미국 각지를 순회하며 대한독립 지지 요청 연설
1920.3	미국 상원의원 Charles Spalding Thomas와 John Shields를 통해 대한 독립 승인안을 미국 의회에 상정했으나 본회의에서 부결
11.15	대한민국 임시정부 대통령으로 부임하기 위해 호놀룰루 항에서 비서 임병직과 함께 상해 프랑스조계로 출항(일본이 30만 달러의 체포 현상금을 걸었기 때문에 중국인 노동자들의 시신들을 본국으로 송환하던 화물선을 타고 밀항)
12.28	상해 프랑스조계 대한민국 임시정부 청사에서 대통령 취임식 개최
1921.5.29	"외교상 긴급과 재정상 절박"으로 인해 미국으로 떠난다는 대통령 교서를 발표하고 상해에서 출항
6.29	호놀룰루에 도착하여 대한인동지회 결성
8.10	워싱턴회의에 참석하기 위해 호놀룰루에서 출항
8.27	워싱턴 D.C.에 도착, 한국대표단(Korean Mission) 조직(대표장: 이승만, 대표: 서재필, 서기: 정한경, 고문: Fred A. Dolph). 대한민국 임시정부는 9월 9일 한국대표단에게 워싱턴회의에 관한 전권 부여
10.1~ 12.1	워싱턴회의 미국대표단에게 대한 독립을 호소하는 청원서 제출
1925.3.23~ 4.10	대한민국 임시정부는 임시대통령 이승만 면직안을 의결하고, 구미위원부 폐지령을 공포
1929.10.5~ 1930.1.8	미국 본토 전역을 순방하고 호놀룰루로 귀환
1931.11.21	만주사변 발발 후 만주국 문제가 외교적 쟁점으로 부상하자 하와이동포들로부터 외교자금을 조달하여 호놀룰루 출항
12.7	워싱턴 D.C. 도착 후 국제연맹외교 준비
1932.11.10	대한민국 임시정부, 이승만을 특명전권수석대표로 임명

1932.12.23~ 1933.1.4	뉴욕에서 출발하여 국제연맹 본부가 있던 제네바에 도착(Liverpool, London, Paris, Lyon 경유)
2.8	코리아문제에 관한 문건을 국제연맹(League of Nations) 회원국 대표들과 특파원들에게 배포
2.21	제네바의 러시아호텔(Hotel de Russie) 식당에서 오스트리아 출신 프란체스카 도너(Francesca Donner) 모녀와 합석
3.	만주문제와 관련된 한인 문제를 다룬 The Koreans in Manchuria를 서영해 등의 도움을 받아 파리의 고려통신사를 통해 출판
7.9	비엔나에서 프란체스카와 재회
7.19~20	소련 비자를 갖고 모스크바에 도착했지만, 소련 외무부의 퇴거 요구로 모스크바를 떠남
8.2~	피렌체, 로마, 피사, 제노아 여행
8.10~16	프랑스 Nice를 출발하여 뉴욕에 도착
10.8	뉴욕시 Lexington가(街), Monclair호텔에서 프란체스카와 결혼
1935.1.24	부인과 함께 호놀룰루 도착. 이후 교육을 통한 독립운동에 매진
1939.3.30	중일전쟁에 이어 미일전쟁이 일어날 것을 예견하고 워싱턴 D.C.로 출발
4.13	워싱턴 D.C.에 도착하여 구미위원부 재건을 위한 시찰 및 준비활동 수행(8월 10일 호놀룰루로 잠시 귀환)
11.10	프란체스카와 함께 워싱턴 D.C.로 거주지를 옮김
1941.4.20	호놀룰루에서 9개 단체가 모인 '재미한족연합위원회'가 외교위원장으로 위촉
6.4	대한민국 임시정부 주미외교위원부 위원장을 맡음
8.1	일제의 미국 침략을 예견한 Japan Inside Out을 뉴욕에서 출간
9.	저명 작가 펄 벅(Pearl S. Buck)은 "두려운 것은 이 책에서 말하는 것이 모두 진실"이라고 서평
12.7	일본이 하와이를 기습폭격하자 Japan Inside Out이 각광을 받음
12.9	미 국무부 정치고문 Stanley Hornbeck, 대통령 Franklin Delano Roosevelt, 국무장관 Cordell Hull에게 대한민국 임시정부의 선전포고문과 임시정부 승인 요구 공한(公翰)을 전달

1942.1.16	한미협회(The Korean-American Council)를 창설. 미국 상원 원목 Frederick Brown Harris, 전 캐나다 대사 James Cromwell, 언론인 Jay Jerome Williams, 변호사 John W. Staggers가 중심인물. 임시정부 승인과 무기지원을 목표로 활동
2.27~3.1	워싱턴 D.C.의 Lafayette 호텔에서 대한인자유대회(The Korean Liberty Conference) 개최. 이승만이 이끄는 한미협회와 재미한족연합위원회가 공동 주최
~3.1	워싱턴 D.C.의 Lafayette 호텔에서 대한인자유대회(The Korean Liberty Conference) 개최. 이승만이 이끄는 한미협회와 재미한족연합위원회가 공동 주최
6~7	미국의 소리(VOA) 단파 방송을 통해 독립투쟁을 고무하는 한국어, 영어 연설
10.10	미 육군전략사무처(OSS) Millard Preston Goodfellow 대령에게 항일 게릴라 조직 제의
12.4	OSS에 통보한 50명의 한국인 중 12명이 선발되어 군사훈련 시작
12.7	F. Roosevelt 대통령에게 한국인 군사훈련에 대한 지원 요청
1943.3.30	스팀슨 육군장관에게 하와이 한인동포들을 일본인들과 같은 적국민으로 대하지 말 것을 요청. 육군장관의 요청 수락 회신을 받음
5.15	F. Roosevelt 대통령에게 임정 즉각 승인과 무기 지원을 요청하는 서신 발송
8.23	제1차 퀘벡 회의에 참석한 루즈벨트 대통령과 처칠(Winston Churchill) 영국 수상에게 전보로 임정 승인과 군사지원 요청
8.	한미협회와는 별도로 기독교인친한회(The Christian Friends of Korea) 조직
9.11	제2차 퀘벡 회의에 참석한 루즈벨트와 처칠에게 카이로선언(Cairo Declaration)의 의의와 한계를 지적하고 일본 패망 후 한국의 즉각 독립을 요구하는 전보를 보냄
1945.2.5	미 국무차관 Joseph Grew에게 한반도에 공산정권을 수립하려는 소련의 야욕을 막는 방법으로 임정의 즉각 승인을 촉구하는 전보를 보냄
5.14	Yalta 회담에서 미, 영이 한반도를 소련의 지배 하에 두기로 하는 비밀협약이 이루어졌다는 주장(얄타밀약설)을 발표, 미 국무부와 충돌

8.15	해방. 즉각 귀국하려 했으나 이승만을 기피인물로 여기는 미 국무부의 방해로 2개월간 지연
10.16	33년만의 귀국(김포 비행장). 조선호텔에 투숙. 윤치영, 송진우, 김성수 등을 접견
10.17	미군정청 회의실에서 기자회견(경성라디오방송 실황 보도)
10.21	허헌, 이강국 등 좌익 인사들이 이승만을 방문, 인민공화국 주석 취임을 요청
10.24	돈암장(敦岩莊)으로 이주
10.25	독립촉성중앙협의회 총재직을 맡음
10.31	돈암장에서 박헌영과 회담
1946.1.14	신탁통치를 찬성하는 공산주의자들을 매국노로 규정하고 결별 선언
2.8	독립총성중앙협의회와 신탁통치반대국민총동원위원회를 통합한 대한독립촉성국민회(大韓獨立促成國民會) 총재가 됨
2.25	재남조선대한국민대표 민주의원 의장에 선출
6.3	전북 정읍에서 38선 이북처럼 38선 이남에서도 "임시정부 혹은 위원회 같은 것을 조직"해야 한다고 주장(정읍발언)
6.29	독립정부 수립의 권리를 쟁취하기 위한 민족통일총본부(民族統一總本部) 결성
8.14	미국 Harry S. Truman 대통령에게 카이로 선언의 이행을 촉구하는 전문 발송
9.10	코리아 문제를 미소공동위원회 대신 국제연합에서 다룰 것을 촉구하기 위해 임영신을 미국에 파견
10.28	Cairo Declaration과 Potsdam Declaration에 위배되는 모스크바 3국 외무장관 합의 취소 요구 성명
12.2	독립정부 수립을 국제연합에 직접 호소하기 위해 도쿄를 거쳐 미국으로 출발
12.12	소련이 한국의 통일정부 수립을 허용하지 않을 것이 확실하므로 38선 이남에서만이라도 과도정부 수립이 필요하다고 주장
1947.4.1	귀국하기 위해 워싱턴 D.C. 출발

4.13	도쿄를 거져 상해에 들러 장개석(蔣介石) 총통과 회견. 이정전 장군과 함께 귀국. 공항에서 김구, 김규식 등의 환영을 받음
7.3	좌우합작을 주장하는 하지 중장과의 협조 포기 선언. 가택연금
9.16	독립정부 수립을 위한 수단으로 국제연합 감독 하의 총선거를 주장
9.21	대동청년단 총재 취임. 단장은 이청천(李靑天) 장군
10.18	독지가들의 모금으로 마련된 이화동의 이화장(梨花莊)에 입주
11.14	국제연합 총회에서 국제연합 감시 하의 한반도 자유선거 실시 결
1948.1.8	국제연합 코리아임시위원단 도착. 이승만은 환영군중대회에서 연설
5.10	국제연합 감독 하에 실시된 최초의 보통, 평등, 비밀, 직접 원칙에 입각한 자유선거에서 당선(동대문 지역구)
5.31	제헌국회 의장으로 선출
6.16	헌법기초위원회에 참석하여 내각책임제 반대하고 대통령책임제 주장
7.20	국회에서 대통령으로 당선(186명 출석 가운데 180표 획득)
7.24	대통령 및 부통령 취임식
8.11	제3차 국제연합 총회가 열리는 프랑스 파리에서 대한민국 승인운동을 펼칠 한국대표단 파견. 장면, 조병옥, 장기영(張基永), 정일형, 모윤숙, 김활란 등
8.15	대한민국 정부 수립 국민축하식 참석
8.26	한미상호방위원조협정 체결
10.19	Douglas MacArthur 연합군 최고사령관 초청으로 일본 방문
12.12	제3차 국제연합 총회(파리, 샤이요 궁Palais de Chaillot) 마지막 날 5·10총선의 결과 수립된 대한민국 독립정부 승인
1949.6.9	일본의 어업구역 확대에 반대 성명
8.8	장개석과 진해에서 회담
1950.2.14	D. MacArthur 연합군 사령관의 초청으로 일본 방문. 재일동포 중소기업가에 대한 200만 달러 융자 약속
3.10	농지개혁법 개정법 공포. 봉건적인 지주−소작인 관계의 사회를 자작농−자유인의 사회로 바꾸는 혁명적 계기(4월 5일 농지분배 예정통지서 발송 시작)
6.25	6·25전쟁 발발. 조선인민군의 전면적 기습 공격

6.26	D. MacArthur 연합군 사령관과 전화 통화, 즉각 지원을 요청. 장면 주미대사를 통해 Harry S. Truman대통령에게 즉각 지원을 요청하도록 지시
6.27	기차를 타고 서울역을 출발. 대구에서 대전으로 이동
7.14	원활한 전쟁수행을 위해 맥아더 국제연합군 총사령관에게 한국군 작전지휘권을 위임
9.28	한국군에 38선 이북 진격을 명령
12.24	서울시민에 피난 명령
1951.1.4	1·4후퇴
7.10	개성에서 정전협상 개시. 백선엽이 한국군 대표로 참석
9.20	정전 수락 전제 조건으로 중공군 철수, 북한 무장해제, 국제연합 감시 하 총선거를 요구
11.19	자유당 창당, 총재직 수락
1952.1.18	연안수역 보호를 목적으로 '인접해양에 대한 주권에 관한 선언' 발표, 독도 영유. 이후 이승만이 '한일 양국의 평화와 질서를 위한 평화선'으로 부름에 따라 '이승만평화선'(Rhee Line)으로 불리게 됨
6.25	6·25전쟁 2주년기념식에서 유시태의 이승만 대통령 저격 미수. 배후인물 김시현 의원 체포
8.5	직선제를 통한 대통령 당선(부통령 함태영)
8.15	제2대 대통령 취임
10.18	제33회 전국체육대회 개막식 참석
12.16	제주도 청사 낙성식 참석
12.24	제임스 밴 플리트 8군 사령관 부부와 성탄절 예배 참석
1953.1.5~7	마크 클라크 국제연합군 사령관 초청으로 일본 방문
2.11	제임스 밴 플리트 사령관 이한 인사를 위해 경무대 방문. 후임은 맥스웰 테일러 중장
6.18	부산, 가야 제9수용소, 광주, 논산, 마산, 영천, 부평, 대구 등지의 포로수용소에 수용 중인 2만 7천 명의 송환불원포로 석방
7.12	방한한 Walter S. Robertson 과의 협상을 통해 한미공동성명 발표. (1) 정전협정 체결 이후 한미상호방위조약 체결, (2) 미국의 장기 경제원조 보장 및 한국군 병력 증강 등에 합의

8.8	경무대에서 한미상호방위조약 가조인 참관. 변영태와 John Foster Dulles 가 서명
8.15	서울로 재환도. 세종로에서 3군 분열식
8.18	한국계 미국 다이빙 선수 새미 리 시범 참관
9.3	문산, 귀환용사 환영식 참석
10.8	합천, 해인사 방문
10.15	해군대 창설식 참석
11.13	방한한 닉슨 부통령 부부와 정릉 경국사 방문
11.27	대만을 방문하여 장개석(蔣介石, Chiang Kai-shek) 총통과 반공통일전선 결성 발표
1954.2.11	서울 명동성당에서 스펠만 대주교가 보낸 구호물자 수령
3.	재건주택 건설현장 시찰
3.15	백선엽 제1군 사령관이 미 10군단 본부에서 군사분계선 경계 임무를 인수하는 기념식에 참석
5.20	제3대 국회의원 선거에서 투표
5.28	자유당 소속 당선자들의 경무대 방문(25세 최연소 김영삼 의원 포함)
6.15	아시아반공민족대회 주최
7.25~	미국을 국빈 방문. 미 의회 상하원 합동회의에서 연설. Dwight D. Eisenhower 미국 대통령과 정상회담. 워싱턴D.C. 파운드리 감리교회에서 연설. 뉴욕에서 영웅행진. 국제연합에서 대한민국에 대한 지원을 호소. 미주리주 인디펜던스에서 트루먼 전 대통령 면담. 로스엔젤레스, 샌프란시스코 방문
8.8~	하와이 방문
10.31	제2군 창설식 참석
11.27	연무대 비석 제막식 참석
1955.3.25	맹인복지단체 광명원에 구호물자 전달
3.26	서울운동장에서 팔순 기념 체조경기 관람
4.18	부산, 운크라 지원을 받은 어선 인수식 참석
6.7	기술자 해외파견안 재가

8.3	미국 4H클럽 관계자들 접견
11.18	화천, 파로호 비석 제막식 참석
12.8	브러커 육군장관 일행과 만찬
1956.1.17	국제연합군 장성 부부들과 함께 영주 부석사 방문
1.22	한강, 전국체육대회 동계 빙상대회 참관
4.25	전주 이씨 문중의 양녕대군 묘와 지덕사를 방문
5.15	대통령, 부통령 선거
5.18	중앙대학교, 파이퍼홀 준공식 참석
5.22	이승만(자유당) 대통령, 부통령 장면(민주당) 당선 공고
6.15	렘니처 주한 미군 사령관, 콜터 운크라 단장 등과 지리산 화엄사 시찰
6.25	"6·25의 날" 기념식 참석
8.15	제3대 대통령에 취임
9.22	대통령령으로 10월 1일을 국군의 날로 공포
1957.3.21	우남장학회 발족
12.3	한글전용을 국무회의에서 지시
1958.3.8	납북된 KNA 민간여객기 송환 요구
4.26	터키 Ali Menderes 수상에게 대한민국 1등 건국공로훈장 수여
10.28	원자력 연구 지시
11.5	Ngô Đình Diệm(吳廷琰) 대통령 초청으로 자유베트남(월남) 방문
1959.1.1	이북동포들을 방송을 통해 위로
6.8	제5차 아시아민족반공대회 대표들을 환영하는 시민대회에 반공 메시지 전달
1960.1.28	대한민국 독립 이후 최초로 사법부 방문
3.15	선거에서 대통령 4선 확정(조병옥 야당 후보의 병사로 단독후보)
3.28	부통령 선거부정에 대한 논란이 커지자 자유당 간부들을 불러 민심수습 5개 항목을 지시
4.19	경무대 앞 시위대를 향해 경찰이 발포하여 많은 사상자들이 발생

4.23	사망자들에게 애도의 뜻을 발표하고, 서울대 병원을 방문하어 부상자 위문
4.24	유혈사태에 책임을 지고 자유당 총재직 사임
4.25	대학교수단 시위
4.26	대국민 성명 ①국민이 원한다면 대통령직 사임, ②정·부통령선거 재실시, ③이기붕의 공직 사퇴, ④내각책임제 개헌 등을 약속. 시위대 대표 5명과 면담 후 하야의사 표명
4.27	대통령직 사임서를 국회에 제출
4.28	이화장으로 하야
5.29	하와이로 출국
1965.7.19	호놀룰루 Maunalani 요양원에서 서거
7.27	가족장으로 정동감리교회에서 장례식을 치른 후 동작동 국립묘지에 안장

이승만 시간을 달린 지도자 2

–미군정과의 대립과 UN

초판 1쇄 2024년 4월 30일

지은이 | 류석춘

펴낸곳 | 북앤피플
대　표 | 김진술
펴낸이 | 김혜숙
디자인 | 박원섭
마케팅 | 박광규

등　록 | 제2016-000006호(2012. 4. 13)
주　소 | 서울시 송파구 성내천로37길 37, 112-302
전　화 | 02-2277-0220
팩　스 | 02-2277-0280
이메일 | jujucc@naver.com

ⓒ 2024, 류석춘

ISBN 978-89-97871-67-4 03340